Coding Mathematics

코딩 수학

알고리즘(순서도)과 파이썬

정상조 지음

KYOWOO

머리글

2010년대 중반이후 4차 산업혁명을 대표하는 기술인 인공지능(AI), 빅데이터, 사물인터넷(IoT) 등으로 사람, 사물, 공간을 초연결하는 시대를 맞이하여 코딩이 아주 중요하게 부각되고 있다. 코딩은 컴퓨터 언어로 컴퓨터, 스마트 폰, 엘리베이터, 리모콘 등 전자기기에게 명령을 하여 기기가 잘 작동하고 인간과 소통하게 하는 아주 중요한 역할을 하고 있다.

코딩 과정에서 가장 핵심적인 역할은 알고리즘을 잘 구성하는 것이다. 이를 위해서는 어떠한 문제를 해결하기 위한 정해진 단계, 방법, 그리고 프로그램 명령어를 활용해야 한다. 이때 수학이 논리적 분석을 통한 알고리즘으로 문제를 해결하기 위해 아주 중요한 기본 도구로 쓰인다.

일반적으로 문제해결을 위해서는 문제에 접근하고 분석하는 아이디어가 중요한데 이 능력들을 향상시키기 위해 코딩으로 문제 해결하는 방법이 아주 효율적이다. 코딩은 알고리즘을 이해하는 데 반드시 필요하다. 특히 문제 해결과정을 그림으로 나타내는 순서도(flowchart)를 이용하면 알고리즘을 이해하기 쉽다.

본 교재는 순서도를 통해 알고리즘을 이해하고, 초보자가 다루기 쉬운 프로그램 언어인 파이썬으로 코드를 직접 작성해 보고 확인하는 예와 연습문제를 통해 컴퓨터 프로그램을 잘 작성할 수 있도록 구성하였다. 또한, 코딩에 기초적으로 필요한 수학이 어떤 것인지 알아보고 기본적인 원리에 대해 설명하였다.

컴퓨터 프로그램을 작성하기 위해서는 논리적인 사고가 중요하다. 이를 위해 알고리즘에 수학적인 원리를 적용하여 효율적인 프로그래밍을 위한 논리적 사고 능력을 향상시키고, 코딩 실습을 통해 컴퓨팅 사고 능력을 키우고자 하였다.

정 상 조

차 례

Chapter 01

코딩과 컴퓨팅 사고

CHAPTER 01

코딩과 컴퓨팅 사고

1.1 산업의 발전 역사

4차 산업혁명[1]의 정의는 다양하나 다보스 세계경제포럼 회장인 클라우스 슈밥(Klaus Schwab, 독일, 1938~)에 의하면, 4차 산업혁명이란 유전자, 나노[2](nano), 컴퓨팅 등 모든 기술이 융합하여 물리학, 디지털, 생물학 분야가 상호 교류하여 파괴적 혁신을 일으키는 혁명이라고 한다. 또한, 한국정보통신기술협회에 따르면 4차 산업혁명은 **인공지능**[3](AI: Artificial Intelligence), **사물인터넷**[4](IoT: Internet of Things), **빅데이터**[5](big data), **모바일**[6](mobile), **로봇기술**, **드론**[7](Drone), **자율 주행 자동차**, **가상현실**[8](VR: Virtual Reality) 등 첨단 정보통신기술이 경제·사회 전반에 융합되어 혁신적인 변화가 나타나는 차세대 산업혁명(한국정보통신기술협회, IT[9] 용어사전)으로 정의되고 있다. 기획재정부에서 발간한 시사경제용어사전에서는 4차 산업혁명은 기존 산업 영역에 물리, 생명과학, 인공지능 등을 융합하여 생산에서 관리 그리고 경영에 이르기까지 전반적인 변화를 일으키는 차세대 혁명(기획재정부, 시사경제용어사전)이라고 한다. 4차 산업혁명의 여러 정의의 공통적인 키워드를 보면, **신기술**, **융합**, **혁명**으로 요약된다고 할 수 있다.

영국의 경제학자 콜린 클라크(Colin Grant Clark, 영국, 1905~1989)가 분류한 제1차 산업·제2

1) **4차 산업혁명**: 2015년 미국의 가장 영향력 있는 대외 정책 잡지인 '포린 어페어'의 기고글에서 4차 산업 혁명이라는 용어를 처음 사용.
2) **나노**: 10억분의 1(10^{-9})m로, 대략 원자 3~4개를 줄 세운 길이와 같다. '나노'(nano)라는 단어는 고대 그리스어로 '난쟁이'를 뜻하는 νᾶνος(nános)에서 유래.
3) **인공지능(人工知能)**: 인간이 지닌 지적 능력의 일부 또는 전체, 혹은 그렇게 생각되는 능력을 인공적으로 구현한 것으로 인간처럼 사고하고 행동하는 컴퓨터를 만들려고 한다.
4) **사물인터넷(IoT)**: 각종 사물에 센서와 통신 기능을 내장하여 인터넷에 연결하는 기술. 즉, 무선 통신을 통해 각종 사물을 연결하는 기술을 의미.
5) **빅 데이터**: 기존의 데이터 처리 응용 소프트웨어(data-processing application software)로는 수집·저장·분석·처리하기 어려울 정도로 방대한 양의 데이터를 의미한다. 이러한 데이터로부터 가치를 추출하고 결과를 분석하는 기술.
6) **모바일**: 주머니에 쏙 들어갈 만한 크기의 컴퓨터 장치로, 일반적으로 터치 입력을 가진 표시 화면이나 소형 자판을 갖고 있음.
7) **드론**(Drone): 꿀벌, 개미 등 벌목과 곤충의 수컷을 칭하는 영어 단어이다. 실제 조종사가 직접 탑승하지 않고, 지상에서 사전 프로그램된 경로에 따라 자동 또는 반자동으로 날아가는 비행체.
8) **가상현실**(VR): 가상현실은 현실과 분리된 컴퓨터가 만든 가상공간 안에서 주변을 인식하는 동적 기술과 디스플레이를 활용해, 사람 오감을 자극하여 현실과 유사한 체험을 가능케 하는 새로운 가상 환경을 만드는 기술
9) IT(Information Technology): 정보기술(情報技術)로 전기 통신, 방송, 컴퓨팅(정보처리, 컴퓨터 네트워크, 컴퓨터 하드웨어, 컴퓨터 소프트웨어, 멀티미디어), 통신망 등 사회 기반을 형성하는 유형 및 무형의 기술 분야.

차 산업·제3차 산업은 다음과 같다.

1차 산업은 토지와 바다 등의 자연환경을 이용하여 필요한 물품을 얻거나 생산하는 산업이다. 농업, 임업, 축산업, 수산업, 광업 등이 있다.

1차 산업 혁명은 18세기 중엽부터 영국에서 시작된 기계의 탄생과 기술의 혁신으로 새로운 제조 공정이 출현하게 된 시기를 일컫는다. 이러한 혁신은 곧 전 세계로 확산되어 사회와 경제에 큰 변화를 일으켰다. 직물, 증기력, 제철은 1차 산업 혁명을 급진적으로 발전 가능하게 한 대표적인 혁신들이다.

2차 산업은 1차 산업에서 얻은 생산물과 천연자원을 가공하여 인간에게 필요한 재화나 에너지를 생산하는 산업을 말한다. 광업, 건설업, 전력업, 가스업, 수도업, 제조업, 수리업, 보수업, 방송업 등이 이에 속한다.

2차 산업 혁명은 일반적으로 20세기 전후를 정의하며 화학, 전기, 석유 및 철강 분야의 기술 혁신으로 경공업 중심의 산업에서 중화학 공업으로 전환됐다는 점이 대표적인 특징이다.

3차 산업은 1차 산업이나 2차 산업이 생산한 재화의 이동, 소비, 축적과 관련된 산업을 말한다. 금융업, 보험업, 유통업, 도매업, 소매업 등을 말한다. 상품 판매 등의 서비스를 제공하는 산업, 곧 서비스업이라고도 한다.

3차 산업 혁명은 20세기 중후반부터 21세기 초에 개발된 컴퓨터, 인터넷, 인공위성, 스마트폰 등이 가져온 정보화 시대를 대표적으로 일컫는다. 공업화 중심이었던 사회에서 정보가 사회 경제적으로 중요한 자원이 된 사회로 변화했다는 점에서 2차 산업 혁명과는 차이가 있다. [산업: 위키]

다음 그림은 1~4차 산업혁명에 대한 요약이다.

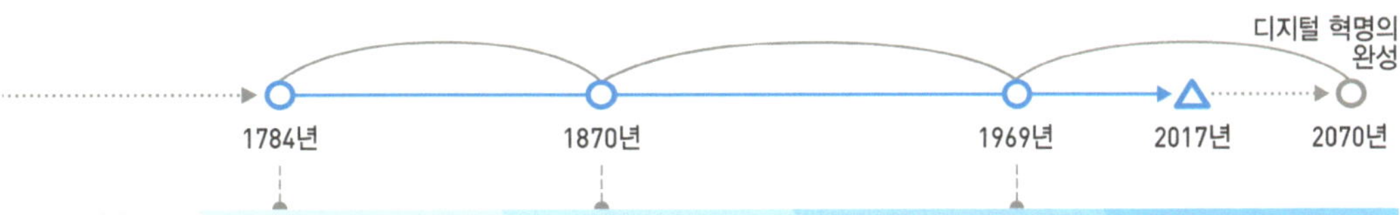

구분	제1차 산업혁명	제2차 산업혁명	제3차 산업혁명	제4차 산업혁명
혁신 동인	증기기관, 방적, 제련, 기계식 생산 설비	전기에너지, 노동 분업, 컨베이어 벨트	컴퓨터, 인터넷, 반도체, IT, 로봇	CPS, 융합, ICT, AI, 빅데이터, 클라우드, IoT
소통 방식	책, 신문 등	전화기, TV 등	인터넷, SNS 등 (Data → Information)	IoT, LOS 등 (→ Insight)
생산방식 &통제방식	기계식 생산설비, 기계화 생산&사람	조립라인, 대량 생산&사람	부분적 자동화 생산&사람	자동화 생산, 스마트 제조&기계(자율)

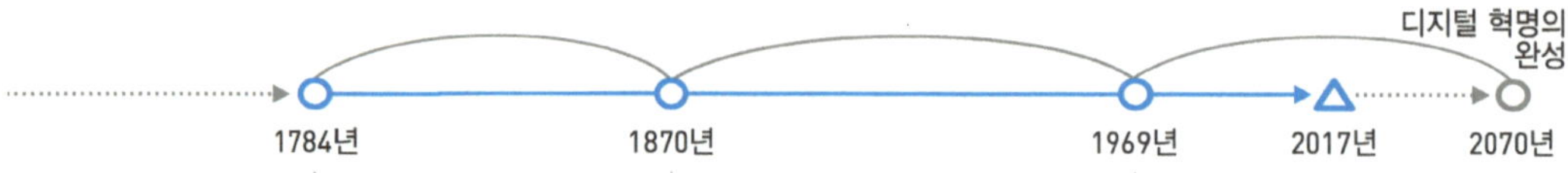

구분	제1차 산업혁명	제2차 산업혁명	제3차 산업혁명	제4차 산업혁명
주도 국가	영국	미국, 독일, 프랑스	미국, 독일, 일본	독일, 미국
의미	열에너지를 기계적인 일로 전환해 동력원 확보	내연기관, 강철제조, 전기 산업 등 기술의 발전	디지털 혁명 및 실시간 관계성 창출	각 영역 간 융합 및 사람, 사물, 공간 초연결 사회
영향	계층화, 도시화&다리, 항만 등 기반시설 건설 촉발	공업화, 분업화, 효율화&규모의 경제와 소비주의 등장	협력적 네트워크 기반의 Biz 생태계 조성 및 시스템 기반의 자동화	공유경제, 지식창출 가속화, (육체적 및 지식) 노동 수요 감소

출처: 딜로이트 애널리시스

1~2차 산업 혁명기인 산업 사회에서는 읽기/쓰기/계산하기가 요구되었지만 3~4차 산업 혁명기인 정보 사회에서는 위 3가지에 **코딩(Coding)**이 주요하게 부각된다. 코딩을 하기 위해서는 컴퓨팅 사고력이 특히 주요하다.

산업 사회(1~2차 산업혁명)	정보사회(3~4차 산업혁명)
읽기/쓰기/계산하기	읽기/쓰기/계산하기/코딩하기

분류	핵심사항
1차 산업혁명	증기기관을 이용한 '기계적 혁명'
2차 산업혁명	전기의 힘을 이용한 '대량생산의 시작'
3차 산업혁명	컴퓨터를 이용한 생산과 유통 시스템의 '자동화'
4차 산업혁명	소프트웨어를 활용한 기계와 제품의 '지능화'

1.2 사고(思考, Thinking)

먼저 인간의 사고에 대한 것을 알아보자. 심리학적 관점에서 보면 사고란 심상이나 지식을 사용하는 마음의 작용에 의하여 문제를 해결하는 것을 말한다.

각 영역별 사고를 정리하면 다음과 같다.

사 고	설 명	예(종이컵)
인문학 사고	현상해석: 자료수집, 비평, 종합의 과정 거침	멋지다. 실용적이다.
과학적 사고	현상설명: 관찰, 가설수립, 검증, 이론	물이 새지 않는다. 원형인 이유는?
수학적 사고	현상증명: 문제분석, 조건파악, 실행, 종합적인 논리적 판단(평가)	밑면 지름 5cm, 높이 7.5cm, 윗면 지름 7cm인 종이컵의 부피는 $68.13\pi cm^3$이다.
공학적 사고	문제해결: 과제분석, 설계, 검증, 문제해결	용도에 따라 물컵과 소변컵은 코팅회수와 가격이 다르다.

컴퓨팅 사고(CT: Computational Thinking, -思考): 컴퓨터로 처리할 수 있는 형태로 문제와 해결책을 표현하는 사고 과정으로 수학적 사고와 공학적 사고가 결합한 사고이다.

문제 상황의 핵심 원리를 찾아내 이를 재구성하고 순서도를 만들어 해결하는 방식이다. 복잡한 문제를 컴퓨터가 효과적으로 처리할 수 있는 단위로 분해(decomposition), 문제 간 유사성을 찾는 패턴 인식(pattern recognition), 문제의 핵심만 추려 복잡한 문제를 단순화하는 추상화(abstraction), 일련의 규칙과 절차에 따라 문제를 해결하는 알고리즘 기법 등을 사용하여 사람과 컴퓨터 모두가 문제를 처리할 수 있는 형태로 표현한다. 이 과정에서 디지털시대에 필요한 사고력과 문제 해결 능력, 창의력 등을 기를 수 있다. [네이버 지식백과] [남윤경 외 3인]

많은 나라에서 일반역량으로 '정보'과와 관련된 역량을 제시하였고, 교과 역량으로는 인도를 제외하고 모든 나라가 '컴퓨팅사고력' 함양을 제시하였다 [2022년 개정을 위한 정보과 표준 교육과정 제안]

소프트웨어 교육은 코딩을 잘 할 수 있는 프로그래머의 육성이 아니라 컴퓨팅 사고를 갖춘 많은 인재들을 양성하는데 초점을 맞추어야 한다. 따라서 코딩을 지나치게 강조할 것이 아니라 코딩을 하기 전에 컴퓨팅 사고를 통해 문제를 효율적으로 해결할 수 있는 방법을 찾는 것이 매우 중요하다. [소프트웨어와 컴퓨팅 사고, 김대수]

1.3 코딩(Coding)과 컴퓨팅 사고(Computational Thinking)

다음은 코딩과 컴퓨팅 사고와 관련된 용어에 대한 의미를 알아보자.

- **코드(Code)**: 일반적으로 암호, 부호, 바코드, 프로그램의 소스 코드 등을 가리킨다. 컴퓨터 프로그래밍에서 코드(소스 코드: Source Code)는 소프트웨어의 설계도를 의미한다. 통신과 정보 처리에서 부호나 코드(code)는 정보를 다른 형태로 변환하는 규칙을 의미한다. 컴퓨터나 IT 기기에게 내리는 명령.

- **코딩(Coding)**: 명령을 입력해서 수행하게 만드는 일련의 동작. 하나 이상의 관련된 추상 알고리즘을 특정한 프로그래밍 언어를 이용해 구체적인 컴퓨터 프로그램으로 구현하는 기술을 말한다.
- **알고리즘(Algorithm)**: 문제를 해결하기 위한 절차나 방법을 의미하는 단어로 넓은 범위에서 사용된다. 수학이나 컴퓨터 과학에서 말하는 알고리즘은, 계산이나 작업을 수행하기 위한 순서로 특히 특정 문제를 컴퓨터로 해결하기 위한 순서를 말한다. 프로그램을 작성하기 이전 단계로 사람이 이해할 수 있도록 작성함.
- **프로그램(Program)**: 어떤 문제를 해결하기 위하여 그 처리 방법과 순서를 기술하여 컴퓨터에 주어지는 일련의 명령문 집합체를 뜻한다. 사용자의 입력에 따라 그 입력된 값을 일정한 처리 방법과 순서에 따라 처리하여 결과를 산출해내는 명령문 집합이다. [프로그램: 나무위키] 컴퓨터 과학에서 프로그램은 컴퓨터에서 실행할 수 있도록 컴퓨터가 이해할 수 있는 언어(파이썬, C, 자바 등)로 작성하는 것.
- **프로그래밍(Programming)**: 프로그램을 만드는 것을 뜻한다. 그리고 여기에서의 프로그램은 대체로 컴퓨터에서 동작하는 프로그램을 말한다. 따라서 프로그래밍이라고 하면 대개 컴퓨터 프로그래밍을 뜻한다. 기술(技術, technology)을 다루는 기술(skill)이라고 하기도 한다.[프로그래밍: 나무위키]
- **컴퓨팅 사고(Computational Thinking)**: 컴퓨터(사람이나 기계)가 효과적으로 수행할 수 있도록 문제를 정의하고 그에 대한 답을 기술(記述, description)하는 것이 포함된 사고 과정 일체를 일컫는다. 정답이 하나가 아니라 여러 가지일 수 있는 문제(Open-ended Problem)는 다양한 변수에 기반한 포괄적이며 유의미한 해답도출이 필요한데, 컴퓨팅 사고를 통해서 발견한 문제분해(decomposition), 자료표현(data representation), 일반화(generalization), 모형(modeling), 알고리즘이 필요하다. 컴퓨팅 사고에는 전체 의사결정 과정을 분해하고, 연관된 변수와 모든 가능한 해법을 고려해서, 이를 상응하는 모수와 문제 한계를 고려하여 올바른 의사결정을 내린다.[컴퓨팅 사고: 위키]

컴퓨팅 사고라는 용어는 1980년에 MIT의 시모어 페퍼트(Seymour Papert) 교수가 처음 사용하였으며, 2006년 당시 카네기 멜런 대학교(Carnegie Mellon University)의 교수였던 지넷 윙(Jeannette Wing)이 컴퓨팅 사고를 아동 교육의 필수 요소로 제시하면서 컴퓨팅 사고(CT) 보급의 결정적인 역할을 하였다. [IT용어사전, 한국정보통신기술협회]

'컴퓨팅 사고'란 인간의 사고와 컴퓨터 능력이 합쳐진 단어로 정답이 정해지지 않은 문제에 대한 해답을 일반화하는 과정이다. 조금 더 자세하게 말하자면 컴퓨팅 사고는 일상생활 속 문제들을 소프트웨어를 통해 해결해 나가는 과정을 의미한다.

컴퓨팅 사고를 사용해서 복잡한 대규모 문제를 알고리즘으로 해결할 수 있고, 흔히 효율성에서 상당한 개선을 달성하는 데 사용된다.

컴퓨팅적 사고는 컴퓨터 과학자뿐만이 아니라 누구나 갖춰야 하는 기본적인 역량이다. 읽기, 쓰기, 셈하기와 같이 아이들이 기본적으로 갖춰야 하는 분석 역량 항목에 컴퓨팅적 사고를 추가해야 한다. 인쇄술이 읽기, 쓰기, 셈하기의 능력을 널리 확산시켜 보편화했듯이 컴퓨터는 오늘날 컴퓨팅적 사고를 확산시키고 있다.

컴퓨팅적 사고를 한다는 것은 컴퓨터 공학의 기본 개념을 끌어와 문제를 해결하고, 시스템을 설계하고, 인간의 행동을 이해할 수 있다는 것이다. 컴퓨팅적 사고는 컴퓨터 공학의 폭넓은 분야만큼이나 다양한 지적 도구들을 자랑한다. [지넷 윙]

시모어 페퍼트 교수의 컴퓨팅 사고의 7단계 모델은 다음과 같다.

| 그림 1-1 | 컴퓨팅 사고(Computational Thinking)의 7단계 모델

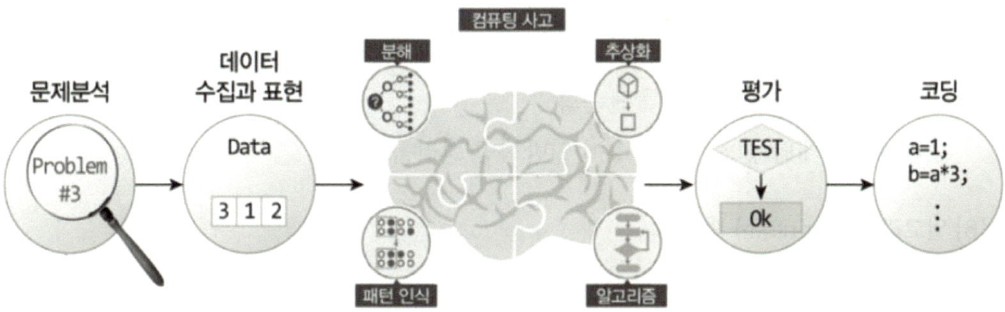

컴퓨팅 사고의 7단계(출처: 가운데 부분 BBC)

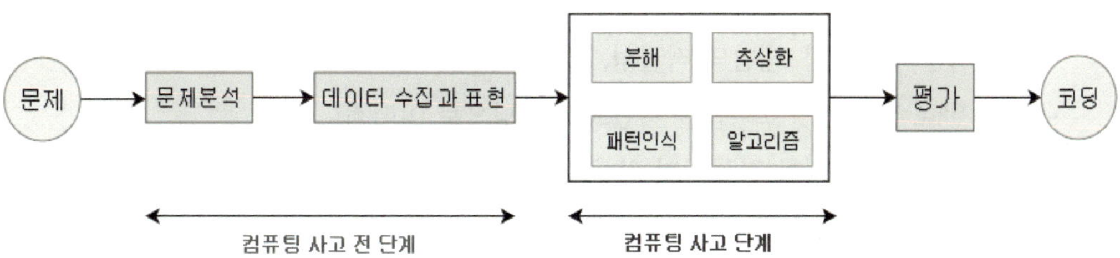

[1] 문제 분석(Analysis) 단계

- 주어진 문제나 시스템에 대한 논리적 분석을 통하여 핵심 사항들을 구체적으로 점검하고 분석

[2] 데이터 수집과 표현(Data Collection & Representation) 단계

- 문제해결과 관련된 정보들을 컴퓨터를 통하여 수집하며,
- 데이터를 적절한 그래프, 차트, 영상 등의 형태로 표현

[3] 분해(Decomposition) 단계

- 복잡한 문제를 보다 쉽게 다룰 수 있도록 여러 개의 작은 부분들로 쪼개어 분해

[4] 패턴인식(Pattern Recognition) 단계

- 문제로부터 유사성과 패턴들을 발견
- 문제 내에서의 패턴, 경향, 규칙성 등을 관찰하여 인식

[5] 추상화(Abstraction) 단계

- 문제에서 필요 없는 부분들을 걸러냄
- 꼭 필요한 것만을 분리해내어 집중하는 과정
- 복잡한 문제나 아이디어를 단순화
- 핵심적인 개념에 초점을 맞추어 일반적인 원리를 찾아냄

[6] 알고리즘(Algorithm) 단계

- 문제를 해결하는 일련의 논리적인 지시서 작성
- 문제에 대한 단계적인 해결책, 설명, 지시 사항들을 설계

[7] 평가(Evaluation) 단계

- 알고리즘의 정확성, 해답의 적절성, 효율성 등을 최종 점검
- 평가 완료 후에는 알고리즘을 기반으로 코딩으로 이어짐
- 최종적으로 컴퓨터를 작동시켜 원하는 결과 도출

- **코딩 관련 자격증 종류**[한국석유]

4차 산업혁명 시대가 도래함에 따라 관련 일자리 또한 폭넓게 증가하고 있다. 코딩, 프로

그래밍 관련 지식을 습득하고 자격증을 취득하면 앱 개발자, 자바 개발자, 정보 보안 전문가, 네트워크 엔지니어, 시스템 엔지니어, 빅데이터 전문가 등의 직업을 가질 수 있다.

코딩의 전문성을 공식적으로 인정하는 자격증도 여러 종류가 있다. 먼저 국제 자격증을 살펴보면, OCJP와 OCWCD, OCBCD 등이 있다. OCJP는 자바 프로그래밍 언어 활용 능력을 검증하는 자격증이다. 자바 자격증 중 입문 단계에 해당하며, OCWCD는 중급 정도, OCBCD는 가장 고난도에 해당한다.

코딩, 프로그래밍 관련 국내 자격증에는 정보처리기능사·산업기사·기사(국가 자격증), 리눅스 마스터(국가공인 민간자격) 등이 있다. 정보처리기능사는 컴퓨터 시스템의 운용 및 개발 업무를 하는 데 있어서 초급 수준의 지식과 기술을 요구한다. 산업기사는 기능사보다 한층 수준 높은 숙련기능과 지식을 가지는 자격이다. 산업기사 자격을 취득한 후 해당 직무 분야에서 1년 이상 실무에 종사하면 기사 시험의 응시자격이 주어진다.[한국석유]

코딩에 관한 다음과 같은 유명인들의 발언으로 그 중요성을 알 수 있다.

> *"코딩을 배우는 것이 자신의 미래는 물론 국가의 미래에도 매우 중요하다."*
>
> *- 버락 오바마(Barack Obama, 1961~) 전 미국 대통령*

> *"코딩 교육이 사고의 범위를 넓히고 문제 해결력을 키워준다."*
>
> *- 빌 게이츠(William Henry Bill Gates, 1955~) 마이크로소프트 창업자*

> *"컴퓨터 프로그래밍을 배워야 한다. 생각하는 방법을 가르쳐주기 때문이다."*
>
> *- 스티브 잡스(Steven Paul Steve Jobs, 1955~ 2011) 애플 창업자*

컴퓨팅 사고를 통해 여러 분야의 다양한 것들을 서로 융합하거나 분해하면서 이전에는 미처 생각해내지 못했던 전혀 새로운 것을 상상해내고 만들 수 있으며, 이는 바로 창의성과 직결된다. 창의성이란 단순히 기존에 존재하지 않았던 것을 새롭게 만들어 내는 것만을 가리키는 것이 아니다. 기존의 요소들을 조합해서 새로운 개념이나 세상을 초월한 시스템을 구상하는 것도 포함한다.

창의적인 문제해결력은 수학과 과학기술에 근거한 탐구 과정을 요구한다. 즉 우리가 이미 알고 있는 지식을 활용하여 새로운 정보를 탐색하고, 알게 된 지식을 다시 조합하고 정리하는 '알고리즘화'를 거치게 되면 이 과정에서 새로운 지식 또는 지적 호기심을 유발하는 새로운 발상이 이루어진다. 그리고 이러한 과정에서 창의성이 발휘된다.[지넷 윙]

다음 표는 컴퓨팅 사고를 간략히 요약한 과정이다.

1 추상화	2 알고리즘 및 자동화	3 문제해결 및 새로운 관점 창출
자료수집, 분석, 표현 및 문제 분해	문제 해결 절차 및 해결 방법의 적용	기존 문제의 해결 및 새로운 사실·관점의 창출

다음은 문제를 줬을 때 컴퓨팅 사고를 활용하여 해결하는 방법을 연습해 보자.

예 다음 방법으로 국어, 수학, 영어 숙제를 모두 끝내는 방법을 제시해보자.

방법 1	방법 2	방법 3	더 생각해보기
국어 숙제를 먼저 하다가 수학 숙제도 한다. 잠시 하다가 다시 영어 숙제도 한다. 이를 반복한다.	쉬운 숙제부터 어려운 숙제까지 순서를 정한다. 그리고 쉬운 숙제부터 해결한다.	우선순위를 정한 후에 이에 따라 순서를 정한다. 우선순위가 가장 높은 숙제부터 시작한다.	특수한 상황이 닥쳤을 때, 방법 1과 3을 합치면 어떨까?
방법 1은 컴퓨터의 일 처리 방법이다. 일 처리 효율성은 좋지만 새로운 것의 생산은 어렵다.	방법 2는 최소의 노력으로 작업량을 늘리고자 하는 방법이다. 정교한 작업은 어려울 수 있다.	방법 3은 방법 2의 단점을 극복한다. 중요한 일에 집중하면 더 좋은 결과물을 만들 수 있다.	

출처: 알리 알모사위(2017), 알고리즘 라이프

CHPATER 01 연습문제

[참고: 김대수]

1.1 (분해) 3명이 서양식 아침 식사를 준비할 때 할 수 있는 방법을 제시하라.

1.2 (진짜 문제 찾기) 중학교 2학년 아들이 배가 아프다며 학교에서 조퇴하여 집으로 돌아왔고, 그다음 날에도 배가 아프다고 하였다. 놀란 가족들은 아들을 병원으로 데려가 진료를 받게 했으나 별다른 이상 소견이 없었다고 한다. 이런 경우 배가 아픈 원인을 파악할 수 있는 방법을 제시하라.

1.3 (결과가 여러 가지인 경우) 구구단에서 두 수를 곱한 결과 끝자리가 7인 경우를 구하라.

1.4 (열린 사고) "만약 컴퓨터가 지구상에서 갑자기 없어진다면 어떤 일이 생길 것인가?"라는 문제에 대해 떠오르는 생각을 5개 정도 제시하라.

1.5 (분해) 효율적인 칫솔질을 위한 방법을 제시하라.

1.6 (중간 결과 분석) 다음 그림의 A지점에서 B지점까지 가는 가장 가까운 길은 몇 가지인가?

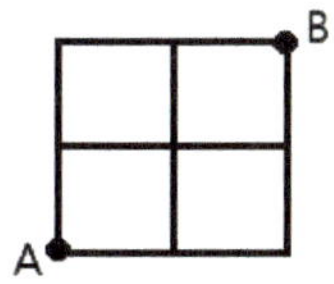

1.7 (규칙 통한 패턴인식) 다음과 같이 사각형의 개수가 늘어날 때 5번째에 나타나는 도형에서 사각형의 칸은 몇 개일까?

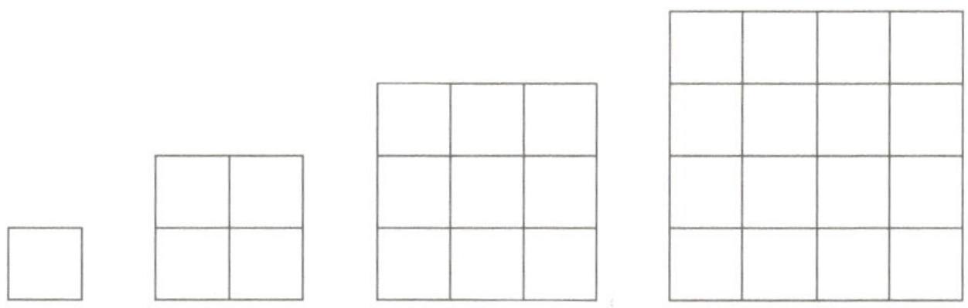

1.8 (규칙 통한 패턴인식) 다음 도형의 패턴을 살펴보고 물음표에 들어갈 도형을 그려라.

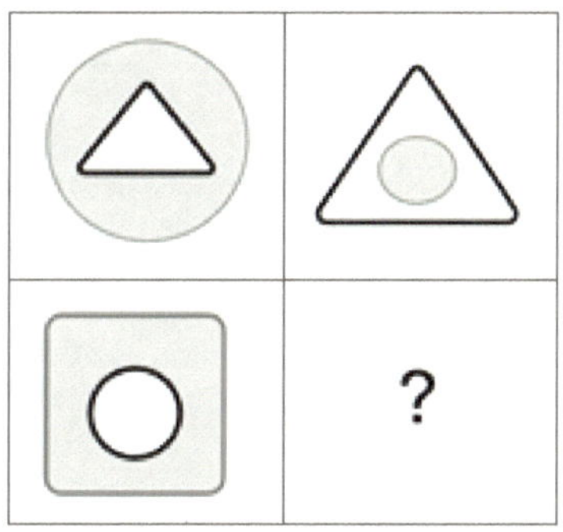

1.9 (규칙 통한 패턴인식) 다음과 같은 규칙에 따라 변하는 패턴이 있다. 네 번째에 올 패턴을 그려라.

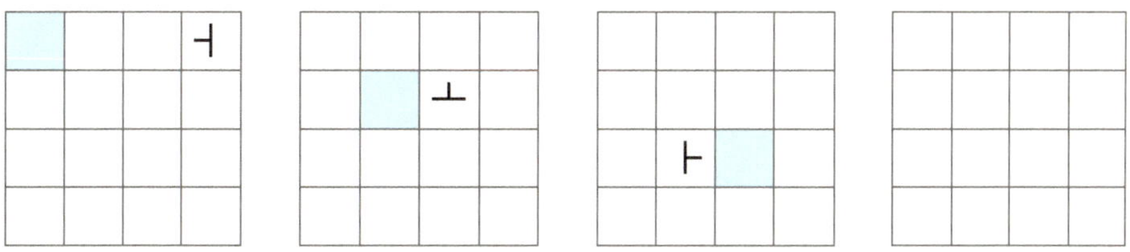

1.10 (특징 추출을 통한 추상화) 다음 6개의 과일중에서 5가지 과일의 공통 특징을 찾고 특징이 다른 나머지 과일을 골라라.

(1) 사과 (2) 참외 (3) 수박 (4) 복숭아 (5) 포도 (6) 배

1.11 (추상화) 다음 도형에서 추상화를 통해 3개는 공통 성질을 가지고 있으나 나머지 1개는 다른 경우를 2가지 이상의 방법으로 찾아라.

(1) (2) (3) (4)

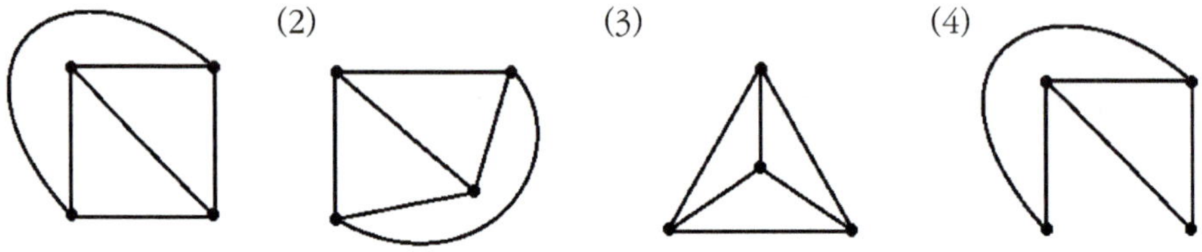

1.12 (관계 추론을 통한 추상화) 다음과 같은 문제에서 규칙을 추출하여 물음표에 적당한 숫자를 넣어라.

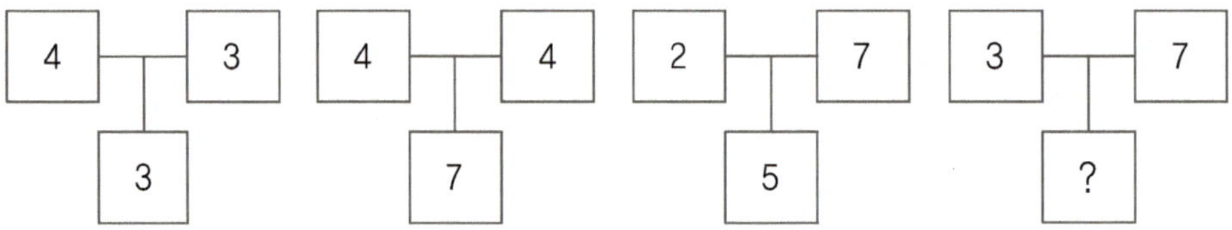

Chapter 02

파이썬 소개와 활용

파이썬 소개와 활용

컴퓨팅 사고를 통하여 알고리즘과 순서도를 작성하면 실제로 컴퓨터에서 작동하는 프로그램 언어를 사용하여 컴퓨팅 사고 단계가 오류와 비효율성이 없는지 확인하는 과정을 거쳐야 한다.

컴퓨터 프로그램 언어는 수많이 있는데 그중에서 **파이썬**(python)은 배우기 쉽고, 강력한 프로그래밍 언어이다. 효율적인 자료 구조들과 객체[10](object) 지향 프로그래밍에 대해 간단하고도 효과적인 접근법을 제공한다. 우아한 문법과 동적 타이핑[11](dynamic typing)은, 인터프리터[12] (interpreter)적인 특징들과 더불어, 대부분 플랫폼[13](platform)과 다양한 문제 영역에서 스크립트[14](script) 작성과 빠른 응용 프로그램 개발에 이상적인 환경을 제공한다.

파이썬 설치 프로그램과 인터프리터와 풍부한 표준 라이브러리[15](library)는 소스[16](source)나 바이너리[17](binary) 형태로 파이썬 웹 사이트[Python]에서 무료로 제공되고, 자유롭게 배포할 수 있다. 이 사이트는 제삼자들이 무료로 제공하는 확장 모듈[18](module), 프로그램, 도구, 문서들의 배포판이나 링크를 포함한다. 그리고 프로그램을 작성하는 에디터[19](editor)로는 파이썬에서 제공되는 IDLE **셸(Shell)**을 이용해도 되나, 좀 더 편리한 **비주얼 스튜디오 코드**(Visual Studio Code)[VSC]이나 **파이참**(PyCharm)[PyC]을 설치하는 것을 추천한다.

10) **객체(客體)**: 클래스(class)에서 정의한 것을 토대로 메모리(실제 저장공간)에 할당된 것으로 프로그램에서 사용되는 데이터 또는 식별자에 의해 참조되는 공간. 예를 들어, 집을 지을 때, 설계도는 클래스를, 설계도에 의해 지어진 집은 객체를 나타낸다.

11) **동적 타이핑**: 자료형을 컴파일이 아닌 런타임 시 결정하는 것으로, 자료형의 명시 없이 변수명만 가지고 선언 및 값을 전달하는 것이 가능하므로 프로그래밍 빠름(Python, Ruby, Javascript 등)/**정적 타이핑**(static Typing)은 자료형(type)을 컴파일 당시에 결정하는 것으로, 변수에 들어갈 값의 형태에 따라 자료형을 사전에 지정하므로 실행 속도 빠름(C, Java, C++, C# 등).

12) **인터프리터**: 고급언어로 작성된 원시코드 명령문들을 한 번에 한 줄씩 읽어 들여서 실행하는 프로그램/**컴파일러**(compiler)는 한 줄 한 줄 번역을 하는 것이 아니라, 소스 코드 전체를 한 번에 기계어로 번역해서 CPU에게 전달하여 결과값을 만들어 내는 프로그램.

13) **플랫폼**: 공급자와 수요자 등 복수그룹이 참여해 각 그룹이 얻고자 하는 가치를 공정한 거래를 통해 교환할 수 있도록 구축된 환경. 예를 들어, 사람들이 타고 내리는 기차역.

14) **스크립트**: 연극에서 극 안의 상황에서 배우가 어떻게 행동할 것인지 지시해놓은 것처럼, 스크립트 언어도 소프트웨어를 어떻게 실행할지 제어한다.

15) **라이브러리**: 소프트웨어 개발에 쓰이는 하부 프로그램들의 모임(프로그램 도서관).

16) **소스**: 컴퓨터 프로그램을 사람이 읽을 수 있는 프로그래밍 언어로 기술한 텍스트 파일.

17) **바이너리 파일**: 데이터의 저장과 처리를 목적으로 0과 1의 이진 형식으로 인코딩된 파일.

18) **모듈**: 컴퓨터 분야에서의 모듈은 독립되어 있는 하나의 소프트웨어 또는 하드웨어 단위를 말한다. 소프트웨어에서 모듈이란 한 프로그램의 일부분이다. 컴퓨터 하드웨어나 전자공학에서 말하는 모듈이란, 커다란 장치나 배열 내에서 비교적 작은 크기의 부품으로서 독립적으로 설치되고, 교체되고, 사용될 수 있도록 설계된 구성 요소를 말한다.

19) **에디터**: 원시(原始) 프로그램을 수정하여 새로운 원시 프로그램을 만들거나, 문장을 편집하는 기능을 갖는 프로그램.

다음은 파이썬에 대한 여러 가지 자료를 참조하는 사이트이다.

먼저 파이썬 언어의 정확한 문법과 의미를 설명하는 사이트는 **파이썬 언어 레퍼런스**[Ref]이다. 레퍼런스에서 제공하는 내용을 벗어나는 내장형, 내장함수, 모듈들의 개념들은 **파이썬 표준 라이브러리**[Lib]에서 제공하는데, 라이브러리에는 일상적인 프로그래밍에서 발생하는 많은 문제에 대한 표준적인 해결책을 제공하는 파이썬으로 작성된 모듈뿐만 아니라, 파일 I/O[20]와 같은 시스템 기능에 접근하는 (C로 작성된) 내장 모듈들이 포함된다 (이 모듈들이 없다면 파이썬 프로그래머가 액세스할 방법은 없다).

새로운 모듈로 파이썬 인터프리터를 확장하기 위해 C[21] 나 C++[22]로 모듈을 작성하는 방법을 설명하는 사이트는 **파이썬 인터프리터 확장 및 내장**[Ext]을 참조하고, 확장 모듈을 작성하거나 파이썬과 함께 사용하고자 하는 C와 C++ 프로그래머가 사용하는 API[23](Application Programming Interface)에 관해 설명하는 참조 사이트는 **파이썬/C API 레퍼런스 설명서**[API]이다.

본 교재에서는 알고리즘과 코딩을 공부하는 것이 주목적이기 때문에 알고리즘을 그림으로 나타내는 순서도에 집중하고 이를 코딩하면 비슷한 명령어를 가진 파이썬으로 프로그램을 작성해서 실제로 작동하는지를 확인하는 용도로 활용한다. 따라서 파이썬에 대한 기본적인 명령어만 알면 본 교재에서 언급한 순서도 알고리즘에 대한 파이썬 코딩을 무리 없이 작성 할 수 있다. 좀 더 전문적인 파이썬을 공부하려면 파이썬에 관한 다른 교재를 참고하기 바란다. 본 교재에 서술된 파이썬 문법에 관한 기본적인 사항은 다음 두 사이트를 참고로 집필하였다.

https://wikidocs.net/book/1 (**점프 투 파이썬**: 파이썬 연습 참고 사이트)

https://codingcoding.tistory.com/1142 (**파이썬 입문**: 파이썬 명령어 요약 사이트)

20) **I/O**: 입출력(Input/output)

21) **C**: C언어는 현재 사용되고 있는 거의 모든 컴퓨터 시스템에서 사용할 수 있는 프로그래밍 언어이다. 1972년에 벨 연구소(Bell Labs)의 켄 톰슨(Kenneth L. Thompson, 미, 1943~)과 데니스 리치(Dennis M. Ritchie, 미, 1941~ 2011)가 새로 개발된 유닉스 운영 체제에서 사용하기 위해 개발한 프로그래밍 언어이다. 한국에서는 'C언어'라고 주로 부른다. 세계적으로 가장 많이 쓰이는 프로그래밍 언어 중 하나이다.

22) **C++**: 1983년에 벨 연구소의 비야네 스트롭스트룹(덴마크: Bjarne Stroustrup, 1950~)이 C언어 기반으로 발전시킨 프로그래밍 언어이다. C언어와 조상을 공유하고 객체 지향 및 일반화 프로그래밍과 같은 멀티 패러다임을 지원하는 프로그래밍 언어이다. C언어의 문법과 기능을 대부분 사용할 수 있지만, C 언어에 없는 문법이 C++에서 존재하고, 입출력 방식부터 다르기에 C와 C++는 완전히 다른 언어로 파악하고 접근하는 것이 좋다.

23) **API**: 컴퓨터나 컴퓨터 프로그램 사이의 연결하는 것으로 프로그램들이 상호 작용하는 것을 도와주는 매개체. 예를 들어, 식당에서 손님(프로그램)이 주문할 수 있게 메뉴(명령 목록)를 정리하고, 주문(명령)을 받으면 요리사(응용프로그램)와 상호작용하여 요청된 메뉴(명령에 대한 값)를 전달하는 점원을 말한다.

2.1 기본 문법과 인쇄(출력)하기

2.1.1 출력하기

일반적으로 프로그램 작성 시 효율적인 알고리즘인지, 프로그램 내부 진행 상황은 어떻게 되는지, 문제가 발생하지 않는지 파악하기 위해서는 프로그램 작성 중 중간에 출력을 삽입하여 프로그램을 작성하면서 프로그램을 실행해 보아 진행 상황을 출력하여 살펴봐야 한다. 출력하는 명령어를 알아보자.

문자 코딩수학! 잘하자!를 출력(명령어: print())하는 프로그램 예제 소스는 아래와 같다. 인쇄할 때 입력값은 **문자형**(' ' 또는 " "로 입력값을 감싼다. 생략하면 Error 발생)과 **숫자형**(숫자도 ' '또는 " "로 감싸면 문자형으로 인식)으로 구분한다. (본 교재의 예제는 Python 3.9 기준으로 작성했다)

파이썬 코드	실행 결과
print('코딩수학!') print("잘하자!") print(1234)	코딩수학! 잘하자! 1234

2.1.2 파일 저장하기

소스 작성이 완료되면, 파이썬 확장자는 (파일이름).py(예: test.py)로 저장하고 프로그램을 다음과 같이 실행한다.

```
python test.py
```

※ 프로그램 실행할 때 무한 반복에 빠지면 ctrl과 c를 동시에 누르면 강제 종료 가능.

2.1.3 주석 달기

해시(#)로 시작하는 줄은 끝까지는 주석(프로그램에 영향을 미치지 않음)으로 간주한다. 줄이 바뀌면(개행) 주석이 아니라 명령어로 인식(# 뒤의 한 줄은 모두 주석, 바뀐 줄 맨 앞에 #이 없으면 명령어로 인식하여 문법에 맞지 않으면 에러 발생. 파이썬을 포함해 모든 프로그램 언어의 공통점)

※ 프로그램 작성 시 수정과 진행 상황 파악을 위해 반드시 주석이 필요

파이썬 코드	실행 결과
print("Hello")	Hello
print("Hello") # Hello를 출력	Hello
print("Hello") # => Hello를 출력 (맨 앞에 # 없음)	아래와 같은 에러 문구 출력 IndentationError: unexpected indent

그러나 **백슬래시**[24](\)로 이어지는 줄에는 코멘트(# 사용)를 사용할 수 없다.

```
total = 123 \  # 여기에 주석을 달 수 없음(에러발생)
    + 456     # 뒷부분은 주석으로 프로그램에 영향을 미치지 않음
```

쉼표(,)로 이어지는 연속된 줄에는 주석을 삽입할 수 있다.

```
months = ['Jan', 'Feb', 'Mar', 'Apr',   # 여기에는 주석 작성 가능
          'May', 'Jun', 'Jul', 'Aug',   # 여기에도 주석 작성 가능
          'Sep', 'Oct', 'Nov', 'Dec']
```

여러 줄을 한 번에 주석으로 하려면 홑 따옴표 3개 (''') 또는 겹 따옴표 3개(""")를 여러 줄 주석문 앞뒤에 붙인다.

아래 코드는 같은 여러 줄 주석이다	
''' 여러줄 코멘트를 작성 months=['Jan', 'Feb', 'Mar', 'Apr', 'May', 'Jun', 'Jul', 'Aug', 'Sep', 'Oct', 'Nov', 'Dec'] '''	""" 여러줄 코멘트를 작성 months=['Jan', 'Feb', 'Mar', 'Apr', 'May', 'Jun', 'Jul', 'Aug', 'Sep', 'Oct', 'Nov', 'Dec'] """

2.1.4 변수의 문자형, 숫자형, 정수형과 실수형 선언

일반적으로 컴퓨터에서 프로그램을 작성할 때 처음 변수를 선언하여 시작하는데 변수는 문자를 대입하는 **문자형**과 숫자(수)를 대입하는 **숫자형**으로 구분한다. 또한 숫자형은 소수점이 없으면 **정수형**int()으로 소수점이 있으면 **실수형**float()으로 구분한다. 이는 숫자형은 연산을 수행하지만 문자형은 연산을 수행할 수 없고, 특히 숫자형에서 정수형과 실수형은 소수점이 있고 없고에 따라 메모리 저장 방법이 다르기 때문이다. 하지만 파이썬에서는 편리하게 이러한 변수에

24) **백슬래시**(\): 다음 줄을 이어서 한 줄로 인식하게 하는 명령어

대한 형을 미리 선언을 하지 않고, 변수에 숫자를 입력하면 숫자형으로, 문자 또는 숫자에 큰따옴표(" ") 또는 작은따옴표 (' ')로 묶어 입력하면 문자형으로 자동 인식한다. 숫자가 아닌 문자를 따옴표 없이 입력하면 숫자형인지 문자형인지 인식을 못해 에러(NameError: name '문자' is not defined라는 경고 메시지가 나옴)를 발생한다.

실수에서 정수 부분을 출력하는 경우 명령어 **int(실수형)**를 사용한다. 숫자형을 문자형으로 변환을 하는 명령어는 **str(숫자형)**이다.

변수의 종류		변환 명령어	예	설명
문자형		str(숫자형)	str(12)	정수 12를 문자 12로 변환
숫자형	정수형	int(숫자형문자) int(실수형)	int("12") int(3.14)	정수형문자 12를 정수 12로 변환 실수 3.14를 정수 3으로 변환
	실수형	float(숫자형문자)	float("12") float("12.2")	정수형문자 12를 실수 12.0으로 변환 실수형문자 12.2를 실수 12.2로 변환

파이썬 코드	설 명
int(실수)	실수를 정수로 변환
float(정수)	정수를 실수로 변환
int(불리언)	불리언을 정수(True는 1, False는 0)로 변환
int(정수형문자)	정수형문자를 정수로 변환
float(실수형문자)	실수형문자를 실수로 변환
str(숫자)	숫자를 문자로 변환

파이썬 코드	실행 결과	설 명
print(12)	12	정수 12를 정수형으로 출력
print(12.0)	12.0	실수 12.0를 실수형으로 출력
print(12.34)	12.34	실수 12.34를 실수형으로 출력
print(int(12.0))	12	실수 12.0을 정수형으로 출력
print(int(3.14))	3	실수를 정수형으로 출력
print(float(12))	12.0	정수를 실수형으로 출력
print(int(True))	1	블리언(참)을 1로 출력
print(int(1<2))	1	조건(1<2)(참)이므로 1로 출력
print(int(False))	0	블리언(거짓)을 0으로 출력
print(int("12"))	12	정수형문자를 정수형으로 출력

파이썬 코드	실행 결과	설 명
print(float("12"))	12.0	정수형문자를 실수형으로 출력
print(float("12.0"))	12.0	실수형문자를 실수형으로 출력
print(str(12))	12	숫자를 문자형으로 출력
print('ab')	ab	문자형으로 출력
print(ab)	# ab는 문자형이 아님 ('ab'이어야 함) NameError: name 'ab' is not defined	
print(int('ab'))	# 'ab'는 정수형문자가 아님 ValueError: invalid literal for int() with base 10: 'ab'	
print(2+3)	5	정수+정수 덧셈 결과 정수형으로 출력
print(2.0+3)	5.0	실수+정수 덧셈 결과 실수형으로 출력
print(int(2)+3)	5	정수2를 정수형으로 변환하여 덧셈
print(str(2)+3)	# str(2)은 문자이므로 덧셈 안 됨 TypeError: can only concatenate str (not "int") to str	

파이썬에서 큰 자리수를 표현하는 **부동 소수**(float: 실수형)은 다음과 같이 e와 E를 이용하여 표현한다. e2 또는 E2는 10의 제곱(10^2)을 의미하고, e-2 또는 E-2는 10의 제곱(10^2)의 역수(10^{-2})를 의미한다. a, n 이 양의 정수일 때 부동 소수의 의미는 다음과 같다.

$$a\mathrm{e}n = a\mathrm{E}n \text{는 } a \cdot 10^n,\ a\mathrm{e}\text{-}n = a\mathrm{E}\text{-}n \text{는 } a \cdot 10^{-n} = \frac{a}{10^n}$$

파이썬 코드	실행 결과
print(2e3)	2000.0
print(-2e3)	-2000.0
print(2e-3)	0.002
print(-2e-3)	-0.002

2.1.5 줄 바꾸기의 의미

파이썬은 한 줄에 한 개의 명령어를 허용하며 개행(줄 바꾸기)으로 문장(명령어)을 구분한다. 세미콜론(;)으로 구분하면 한 줄에 여러 명령어를 입력할 수 있다. 줄 바꾸기 출력을 하려면 출력문장 중에 \n을 삽입하면 줄 바꾸기 출력이 된다.

r 또는 R을 맨 앞에 붙인 경우 문자형 " "로 둘러 싸인 부분이 출력된다.

파이썬 코드	실행 결과
print("코딩수학!") print("잘하자.")	코딩수학! 잘하자.
print("코딩수학!\n잘하자.")	코딩수학! 잘하자.
print(r"코딩수학!\n잘하자.")	코딩수학!\n잘하자.

명령문 안에서 <u>띄어쓰기는 프로그램에 영향을 미치지 않는다</u>. 다만 읽기가 어려우니 줄 바꾸기 또는 띄어서 쓰기를 추천한다. 출력문 안에서 띄어쓰기는 빈공간을 차지한다.

파이썬 코드	실행 결과
a = 5 b = 3 c = a + b print(c)	8
a=5;b=3;c=a+b;print(c)	8
a = 5; b = 3; c = a + b; print(c)	8

한 줄 명령어가 길 때 줄 바꿔 입력하려면 줄 끝에 백슬래시(\)를 쓴다.

파이썬 코드	실행 결과

total = 1 \\
    + 4 \\
    + 7
print(total)
	12

total = 1 + 4 + 7 print(total)	12

total = 1
    + 4
    + 7
print(total)
	# \ 가 없어 인식 못해 에러 발생
	IndentationError: unexpected indent

2.3절에서 언급할 자료 모음 기호인 리스트 [...], 튜플 (...), 사전식 {...} 기호 안의 콤마(,) 뒤에는 백슬래시(\)를 생략할 수 있다. 다음은 12개의 자료 모음인 리스트의 예이다.

```
months=['Jan', 'Feb', 'Mar', 'Apr',
        'May', 'Jun', 'Jul', 'Aug',
        'Sep', 'Oct', 'Nov', 'Dec']
```

2.1.6 들여쓰기(indent)의 의미

Python에서는 **들여쓰기**(줄 앞의 공백문자 개수)는 중요한 의미를 가진다. 다른 프로그램 언어는 대부분 중괄호{ }로 같은 블록(같은 실행 명령)을 묶어 실행하는데, 파이썬은 중괄호{ }를 사용하지 않는 대신 들여쓰기가 같으면 같은 블록으로 간주한다. 그러므로 같은 블록에서는 반드시 같은 수의 공백으로 들여쓰기를 해야 한다. 같은 블록에서 들여쓰기가 일치하지 않으면 에러를 출력한다.

파이썬 코드	실행 결과
print("AAA") print("BBB")	AAA BBB
print("AAA") print("BBB") # 들여쓰기 위반	# 들여쓰기 위반으로 아래 에러 발생 IndentationError: unexpected indent

들여쓰기는 일반적으로 4개[Tab]의 공백문자를 사용(꼭 4개의 공백문자가 아니어도 된다)한다. [Tab]을 사용하면 들여쓰기를 일정하게 맞출 수 있어 들여쓰기 위반하지 않을 가능성이 크다. 참고로 파이썬 포함해 각종 언어는 툴에서 탭 들여쓰기를 설정할 수 있다.

```
[Tab][Tab]print("AAA") # 8문자의 공백(들여쓰기)으로 간주한다
```

2.1.7 숫자형의 진수 변환

1) 내장함수 이용하기

10진수에서 2진수(binary), 8진수(octadecimal), 16진수(hexadecimal)로 변환할 때 파이썬의 내장함수를 이용해 쉽게 변환할 수 있다. (진수의 개념과 변환에 대해서는 7.1절 진법의 개념과 변환 참조)

10진수를 제외하고 2진수, 8진수, 16진수에는 각각 접두어 0b, 0o, 0x를 사용해 진수를 구분해준다. 접두어는 숫자 0과 각 진수의 소문자 하나로 이루어져 있다. 특히, 8진수 접두어 0o에서 앞의 0은 숫자이고, 뒤의 o는 소문자 영어이다.

10진수에서 2진수, 8진수, 16진수로 변환할 때에는 각각 bin(), oct(), hex()를 사용해 변환한다. 이때 ()안에는 10진수가 아닌 2, 8, 16진수도 가능하고, 반환 완료한 값의 자료형은 숫자형이 아닌 문자형이다.

```
 2진수: bin(a) (10진수 a를 접두어 있는 2진수로 변환)
 8진수: oct(a) (10진수 a를 접두어 있는 8진수로 변환)
16진수: hex(a) (10진수 a를 접두어 있는 소문자 16진수로 변환)
```

10진수를 접두어를 생략하는 8진수, 16진수로 변환할 때는 %연산자를 아래 표처럼 이용해 print() 문장에서 값을 간단하게 출력할 수 있다.

```
 8진수: "%o"%a (10진수 a를 접두어 없는 8진수로 변환)
16진수: "%x"%a (10진수 a를 접두어 없는 소문자 16진수로 변환)
        "%X"%a (10진수 a를 접두어 없는 대문자 16진수로 변환)
```

파이썬 코드	실행 결과
a = 31 # a에 10진수 31 대입	
print(bin(a)) # 10진수 a를 접두어 있는 2진수로 변환	0b11111
print(oct(a)) # 10진수 a를 접두어 있는 8진수로 변환	0o37
print(oct(0b11)) # 2진수를 접두어 있는 8진수로 변환	0o3
print(oct(0x11)) # 16진수를 접두어 있는 8진수로 변환	0o21
print(hex(a)) # 10진수 a를 접두어 있는 16진수로 변환	0x1f
print("%o" %a) # 10진수 a를 접두어 없는 8진수로 변환	37
print("%x" %a) # 10진수 a를 접두어 없는 소문자 16진수로 변환	1f
print("%X" %a) # 10진수 a를 접두어 없는 대문자 16진수로 변환	1F
print('%04d' %a) # 10진수 a를 4자리 수(04) 10진수로 출력	0031
print(0b11) # 2진수를 10진수로 변환	3
print(0o11) # 8진수를 10진수로 변환	9
print(0x11) # 16진수를 10진수로 변환	17
print(int('0b11', 2)) # 2진수를 10진수로 변환	3
print(int('0o11', 8)) # 8진수를 10진수로 변환	9
print(int('0x11', 16)) # 16진수를 10진수로 변환	17

※ 파이썬에서 10진수를 2, 8, 16진수가 아닌 다른 진법으로 변환하는 것은 아쉽게도 직접 코드를 작성해야 한다. (2.7 함수, 2.8 class와 import 참조)

파이썬 코드 (참조, [낭람])	실행 결과

import string
 	
tmp = string.digits + string.ascii_lowercase
def convert(num, base) :
    q, r = divmod(num, base)
    if q == 0 :	

``` return tmp[r] else : return convert(q, base) + tmp[r]```	
print(convert(31,2)) # 2진수로 변환 print(convert(31,3)) # 3진수로 변환 print(convert(31,4)) # 4진수로 변환 print(convert(31,5)) # 5진수로 변환 print(convert(31,16)) # 16진수로 변환 print(convert(31,17)) # 17진수로 변환	11111 1011 133 111 1f 1e

2) format() 내장함수 이용하기

format() 내장함수를 이용하면 숫자를 다른 진수의 문자열로 바꿀 때 접두어를 제외할 수 있다.

format(10진수, '변환진수 소문자')

'변환진수 문자' = 2진수 'b', 8진수 'o', 16진수 소문자 표현은 'x', 16진수 대문자 표현은 'X'를 대입하면 된다. 물론 접두어를 포함시키는 것도 가능하다. 두 번째 인자 앞에 #만 붙여 주면 된다.

파이썬 코드	실행 결과
a = 31 # a에 10진수 31 대입 print(format(a, 'b')) # 10진수 a를 2진수로 변환 print(format(a, 'o')) # 10진수 a를 8진수로 변환 print(format(a, 'x')) # 10진수 a를 16진수(소문자)로 변환 print(format(a, 'X')) # 10진수 a를 16진수(대문자)로 변환 print(format(a, '#b')) # 10진수 a를 접두어 있는 2진수로 변환 print(format(a, '#o')) # 10진수 a를 접두어 있는 8진수로 변환 print(format(a, '#x')) # a를 접두어 있는 16진수(소문자)로 변환 print(format(a, '#X')) # a를 접두어 있는 16진수(대문자)로 변환	 11111 37 1f 1F 0b11111 0o37 0x1f 0X1F

2.1.8 다양한 출력(print)하기

문장 2개를 연결하여 출력할 때 한 칸 띄워 연결하기, 이어서 연결하기, 사이에 원하는 문장 삽입하기(sep=" "), 끝에 원하는 문장 삽입하고 다음 문장 이어 연결하기(end=" "), 사용자가 원하는 부분에 대입하기(f'문자{ }') 등을 알아보자.

출력 방법	파이썬 코드
두 문장을 한 칸 띄워 연결하기 (, 로 구분)	print(문장, 문장)
두 문장을 붙여서 연결하기 (+ 로 연결)	print(문장 + 문장)
두 문장 사이에 원하는 문자 삽입하여 연결하기 (sep=" ")	print(x, y, sep="삽입")
끝에 문장 삽입하고 다음 문장 이어 연결하기(end=" ")	print(x, y, end="삽입")
한 문장 안의 원하는 부분에 삽입하기(f'문자{삽입}')	print(f'문자{삽입}문자')

파이썬 코드	실행 결과

a = 2 ; b = 3 # 숫자형 자료
x = "안녕" ; y = "하세요" # 문자형 자료	

print(a + b) # a+b 덧셈 계산 print("a" + "b") # 문자형 연결 print(x + y) # 붙인 연결	5 ab 안녕하세요

print(x, y) # 한 칸 띄운 연결
print(x, y, sep = "!") # ! 삽입 출력
print(x, y, end = "!") # x y! 출력 후 이음
print("이어진 문장")
	안녕 하세요
	안녕!하세요
	안녕 하세요!이어진 문장

print(x * a) # x를 a번 이어 출력 print(f'나는 "{x}"를 {a}번 말했다') # 삽입 print(x + a) # Error 발생 # x는 문자/a는 숫자이므로 타입 에러	안녕안녕 나는 "안녕"를 2번 말했다 TypeError: can only concatenate str (not "int") to str

2.1.9 백슬래시(\)를 동반하는 명령어

"..." 속에서 '을 사용하고, '...' 속에서 "를 사용하여 이스케이프(비활성화: 출력)할 수 있다. '...' 속에서 백슬래시(\)를 사용하여 따옴표(\' 또는 \")를 사용(출력)하고, "..." 속에서 백슬래시(\)를 사용하여 따옴표(\' 또는 \")를 사용(출력)하여 이스케이프(비활성화: 출력)할 수 있다.

파이썬 코드	실행 결과
print('doesn\'t')	doesn't
print('doesn\"t')	doesn"t
print("doesn't")	doesn't
print('"Yes," they said.')	"Yes," they said.
print("\"Yes,\" they said.")	"Yes," they said.
print('"Isn\'t," they said.')	"Isn't," they said.
print('"Isn't," they said.')	Error 발생 (Isn't 오류) SyntaxError: invalid syntax

백슬래시(\)와 함께쓰는 문자나 숫자 조합을 **이스케이프 시퀀스(escape sequence)**라 한다. 문자열에서 아래의 이스케이프 시퀀스를 사용할 수 있다.

파이썬 코드	실행 결과
print("안녕 하세요") # 문자형 출력	안녕 하세요
print("안녕 \n 하세요") # \n: 줄 바꾸기	안녕 하세요
print("안녕 \t 하세요") # \t: [Tab] 띄우기	안녕 하세요
print("안녕 \\ 하세요") # \\: \ 출력	안녕 \ 하세요
print("안녕 \' 하세요") # \': ' 출력	안녕 ' 하세요
print("안녕 \" 하세요") # \": " 출력	안녕 " 하세요
print("안녕 \r 하세요") # \r: 이하만 출력	하세요
print("안녕 \f 하세요") # \f: 줄바꾸고 # 현재 커서 만큼 들여서 출력	안녕 하세요
print("안녕 \b하세요") # \b: 한 칸 역으로 줄이기	안녕하세요
print("안녕 \000하세요") # \000: 빈공간(null) 의미	안녕 하세요

2.1.10 문자열 포맷(형식) %를 동반하는 명령어

% 연산자를 사용하면, 아래와 같이 숫자, 문자열의 포맷을 설정할 수 있다.

%s 문자열, %d 정수, %f 부동 소수점(실수), %x 16 진수, %o 8진수, %%는 % 자신

을 나타낸다.

파이썬 코드	실행 결과
print("%s 출력" %"ABC") # %s: 문자형 출력	ABC 출력
print("%d 출력" %123) # %d: 정수 출력	123 출력
print("%d 출력" %1.23) # %d: 정수 출력	1 출력
print("%f 출력" %1.23) # %f: 실수 출력	1.230000 출력
print("%f 출력" %123) # %f: 실수 출력	123.000000 출력
print("%x 출력" %23) # %x: 16진수 출력	17 출력
print("%o 출력" %23) # %o: 8진수 출력	27 출력
print("%d %% 출력" %23) # %d: 정수 %%: % 출력	23 % 출력

※ 다음은 % 뒤에 오는 숫자로 출력 시 폭이나 정밀도를 지정할 수 있다.

파이썬 코드	실행결과
print("|%5s|" %'ABC') # 문자 ABC를 5(양수)칸 오른쪽으로 정렬	| ABC|
print("%5s|" %'ABC') # 문자 ABC를 5(양수)칸 오른쪽으로 정렬	ABC|
print("|%-5s|" %'ABC') # 문자 ABC를 5(음수)칸 왼쪽으로 정렬	|ABC |
print("%-5s" %'ABC') # 문자 ABC를 5(음수)칸 왼쪽으로 정렬	ABC
print("|%-5s|" %123) # 숫자 123을 5(음수)칸 왼쪽으로 정렬	|123 |
print("|%5d|" %12.3) # 12.3의 정수부분만 5(양수)칸 오른쪽정렬	| 12|
print("|%+5d|" %12.3) # 12.3의 +정수부분만 5(양수)칸 오른쪽정렬	| +12|
print("|%-5d|" %12.3) # 12.3의 정수부분만 5(음수)칸 왼쪽정렬	|12 |
print("|%5.1f|" %1.23) # 1.23의 소수부분 1자리까지 5(양수)칸 오른쪽정렬	| 1.2|
print("|%-5.1f|" %1.23) # 1.23의 소수부분 1자리까지 5(음수)칸 왼쪽정렬	|1.2 |
print("|%5.3f|" %1.23) # 1.23의 소수부분 3자리까지 5(양수)칸 오른쪽정렬	|1.230|
print("|%05d|" %123) # 정수부분5칸 오른쪽정렬. 왼쪽 빈칸은 0으로 채움	|00123|
print("|%05d|" %1.23) # 정수부분5칸 오른쪽정렬. 왼쪽 빈칸은 0으로 채움	|00001|
print("|%-05d|" %1.23) # 정수부분5(음수)칸 왼쪽정렬.	|1 |

2.1.11 문자열 포맷(형식) .format()를 사용하는 명령어

※ .format()과 {}를 이용하면 중간삽입과 삽입순서를 지정하여 출력할 수 있다.

```
"문장1 {} 문장2".format(문장3) ⇒ [문장1 문장3 문장2]

"문장1 {} 문장2 {} 문장3".format(문장4, 문장5)
    ⇒ [문장1 문장4 문장2 문장5 문장5]

"문장1 {1} 문장2 {0} 문장3".format(문장4, 문장5)
    ⇒ [문장1 문장5 문장2 문장4 문장5]
```

파이썬 코드	실행 결과
print("A {} B".format("D")) # {}에 D 대입	A D B
print("A{}B".format("D")) # {}에 D 대입	ADB
print("A {0} B {1} C".format("x", "y")) # {0}에 x 대입 {1}에 y 대입	A x B y C
print("A {1} B {0} C".format("x", "y")) # {1}에 y 대입 {0}에 x 대입	A y B x C
print("{day}일에 사과 {num}개".format(num=2, day=3)) # {day}에 3 대입 {num}에 2 대입	3일에 사과 2개
print("{day}일에 사과 {0}개".format(2, day=3)) # {day}에 3 대입 {0}에 2 대입	3일에 사과 2개

<table>
<tr><th>파이썬 코드</th><th>실행 결과</th></tr>
<tr><td>print("|{0:<4}|".format("hi")) # hi를 4칸중 왼쪽(<)으로 정렬</td><td>|hi |</td></tr>
<tr><td>print("|{0:<4}|".format("hiabc")) # hiabc를 4칸중 왼쪽(<)으로 정렬</td><td>|hiabc|</td></tr>
<tr><td>print("|{0:<4}|".format(22)) # 22를 4칸중 왼쪽(<)으로 정렬</td><td>|22 |</td></tr>
<tr><td>print("|{0:>4}|".format("hi")) # hi를 4칸중 오른쪽(>)으로 정렬</td><td>| hi|</td></tr>
<tr><td>print("|{0:^4}|".format("hi")) # hi를 4칸중 중앙(^)으로 정렬</td><td>| hi |</td></tr>
<tr><td>print("|{0:=^6}|".format("hi")) # hi를 6칸중 중앙(^)으로 정렬하고
나머지는 =로 채움</td><td>|==hi==|</td></tr>
<tr><td>print("{{ and }}".format()) # { and }을 출력</td><td>{ and }</td></tr>
<tr><td>print("|{0:0.4f}|".format(3.1234567)) # 소수점 4번째 자리(반올림)</td><td>|3.1235|</td></tr>
<tr><td>print("|{0:7.4f}|".format(3.1234567)) # 소수점 4번째 자리(반올림)까지를 7칸 출력</td><td>| 3.1235|</td></tr>
</table>

2.1.12 문자와 아스키코드[25](ASCII Code) 변환

파이썬에서 문자와 아스키 코드의 상호 변환은 매우 간단하다.

ord(문자): 아스키 코드를 반환/ chr(숫자): 숫자에 맞는 아스키 코드를 반환

파이썬 코드	실행 결과
print(ord("a"))	97
print(chr(97))	a
print(ord(a))	NameError: name 'a' is not defined

아스키코드는 7비트 인코딩으로, 33개의 출력 불가능한 제어 문자(0~31, 127)들과 공백(32)을 비롯한 95개(32~126)의 출력 가능한 문자들로 총 128($2^7 = 128$)개로 이루어진다. 제어 문자들은 역사적인 이유로 남아 있으며 대부분은 더 이상 사용되지 않는다. 출력 가능한 문자들은 52개의 영문 알파벳 대소문자, 10개의 숫자, 32개의 특수 문자, 그리고 하나의 공백문자로 이루어진다. [위키백과]

아스키코드 변환표는 다음과 같다. 컴퓨터 키보드 자판에 모두 나와 있다.

10진수	부호	10진수	부호	10진수	부호	10진수	부호
32	공백문자	56	8	80	P	104	h
33	!	57	9	81	Q	105	i
34	"	58	:	82	R	106	j

25) **아스키코드(ASCII)**: 1963년 미국 ANSI에서 표준화한 정보교환용 7비트 부호체계이다. 000부터 127까지 총 128개의 부호가 사용된다. 미국 정보교환 표준부호(American Standard Code for Information Interchange, ASCII)로 영문 알파벳을 사용하는 대표적인 문자 인코딩이다. 아스키는 컴퓨터와 통신 장비를 비롯한 문자를 사용하는 많은 장치에서 사용되며, 대부분의 문자 인코딩이 아스키에 기초를 두고 있다.

10진수	부호	10진수	부호	10진수	부호	10진수	부호
35	#	59	;	83	S	107	k
36	$	60	<	84	T	108	l
37	%	61	=	85	U	109	m
38	&	62	>	86	V	110	n
39	'	63	?	87	W	111	o
40	(	64	@	88	X	112	p
41	)	65	A	89	Y	113	q
42	*	66	B	90	Z	114	r
43	+	67	C	91	[	115	s
44	,	68	D	92	\	116	t
45	–	69	E	93	]	117	u
46	.	70	F	94	^	118	v
47	/	71	G	95	_	119	w
48	0	72	H	96	`	120	x
49	1	73	I	97	a	121	y
50	2	74	J	98	b	122	z
51	3	75	K	99	c	123	{
52	4	76	L	100	d	124	|
53	5	77	M	101	e	125	}
54	6	78	N	102	f	126	~
55	7	79	O	103	g	127	삭제

2.1.13 문자의 효과와 색상 출력

문자의 색상 표현은 다음과 같이 여러 방법으로 가능하다.

1) 직접 효과 숫자 또는 색상 숫자 입력하여 표현

효과 제어문자와 색 제어문자는 이미 숫자에 정해진 효과와 색상이 배정되어 있어 대응하는 숫자만 입력하면 되는 방식이다. 문자에 효과를 주려면 효과 시작은 '\033[숫자m'으로 하고 효과 종료는 '\033[0m'(모든 효과 제거)으로 마무리한다. 다음과 같이 지정하면 된다.

```
print('\033[숫자m' + '효과 줄 문자' + '\033[0m')
```

숫자와 효과의 대응 관계는 다음 표와 같다.

제어문자	효과	파이썬 코드	결과
\033[0m	모든 효과 제거		
\033[1m	강조하기	print('\033[1m'+'강조1'+'\033[0m')	강조1
\033[2m	사용불가 텍스트	print('\033[2m'+'사용불가2'+'\033[0m')	사용불가2
\033[3m	이탤릭체	print('\033[3m'+'이탤릭3'+'\033[0m')	*이탤릭3*
\033[4m	밑줄	print('\033[4m'+'밑줄4'+'\033[0m')	밑줄4
\033[5m	깜빡임	print('\033[5m'+'깜빡임5'+'\033[0m')	깜빡임5
\033[6m	깜빡임	print('\033[6m'+'깜빡임6'+'\033[0m')	깜빡임6
\033[7m	역상	print('\033[7m'+'역상7'+'\033[0m')	역상7
\033[8m	숨기기	print('\033[8m'+'숨기기8'+'\033[0m')	
\033[9m	취소선	print('\033[9m'+'취소선9'+'\033[0m')	~~취소선9~~

문자의 색을 지정하려면 색 시작은 '\033[색숫자m'으로 하고 색 종료는 '\033[0m'으로 마무리 한다. 다음과 같이 지정하면 된다.

```
print('\033[색숫자m' + '색으로 표현할 문자' + '\033[0m')
```

※ 모든 효과를 중지하는 제어 명령인 Reset('\033[0m')을 생략하면 앞에서 선언한 색상 이후의 모든 문자에 선언한 색상으로 나타난다. 예를 들어

```
print('\033[31m' + '문자색31:빨강')
```

을 실행하면 "문자색31:빨강" 이후의 문자는 모두 빨강색으로 나타난다.

숫자와 색의 대응 관계는 다음 표와 같다.

제어문자	문자색	파이썬 코드	결과
\033[30m	검은색	print('\033[30m'+'문자색30:검정'+'\033[0m')	문자색30:검정
\033[31m	빨간색	print('\033[31m'+'문자색31:빨강'+'\033[0m')	문자색31:빨강
\033[32m	초록색	print('\033[32m'+'문자색32:초록'+'\033[0m')	문자색32:초록
\033[33m	노란색	print('\033[33m'+'문자색33:노랑'+'\033[0m')	문자색33:노랑
\033[34m	파란색	print('\033[34m'+'문자색34:파랑'+'\033[0m')	문자색34:파랑
\033[35m	보라색	print('\033[35m'+'문자색35:보라'+'\033[0m')	문자색35:보라
\033[36m	청록색	print('\033[36m'+'문자색36:청록'+'\033[0m')	문자색36:청록
\033[37m	하얀색	print('\033[37m'+'문자색37:하양'+'\033[0m')	

※ 문자색 숫자(30m~37m)에 60을 더한 숫자(90m~97m)을 지정하면 같은 문자색이 밝게 표현된다. 예를 들면

```
print('\033[91m'+'문자색91:밝은빨강'+'\033[0m')
```

은 밝은 빨강색으로 출력된다.

다음은 문자의 배경에 색을 지정할 수 있는 제어문자 표이다. 배경색 숫자(40m~47m)는 문자색 숫자(30m~37m)에 10을 더하면 된다.

제어문자	배경색	파이썬 코드	결과
\033[40m	검은색	print('\033[40m'+'배경색40:검정'+'\033[0m')	배경색40:검정
\033[41m	빨간색	print('\033[41m'+'배경색41:빨강'+'\033[0m')	배경색41:빨강
\033[42m	초록색	print('\033[42m'+'배경색42:초록'+'\033[0m')	배경색42:초록
\033[43m	노란색	print('\033[43m'+'배경색43:노랑'+'\033[0m')	배경색43:노랑
\033[44m	파란색	print('\033[44m'+'배경색44:파랑'+'\033[0m')	배경색44:파랑
\033[45m	보라색	print('\033[45m'+'배경색45:보라'+'\033[0m')	배경색45:보라
\033[46m	청록색	print('\033[46m'+'배경색46:청록'+'\033[0m')	배경색46:청록
\033[47m	하얀색	print('\033[47m'+'배경색47:하양'+'\033[0m')	배경색47:하양

※ 배경색 숫자(40m~47m)에 60을 더한 숫자(100m~107m)을 지정하면 같은 배경색이 밝게 표현된다. 예를 들면

```
print('\033[101m'+'배경색101:밝은빨강'+'\033[0m')
```

은 배경색이 밝은 빨강색으로 출력된다.

만약 배경색과 문자색을 동시에 지정하고 싶으면 문자색 숫자과 배경색 숫자(제어문자)를 다음과 같이 동시에 사용하면 된다.

```
print('\033[색숫자m \033[배경색숫자m' + '문자색/배경색' + '\033[0m')
```

예를 들어

```
print('\033[31m \033[44m' + '글자와 배경색 변경' + '\033[0m')
```

은 파랑색 배경(\033[44m)에 빨강색 문자(\033[31m)가 다음과 같이 출력된다.

글자와 배경 변경

2) 24Bit True color (RGB) 색 글자색 변경

이 방식은 사용자가 빛의 3원색인 빨강(Red), 초록(Green), 파랑(Blue)색의 농도를 256가지 지정할 수 있어 거의 모든 색을 표현할 수 있다. RGB 값 선택 범위는 R(Red: 빨강), G(Green: 초록), B(Blue: 파랑) 색을 각각 0에서 255까지 각각 256가지 선택할 수 있으므로 $256^3 = 16,777,216$ 가지 색상을 표현 할 수 있다.

24Bit True color (RGB) 글자색은 \033[38;2; 뒤에 R값;G값;B값m을 아래와 같이 지정하면 된다.

```
'\033[38;2;R값;G값;B값m' + Text + '\033[0m'
```

24Bit True color (RGB) 배경색은 \033[48;2; 뒤에 R값;G값;B값m을 아래와 같이 지정하면 된다.

```
'\033[48;2;R값;G값;B값m' + Text + '\033[0m'
```

예를 들어, 빨강색, 초록색, 파랑색, 노랑색에 대한 문자색과 배경색은 아래 표와 같이 지정하면 된다.

제어문자	색 상	파이썬 코드
\033[38;2;256;0;0m	빨강문자	print('\033[38;2;256;0;0m'+'문자색:빨강'+'\033[0m')
\033[38;2;0;256;0m	초록문자	print('\033[38;2;0;256;0m'+'문자색:초록'+'\033[0m')
\033[38;2;0;0;256m	파랑문자	print('\033[38;2;0;0;256m'+'문자색:파랑'+'\033[0m')
\033[38;2;256;256;0m	노랑문자	print('\033[38;2;256;256;0m'+'문자색:노랑'+'\033[0m')
\033[48;2;256;0;0m	빨강배경	print('\033[48;2;256;0;0m'+'배경색:빨강'+'\033[0m')
\033[48;2;0;256;0m	초록배경	print('\033[48;2;0;256;0m'+'배경색:초록'+'\033[0m')
\033[48;2;0;0;256m	파랑배경	print('\033[48;2;0;0;256m'+'배경색:파랑'+'\033[0m')
\033[48;2;256;256;0m	노랑배경	print('\033[48;2;256;256;0m'+'배경색:노랑'+'\033[0m')

3) 문자색을 전역변수로 선언하여 표현

앞 1) ~ 2)에서 언급한 내용은 숫자만으로 색을 표현하는 방법이었다. 이는 전문가가 아니면 헷갈리기 쉬워 자주 사용하는 색은 자신이 알고 있는 색을 표현하는 단어로 전역변수를 선언하여 사용하면 편하다. 사용 방법은 다음과 같고 시행 결과는 위와 같다. 물론 전역변수 이름은 사용자가 사용하기 쉬운 단어를 선택하여 선언하면 된다.

전역변수	글자색	파이썬 코드
end = "\033[0m"	모든 효과 제거	
black = "\033[30m"	검은색	print(black+'문자색:검정'+end)
red = "\033[31m"	빨간색	print(red +'문자색:빨강'+end)
green = "\033[32m"	초록색	print(green+'문자색:초록'+end)
yellow = "\033[33m"	노란색	print(yellow+'문자색:노랑'+end)
blue = "\033[34m"	파란색	print(blue+'문자색:파랑'+end)
purple = "\033[35m"	보라색	print(purple+'문자색:보라'+end)
cyan = "\033[36m"	청록색	print(cyan+'문자색:청록'+end)
white = "\033[37m"	하얀색	print(white+'문자색:하양'+end)

4) 문자색을 클래스 선언하여 표현

클래스로 문자색을 선언하면 전역변수와 비슷하나 출력시 클래스 이름을 사용해야 한다.

```
class bcolors: # 2.8절 class과 import 참조
    black   = "\033[30m"
    red     = "\033[31m"
    green   = "\033[32m"
    yellow  = "\033[33m"
    blue    = "\033[34m"
    purple  = "\033[35m"
    cyan    = "\033[36m"
    white   = "\033[37m"
    end     = "\033[0m"
print(bcolors.red + "빨강색 " +  bcolors.end)
```

5) 색상 모듈 colorama를 import로 불러와 문자색을 표현

```
from colorama import Fore, Back, Style # 2.8절 class과 import 참조

print(Back.YELLOW+Fore.WHITE+Style.NORMAL+" TEST "+Style.RESET_ALL)
print(Back.GREEN+Fore.BLUE+Style.DIM+" TEST "+Style.RESET_ALL)
print(Back.BLUE+Fore.RED+Style.BRIGHT+" TEST "+Style.RESET_ALL)
```

을 시행하면 다음과 같이 출력된다.

TEST
TEST
TEST

※ Fore, Back, Style은 다음과 같은 성질을 가진다.

Fore: 글자색 지정 및 리셋(Reset)

Back: 배경색 지정 및 리셋(Reset)

Style: 발현량 지정, 그리고 글자색, 배경색, 발현량 모두 리셋(Reset)

2.2 연산자

2.2.1 산술 연산자 (+, −, *, /, &, **, //)

산술연산자는 아래처럼 정의한다.

코드	설 명	파이썬 코드	결과
+a	양수	print(+12)	12
-a	음수	print(-12)	-12
a + b	더하기	print(10 + 12)	22
a - b	빼기	print(10 - 12)	-2
a * b	곱하기	print(10 * 2)	20
a ** b	a의 b 제곱, a^b	print(11 ** 2)	121
a / b	나누기	print(11 / 2)	5.5
a // b	a를 b로 나눈 몫: int(a/b)와 같음	print(11 // 2)	5
a % b	a를 b로 나눈 나머지	print(11 % 2)	1

2.2.2 비트 연산자 (~, &, |, ^, ≪, ≫)

컴퓨터는 내부적으로 모든 입력을 2진수 비트로 변환하여 처리한다. 비트 연산자는 십진수를 입력하면 2진수(단, 음수는 2의 보수)로 변환하여 대응하는 각 자리끼리 비트 연산하고 십진수로 다시 변환하는 방법으로 처리한다.

컴퓨터는 모든 수를 2진수로 변환하여 연산한다. 이때 컴퓨터는 음수인 경우 처리하기가 어려워 2진수로 변환 후 양수이면 첫 비트에 0을 추가하고, 음수이면 첫 비트에 1을 추가하여 양수와 음수를 구별한다. 그리고 컴퓨터는 덧셈 연산만 가능하기 때문에 음수인 경우 **1의 보수**와 **2의 보수**라는 개념을 도입해 내부적으로 처리하게 된다. 이에 대한 원리와 처리 방법에 대한 자세한 내용은 [7.6절 양의 2진수의 1의 보수, 2의 보수 구하기(음수 처리) 알고리즘]를 참조하기 바란다.

비트연산자는 다음과 같이 정의한다.

~a	2진수로 변환 후 비트 반전 (음수인 경우 2의 보수로 변환 후 비트 반전) 1 ⟶ 0, 0 ⟶ 1

예 ~0(십진수) = ~00(2진수) = 11(2진수) = −1(십진수)

설명 비트 반전한 11의 첫 비트가 1이므로 음수이다. 두 번째 비트 1의 2의 보수를 구하자. 먼저 비트 반전한 0이 1의 보수이다. 여기에 1을 더한 1이 2의 보수가 된다. 이를 10진수로 나타내면 역시 1이 된다. 따라서 ~0은 −1이 된다.

예 ~1(십진수) = ~01(2진수) = 10(2진수) = −2(십진수)

설명 비트 반전한 10의 첫 비트가 1이므로 음수이다. 두 번째 비트 0의 2의 보수를 구하자. 먼저 비트 반전한 1이 1의 보수이다. 여기에 1을 더한 10(2진수)이 2의 보수가 된다. 이를 10진수로 나타내면 2가 된다. 따라서 ~1은 −2가 된다.

예 음수 −10에 대한 ~(−10)을 구해보자.

십진수 10의 2진수는 1010이다. 음수 −10에 대한 2의 보수를 구하자. 10의 2진수 1010에 대한 1의 보수 0101에 1을 더한 0110가 2의 보수이다. 여기에 음수 판정을 하는 수 1을 앞에 붙여서 10110이 −10에 대한 저장 메모리이다. 한편 양수 10은 2진수 1010에 양수 판정하는 0을 앞에 붙여서 01010으로 저장된다.

print(~(−10)) ⇒ 9 에 대한 설명

설명 ~(−10) = ~10110(−10에 대한 2의 보수)

= 01001(10110의 비트 반전) = 9(십진수)

비트 반전한 01001의 첫 비트가 0이므로 양수이고 1001은 10진수 9가 된다.

(※ 양수인 경우는 2의 보수로 구하지 않는다)

따라서 ~(−10)은 9가 된다.

a & b	AND : 2진수 변환 후 각 대응 비트 둘 다 1일 때에만 1이고 그 외는 0 1&1 = 1, 1&0 = 0, 0&1 = 0, 0&0 = 0

예 10&12(십진수) = 01010&01100(2진수) = 01000(2진수) = 8(10진수)

예 −10&12(십진수) = 10110(2의보수)&01100(2진수) = 00100(2진수) = 4(10진수)

print(−10&−12) ⇒ −12 에 대한 설명

−10&−12(10진수) = 10110(2의 보수)&10100(2의 보수) = 10100(2진수) = −12(10진수)

설명 10100의 첫 비트가 1이므로 음수이다. 0100의 2의 보수를 구하자.
0100의 1의 보수 1011에 1을 더한 1100이 2의 보수이고 십진수는 12이다.
따라서 −10&−12은 −12가 된다.

a | b	OR : 2진수 변환 후 각 대응비트 둘 다 0일 때에만 0이고 그 외는 1 1|1 = 1, 1|0 = 1, 0|1 = 1, 0|0 = 0

예 10 | 12 (십진수) = 01010 | 01100(2진수) = 01110(2진수) = 14(십진수)

print(−10|−12) ⇒ −10 에 대한 설명

−10|−12(10진수) = 10110(2의 보수)|10100(2의 보수) = 10110(2진수) = −10(10진수)

설명 10110의 첫 비트가 1이므로 음수이다. 0110의 2의 보수를 구하자.
0110의 1의 보수 1001에 1을 더한 1010이 2의 보수이고 십진수는 10이다.
따라서 −10|−12는 −10이 된다.

a ^ b	XOR : 배타적 논리합. 2진수 변환 후 각 대응 비트가 다를 때만 1 1^1 = 0, 1^0 = 1, 0^1 = 1, 0^0 = 0

예 10^30(십진수) = 001010^011110(2진수) = 010100(2진수) = 20(십진수)

print(−10^−12) ⇒ 2 에 대한 설명

−10^−12(10진수) = 10110(2의 보수)^10100(2의 보수) = 00010(2진수) = 2(10진수)

설명 00010의 첫 비트가 0이므로 양수이다. 0010은 십진수 2이다.
따라서 −10^−12은 2가 된다.

a << b	a를 2진수 변환 후 모든 비트를 b비트 왼쪽으로 시프트(이동) 오른쪽에 0을 b개 추가

예 10 << 2(십진수) = 01010(2진수) << 2(오른쪽에 2비트 0 추가)

= 0101000(2진수) = 40(십진수)

print(-10<<2) ⇒ -40 에 대한 설명

-10<<2(10진수) = 10110(2의 보수)<< 2(오른쪽에 2비트 0 추가)

= 1011000(2진수) = -40(10진수)

설명 1011000의 첫 비트가 1이므로 음수이다. 011000의 2의 보수를 구하자.
011000의 1의 보수 100111에 1을 더한 101000이 2의 보수이고 십진수는 40이다.
따라서 -10<<2는 -40이 된다.

a >> b	a를 2진수 변환 후 모든 비트를 b비트 오른쪽으로 시프트(이동) 오른쪽 b비트를 삭제

예 11 >> 2(십진수) = 01011(2진수) >> 2(오른쪽 2비트 삭제)

= 010(2진수) = 2(십진수)

print(-10>>2) ⇒ -3 에 대한 설명

-10>>2(10진수) = 10110(2의 보수)>> 2(오른쪽 2비트 삭제)

= 101(2진수) = -3(10진수)

설명 101의 첫 비트가 1이므로 음수이다. 01의 2의 보수를 구하자.
01의 1의 보수 10에 1을 더한 11이 2의 보수이고 십진수는 3이다.
따라서 -10>>2는 -3이 된다.

2.2.3 대입 연산자 (=, +=, -=, *=, /=, %=, **=, //=, &=, |=, ^=, <<=, >>=)

컴퓨터 프로그램을 작성할 때 수나 문자를 대신하는 변수를 많이 사용한다. 이 변수끼리 연산을 할 때 대입 연산자를 사용한다. 같은 변수를 이용하여 연산을 재귀적으로 반복하여 시행하는 경우에는 반복하는 변수를 생략할 수 있다.

예를 들어, a + 1을 다시 a로 정의하는 경우 a = a + 1로 표시하는데 이때 뒤의 a를 생략하여 a += 1로 하면 보기도 좋고 메모리를 절약할 수 있다.

대입 연산자는 아래처럼 정의한다.

코 드	설 명	파이썬 코드 (a=7인 경우)	시행 결과
a = b	a에 b를 대입함	a = 2 print(a)	2
a += b	a = a + b와 같음 (산술 연산자 참조)	a += 2 print(a)	9
a -= b	a = a - b와 같음 (산술 연산자 참조)	a -= 2 print(a)	5
a *= b	a = a * b와 같음 (산술 연산자 참조)	a *= 2 print(a)	14
a /= b	a = a / b와 같음 (산술 연산자 참조)	a /= 2 print(a)	3.5
a %= b	a = a % b와 같음 (산술 연산자 참조)	a %= 2 print(a)	1
a **= b	a = a ** b와 같음 (산술 연산자 참조)	a **= 2 print(a)	49

a //= b	a = a // b와 같음
	(산술 연산자 참조)
		a //= 2
		print(a)
			3

a &= b	a = a & b와 같음 (비트 연산자 참조)	a &= 2 print(a)	2
a |= b	a = a | b와 같음 (비트 연산자 참조)	a |= 2 print(a)	7
a ^= b	a = a ^ b와 같음 (비트 연산자 참조)	a ^= 2 print(a)	5
a <<= b	a = a << b와 같음 (비트 연산자 참조)	a <<= 2 print(a)	28
a >>= b	a = a >> b와 같음 (비트 연산자 참조)	a >>= 2 print(a)	1

2.2.4 비교(관계) 연산자 (==, !=, <, >, <=, >=)

비교 연산자는 2개의 자료를 비교하여 조건을 만족하면 참(True), 조건을 만족하지 않으면 거짓(False)을 반환한다. 아래처럼 정의한다.

코 드	설 명	파이썬 코드 (a = 3인 경우)	시행 결과
a == b	a가 b와 값이 같으면 참 그 외는 거짓	print(a == 3) print(a == 3.0)	True True
a != b	a가 b와 다르면 참 그 외는 거짓	print(a != 3) print(a != 4)	False True
a < b	a가 b보다 작으면 참 그 외는 거짓	print(a < 3) print(a < 4)	False True
a > b	a가 b보다 크면 참 그 외는 거짓	print(a > 3) print(a > 2)	False True
a <= b	a가 b 이하이면 참 그 외는 거짓	print(a <= 3) print(a <= 2)	True False
a >= b	a가 b 이상이면 참 그 외는 거짓	print(a >= 3) print(a >= 4)	True False
a is b	a와 b의 메모리 주소가 같으면 참 그 외는 거짓	print(a is 3) print(a is 3.0)	True False
a is not b	a와 b의 메모리 주소가 다르면 참 그 외는 거짓	print(a is not 3) print(a is not 3.0)	False True
a in b	a가 집합(리스트, 튜플) b에 포함되면 참, 그 외는 거짓	print(a in {2,3}) print(a in 3)	True TypeError
a not in b	a가 집합(리스트, 튜플) b에 포함되지 않으면 참, 그 외는 거짓	print(a not in {2,3}) print(a not in {1,2})	False True

※ a == b는 a와 b의 값이 같은지 비교, a is b는 메모리 주소가 같은지 비교한다.
3과 3.0은 정수와 실수라는 차이점이 있어 메모리는 다르지만, 값은 같다.

따라서 3과 3.0을 ==로 비교해보면 True가 나온다. 하지만 3(정수형)과 3.0(실수형)을 is로 비교해보면 False가 나온다.

2.2.5 논리 연산자 (and, or, not)

논리 연산자(Bool 연산자)는 참 또는 거짓을 만족하는 1개 이상의 자료를 결합하는 방법에 따라 참(True) 또는 거짓(False)을 판단하는 연산자로 아래와 같이 정의한다.

조건 A	조건 B	not A	A and B	A or B
True	True	False	True	True
True	False	False	False	True
False	True	True	False	True
False	False	True	False	False

코 드	설 명	파이썬 코드 (a = True인 경우)	시행 결과
not a	조건 a가 거짓이면 참, 참이면 거짓	print(not a) print(not 3<3)	False True
a and b	조건 a와 b가 참일 때에만 참 그 외는 거짓	print(a and False) print(True and a) print(1<2 and 3<3)	False True False
a or b	조건 a 또는 b가 거짓일 때에만 거짓 그 외는 참	print(a or False) print(True or a) print(1<2 or 3<3)	True True True

2.3 문자열, 리스트, 튜플, 사전식, 집합, 불 자료형

2.3.1 문자열 자료 연산과 추출 (+, *, [n:m])

문자열 연산은 아래처럼 정의한다. 문자는 0번 문자부터 시작한다. n이나 m에 마이너스(음수)를 지정하면 문자열 뒤에서 (거꾸로, 역순으로) 연산한다.

코 드 (a, b는 문자열)	설 명 (n, m, s는 정수)	파이썬 코드 (a = "12 345 67P!" 길이 빈칸 포함 11개)	시행 결과
a + b	a와 b를 합침	print(a+"OK!")	12 345 67P!OK!!
a * n	a를 n번 반복	print("12"*2)	1212
a[n]	a의 n번방 문자를 추출	print(a[0]) print(a[-1]) # 뒤부터	1 !
a[n:m]	a의 n번부터 m-1번까지 의 문자열을 추출	print(a[0:3]) print(a[4:5])	12 4
a[n:]	a의 n번부터 끝까지 문자열을 추출	print(a[3:]) print(a[8:])	345 67P! 7P!

코 드 (a, b는 문자열)	설 명 (n, m, s는 정수)	파이썬 코드 (a = "12 345 67P!" 길이 빈칸 포함 11개)	시행 결과
a[:m]	a의 0번부터 m-1번까지 의 문자열을 추출	print(a[:1]) print(a[:5]) print(a[:-1])	1 12 34 12 345 67P
a[n:m:s]	a의 n번부터 m-1번까지 의 문자열을 s번째 마다 추출	print(a[0:9:2]) print(a[3:9:2]) print(a[3:9:3])	1 4 7 356 3

2.3.2 리스트 (List) 자료 연산과 추출, 추가, 삭제

리스트(List) 자료는 [...] 형태로 다음과 같이 나타낸다. [ ] 안에는 숫자형과 문자형 둘 다 올 수 있다. 특히 여러 자료형을 섞어서 리스트를 만들 수 있다.

```
a = [10, 20, 30, 40] , b = ["가", "나", "다"], c = [10, 'ABC']
```

리스트도 문자열과 같은 방식으로 출력할 수 있다.

파이썬 코드	시행 결과
a = [0, 1, 2, 3, 4, 5] print(a) print(a*2) print(a+[6,7]) # 추가	 [0, 1, 2, 3, 4, 5] [0, 1, 2, 3, 4, 5, 0, 1, 2, 3, 4, 5] [0, 1, 2, 3, 4, 5, 6, 7]

print(a[0])
print(a[-1]) # 뒤부터 추출
print(a[0:3])
print(a[4:5])
	0
	5
	[0, 1, 2]
	[4]

print(a[3:]) print(a[8:]) print(a[:1]) print(a[:5]) print(a[:-1])	[3, 4, 5] [] [0] [0, 1, 2, 3, 4] [0, 1, 2, 3, 4]
print(a[0:5:2]) print(a[3:5:2]) print(a[3:5:3])	[0, 2, 4] [3] [3]

아래와 같이 리스트는 [ ] 안에서 줄을 바꿔도 허용된다. 마지막 쉼표(,)는 없어도 된다.

<table>
<tr><th colspan="2">아래 코드는 같은 결과</th></tr>
<tr><td><pre>colors = [
    'red',
    'green',
    'blue'
]</pre></td><td><pre>colors = ['red', 'green', 'blue']</pre></td></tr>
</table>

2.3.3 문자열의 여러 리스트 형태로 표현하는 방법

주어진 문자열을 여러 가지 리스트 형태로 표현하는 것으로 다음과 같은 다양한 방법이 있다.

파이썬 코드	시행 결과
x = "a 아 axy"	
print(set(x)) # x의 철자가 원소인 집합(순서 없음)	{' ', 'a', 'y', '아', 'x'}
print(list(x)) # x의 철자를 리스트 출력(순서 있음)	['a', ' ', '아', ' ', 'a', 'x', 'y']
print(list(set(x))) # x의 철자를 리스트 출력(중복 제거)	[' ', 'a', 'y', '아', 'x']
print(list({1, 2})) # 집합의 리스트 변환	[1, 2]
print(list("12")) # 문자열의 철자를 리스트로 변환	['1', '2']

파이썬 코드	시행 결과
x = "a 아 axy"	
y=x.split() # y는 문자열 x의 단어가 원소인 리스트. x는 불변	
print(y) # (1) y 출력	['a', '아', 'axy']
print(len(y)) # 리스트 y 요소의 개수	3
y.reverse() # (1)번 y의 역순 리스트. y가 변함	
print(y) # (2)	['axy', '아', 'a']
y.sort() # (2)번 y를 오름차순으로 정렬. y가 변함	
print(y) # (3)	['a', 'axy', '아']
y.sort(reverse=True) # (3)번 y를 내림차순으로 정렬. y가 변함	
print(y) # (4)	['아', 'axy', 'a']
y.sort(key=len) # (4)번 y를 단어 길이 순으로 정렬. y가 변함	
print(y) # (5)	['아', 'a', 'axy']
print(sorted(y)) # (5)번 y의 오름차순 리스트. y는 불변	['a', 'axy', '아']
print(y) # (6)	['아', 'a', 'axy']
print(list(reversed(y))) # (6)번 y의 역순 리스트. y는 불변	['axy', 'a', '아']
print(y)	['아', 'a', 'axy']

sort(), sorted(), reversed()의 차이	시행 결과
x = [2, 4, 1, 3]	
y = sorted(x) # x의 오름차순 리스트 반환 함수(x는 불변)	
print(x) # (x는 불변)	[2, 4, 1, 3]
print(y) # x의 오름차순 정렬된 리스트 출력	[1, 2, 3, 4]
z = reversed(x) # x의 역순 리스트 반환 함수(x는 불변)	
print(list(z)) # x의 역순 리스트 출력 (x의 역순)	[3, 1, 4, 2]
print(x) # (x는 불변)	[2, 4, 1, 3]
x.sort() # x 자체가 오름차순 정렬된 리스트 변경 (x가 바뀜)	
print(x) # (x가 바뀜)	[1, 2, 3, 4]

2.3.4 list 요소에서 추가 삭제하는 방법

append() 함수, extend() 함수, insert() 함수, remove() 함수, pop() 함수, del

- append() 함수는 리스트 형태의 Data에 마지막에 하나를 추가하는 함수
- extend() 함수는 리스트 마지막에 iterable[26]의 모든 항목을 추가하는 함수. append() 함수와 비슷하지만 추가되는 요소가 iterable 자료형이더라도 하나의 요소로 추가된다.
- insert() 함수는 리스트 형태의 Data에 원하는 위치와 원하는 값을 추가하는 함수. 즉 위치를 인덱스 값으로 입력하여 list 형태를 재배열하는 함수이다. 인덱스값을 음수로 입력시 배열의 끝을 기준으로 추가된다.
- remove()는 인덱스가 아닌, 값을 지우는 함수. 만약 지우고자 하는 값이 리스트 내에 2개 이상이 있다면 순서상 가장 앞에 있는 값을 지우게 된다. 해당 값을 삭제 후, 리스트를 재조정한다.
- del은 함수가 아니고 예약어이기 때문에 함수와 함께 사용이 불가능하다.

리스트의 인덱스를 받아서 삭제하는 명령어이다. 특정의 인덱스를 삭제한 뒤에 리스트 형태의 data를 재조정한다.

- pop() 함수는 del 명령어와 비슷한 방식으로 리스트의 인덱스를 받아서 삭제하는 함수. 다른 함수와 함께 사용할 수 있고 삭제한 자료를 기억하고 있다.

26) iterable: member를 하나씩 반환할 수 있는 object로 반복 가능한 객체(iterable object).

파이썬 코드	시행 결과
data=[1,2]	
data.append(3)　　# 위 data에 3 한 개 추가	
print(data)　　# (1)	[1, 2, 3]
data.extend([4,5])　# (1)의 data에 [4,5] 추가	
print(data)　　# (2)	[1, 2, 3, 4, 5]
data.extend([6])　# (2)의 data에 [6] 추가	
print(data)　　# (3)	[1, 2, 3, 4, 5, 6]
data.insert(0,[5, 6]) # (3)의 data 0번방에 [5, 6]추가	
print(data)　　# (4)	[[5, 6], 1, 2, 3, 4, 5, 6]
data.insert(-1,9)　# (4)의 data의 뒤 1번방에 9추가	
print(data)　　# (5)	[[5, 6], 1, 2, 3, 4, 5, 9, 6]
data.remove(1)　# (5)의 data에서 요소 1제거	
print(data)　　# (6)	[[5, 6], 2, 3, 4, 5, 9, 6]
del data[0]　　# (6)의 data에서 0번방 제거	
print(data)　　# (7)	[2, 3, 4, 5, 9, 6]
data.pop(1)　　# (7)의 data에서 1번방 제거	
print(data)	[2, 4, 5, 9, 6]

파이썬 코드(append(), pop() 섞어 쓰기)	시행 결과
A= [1, 2, 3, 4, 5]	
B= []	
B.append(A.pop()) # A의 오른쪽 자료 삭제한 후 # B에 추가	
print('ListA =', A)　# (1A)	ListA = [1, 2, 3, 4]
print('ListB =', B)　# (1B)	ListB = [5]
B.append(A.pop()) # (1A)의 A의 오른쪽 자료 삭제한 후 # (1B)의 B에 추가	
print('ListA =', A)	ListA = [1, 2, 3]
print('ListB =', B)	ListB = [5, 4]

2.3.5 튜플 (Tuple) 자료

(...)안에 요소를 삽입하는 것을 파이썬 **튜플(tuple)**이라고 한다. 튜플은 list와 거의 비슷하게 사용할 수 있지만, 요소를 변경할 수 없다는 점이 다르다. 괄호( )를 생략해도 무방하다. 따라서 프로그램이 실행되는 동안 그 값이 항상 변하지 않기를 바란다면 주저하지 말고 튜플을 사용해야 한다.

파이썬 코드	시행 결과
A = (1, 2, 3)　　# 튜플 자료 B = 4, 5, 6　　# 튜플 자료 C = [7, 8, 9]　　# 리스트 자료	
print(A[0])	1
print(B[0])	4
C[0] = 15　　# 리스트 변경 가능	
print(C)	[15, 8, 9]
A[0] = 15　　# 튜플 변경 불가능	
print(A)	TypeError: 'tuple' object does not support item assignment
print(list(A))　# 리스트로 변환	[1, 2, 3]
print(tuple(C)) # 튜플로 변환	(15, 8, 9)

요소가 하나뿐이라면 마지막에 쉼표(,)를 추가해야 한다.

a = (10)　# 튜플이 아닌 숫자 10이 된다

a = (10,)　# 튜플(10,)이 된다

2.3.6 사전식(딕셔너리: dictionary) 자료

{...}는 사전 파이썬 **딕셔너리(dict, dictionary)**라는 키(Key)-값(Value) 한 쌍의 목록이다.

딕셔너리는 순서가 없는 자료형이라 인덱싱(순서)을 지원하지 않는다. 딕셔너리는 리스트나 튜플처럼 순차적으로(sequential) 해당 요솟값을 구하지 않고 key를 통해 value를 얻는다. 즉 사전 단어(key) 찾듯이 자료(value)를 찾는다.

리스트나 튜플, 문자열은 요솟값을 얻고자 할 때 인덱싱(순서)이나 슬라이싱(잘라내기) 기법 중 하나를 사용했다. 하지만 딕셔너리는 단 한 가지 방법뿐이다. 순서가 없으므로 인덱스(순서)로는 접근할 수 없고, key로만 접근 할 수 있다. 즉 key를 사용해서 value를 구해야 한다.

딕셔너리의 모든 key와 value를 참조하려면 items(), keys(), values()를 사용한다. 참조에는 순서가 없다.

파이썬 코드	시행 결과
D = {'A': 1, 'B': 2, 'C': 3} 　　　　# key:value 쌍으로 지정해야 함	
print(D["A"])　　# key에 대응 값 찾기	1

파이썬 코드		시행 결과
print(D["E"])	# 없는 key 찾기	KeyError: 'E'
print('A' in D)	# key 존재성 판단	True
print(1 in D)	# key 존재성 판단	False
print(D.items())	# 모든 딕셔너리 자료	dict_items([('A', 1), ('B', 2), ('C', 3)])
print(D.keys())	# 모든 딕셔너리 key	dict_keys(['A', 'B', 'C'])
print(D.values())	# 모든 딕셔너리 value	dict_values([1, 2, 3])

2.3.7 집합 (세트: set) 자료와 원소 또는 집합의 추가 제거

세트(set)는 파이썬 list 중복을 처리한다. 세트끼리 뺄셈, OR, AND, XOR 연산을 지원한다. 중복을 허용하지 않는다. 즉 중복 자료는 하나만 남겨 놓고 나머지는 삭제한다. 순서가 없으므로(Unordered) 출력할 때마다 순서는 무작위로 발생한다.

※ 중복을 허용하지 않는 set의 특징은 자료형의 중복을 제거하기 위한 필터 역할로 종종 사용하기도 한다.

※ 비어 있는 집합(공집합) 자료형은 set()로 만들 수 있다.

※ 만약 set 자료형에 저장된 값을 인덱싱(순서)으로 접근하려면 다음과 같이 리스트나 튜플로 변환한 후 순서 접근을 해야 한다.

파이썬 코드		시행 결과
A = {1, 2, 3}		
A.add(4)	# A에 원소 4추가	
print(A)	# (1)	{1, 2, 3, 4}
A.update({5, 6})	# (1)의 A에 집합 {5, 6}추가	
print(A)	# (2)	{1, 2, 3, 4, 5, 6}
A.discard(1)	# (2)의 A에서 원소 1 제거	
print(A)	# (3)	{2, 3, 4, 5, 6}
A.discard(1)	# (2)의 A에서 원소 1 제거	
print(A)	# (4) 오류 없음	{2, 3, 4, 5, 6}
A.remove(2)	# (4)의 A에서 원소 2 제거	
print(A)	# (5)	{3, 4, 5, 6}
A.clear()	# (5)의 A 원소 모두 제거	
print(A)	# (6) 공 집합	set()
A.remove(2)	# (6)의 A에서 원소 2 제거	
print(A)	# 오류 발생	KeyError: 2

※ remove() 메소드는 지우려는 요소가 없으면 KeyError가 발생하지만 discard() 메소드는 요소가 없어도 정상 종료한다. remove()는 실제 존재하는 대상을 지우는 동작에, discard()는 존재하지 않음을 보장하려고 할 때 사용하면 된다.

파이썬 코드	시행 결과
B = {"a", "b", "c"} print({1,2}.issubset(B)) # B의 부분집합 여부 판단 print("a" in B) # B의 원소 여부 판단 print({"a","b"}.issubset(B)) # B의 부분집합 여부 판단 print({"a","b"}.issuperset(B)) # B가 {"a","b"}의 초집합 여부 판단 print({"d"}.isdisjoint(B)) # {"d"}와 B 서로소집합 여부 판단	 False True True False True

2.3.8 집합 연산자

(&: 교집합(intersection), |: 합집합(union), −: 차집합(difference), ^: 대칭 차집합 연산)

집합의 다른 표현 변환과 두 집합에 대한 연산에 대한 것은 아래와 같다.

파이썬 코드	시행 결과

A = {1, 2, 3}
B = {3, 4}
 	
print(set("test")) # 원소열을 집합으로 변환/중복 원소 t제거/순서 없음
print(set(["t","e","s","t"])) # 리스트를 집합으로 변환/중복 원소 t제거
 	
print(list(A)) # 집합을 리스트로 변환 인덱싱(순서) 가능
 	
print(A & B) # A와 B의 교집합
print(A.intersection(B))
 	
print(A | B) # A와 B의 합집합
print(A.union(B))
 	
print(A − B) # A와 B의 차집합
print(A.difference(B))
 	
print(A ^ B) # A와 B의 대칭 차집합 (A - B) | (B − A)을 의미
print((A - B) | (B - A))
	
	{'t', 'e', 's'}
	{'t', 'e', 's'}
	
	[1, 2, 3]
	
	{3}
	{3}
	
	{1, 2, 3, 4}
	{1, 2, 3, 4}
	
	{1, 2}
	{1, 2}
	
	{1, 2, 4}
	{1, 2, 4}

2.3.9 불(bool) 자료형

불(bool) 자료형이란 참(True)과 거짓(False)을 나타내는 자료형이다. 불 자료형은 bool()의 () 안에 있는 자료의 성질에 따라 다음 2가지 값만을 가진다.

True – 참   False – 거짓

※ True나 False는 파이썬의 예약어로 true, false와 같이 사용하지 말고 첫 문자를 항상 대문자로 사용해야 한다.
자료형의 참 거짓 판단은 아래 표처럼 한다.

자료형	True	False
숫자(Number)	0 또는 0.0이 아닌 모든 숫자	0 또는 0.0
String	길이가 1 이상인 문자열	"" 또는 '' (길이가 0인 문자열)
List	원소가 하나 이상 존재하는 리스트	[] (원소가 없는 리스트)
Tuple	원소가 하나 이상 존재하는 튜플	() (원소가 없는 튜플)
Dictionary	키-원소 쌍이 하나 이상 존재하는 딕셔너리	{} (키-원소 쌍이 없는 딕셔너리)

파이썬 코드	결과
print(bool('')) # 빈 문자이면 거짓이라 판정 print(bool('1')) # 빈 문자가 아니면 참이라 판정	False True
print(bool([])) # 빈 리스트이면 거짓이라 판정 print(bool([1,2])) # 빈 리스트가 아니면 참이라 판정	False True
print(bool({})) # 빈 딕셔너리이면 거짓이라 판정 print(bool({1,2})) # 빈 딕셔너리가 아니면 참이라 판정	False True
print(bool(())) # 빈 튜플이면 거짓이라 판정 print(bool((1,2))) # 빈 튜플이 아니면 참이라 판정	False True
print(bool(0)) # 수 0이면 거짓이라 판정 print(bool(0.0)) # 수 0이면 거짓이라 판정	False False
print(bool(1)) # 수 0이 아니면 참이라 판정 print(bool((0.1))) # 수 0이 아니면 참이라 판정	True True

print(bool(None))   # 자료가 없는 상태이면 거짓이라 판정
print(bool('None'))   # 자료가 있으면 참이라 판정(문자열)
	False
	True

※ None은 아무것도 없는 빈 것이 아닌 자료가 없는 상태로, 숫자로서 아무것도 없는 개념인 0과 컴퓨터에서 빈 것을 뜻하는 null(파이썬에서는 없고 다른 언어에서 존재함)과는 다른 개념이다. None은 첫 글자가 반드시 대문자이어야 한다. None으로 지정된 변수에 값이 있는 임의의 자료형을 대입하여 활용할 수 있다.

파이썬에서 None을 출력하는 경우는 아래와 같다.

- 함수에서 return이 없을 때
- 프로그램 실행 결과 아무런 결과가 없을 때

2.4 조건문 (if else)

프로그래밍에서 주어진 조건을 판단한 후 그 상황에 맞게 처리해야 할 때 사용하는 명령어가 바로 **if문**이다.

다음은 if와 else를 사용한 조건문의 기본 구조이다. if와 else는 줄 바꿔 같은 위치(들여쓰기)에 있어야 한다.

```
if A:
   B(반드시 들여쓰기해야 한다)
else:
   C(반드시 들여쓰기해야 한다)
```

조건 A가 참(True)이면 B를 수행하고, A가 거짓(False)이면 C를 수행한다.

if문을 만들 때는 if 조건문: 바로 아래 문장부터 if문에 속하는 모든 문장에 같은 들여쓰기(indentation)를 해주어야 한다. 같은 수행문에서 들여쓰기가 다르면 에러를 출력한다. 들여쓰기는 1칸 이상이면 작동하나 보통 보기 좋게 TAP(4칸)을 이용하거나 4칸 들여쓰기를 한다.

```
if 조건문:
    수행할 문장1
    수행할 문장2
    ...
else:
```

```
    수행할 문장A
    수행할 문장B
    ...
```

예 돈(money)이 있으면(True) "택시"를 타고 없으면 "도보"를 출력하는 프로그램에서 "택시"를 출력하는 것을 if문을 이용해 작성해보자.

<table>
<tr><td>코드</td><td><pre>money = True
if money:
    print("택시")
else:
    print("도보")</pre></td><td><pre>money = True
if money: print("택시")
else: print("도보")</pre></td><td><pre>money = True
if money:
    print("택시")
  else: # 들여쓰기 위반
    print("도보")</pre></td></tr>
<tr><td>결과</td><td>택시</td><td>택시</td><td>에러출력
IndentationError: unexpected indent</td></tr>
</table>

여러 개의 조건문을 수행하는 경우에는 elif (else: if)를 추가하여 만들 수 있다. elif의 개수는 제한이 없다.

아래 예는 3가지 조건을 가진 조건문의 경우이다. 오른쪽 코드보다 elif를 사용한 왼쪽 코드가 들여쓰기를 하지 않아 좀 더 간단하고 보기 좋다.

예 점수가 90점 이상이면 성적이 "A", 80점 이상 90점 미만이면 "B", 80점 미만이면 "C"를 출력하는 프로그램에서 80점을 선택하는 것을 if문을 이용해 작성해보자.

<table>
<tr><td>코드</td><td><pre>score = 80
if score >= 90:
    print("A")
elif 90 > score >= 80:
    print("B")
else:
    print("C")</pre></td><td><pre>score = 80
if score >= 90:
    print("A")
else:
    if 90 > score >= 80:
        print("B")
    else:
        print("C")</pre></td></tr>
<tr><td>결과</td><td>B</td><td>B</td></tr>
</table>

예 리스트 ['지폐','동전']가 있을 때 '지폐'를 선택하면 "택시", 다른 선택('지갑')을 하면 다음 단계로 "카드"의 유무(True 또는 False)에서 있으면(True) "버스", 그 외에는 "도보"를 선택하는 프로그램을 if문을 이용해 작성해보자.

코드	pocket = ['지폐','동전']
	card = True
	if '지폐' in pocket:
	    print("택시")
	elif card:
	    print("버스")
	else:
	    print("도보")
		pocket = ['지폐','동전']
		card = True
		if '지갑' in pocket:
		    print("택시")
		elif card:
		    print("버스")
		else:
		    print("도보")
			pocket = ['지폐','동전']
			card = False
			if '지갑' in pocket:
			    print("택시")
			elif card:
			    print("버스")
			else:
			    print("도보")

결과	택시	버스	도보

if 문에서 pass를 사용하면 에러 없이 수행 명령을 건너뛸 수 있다.

예 위의 예에서 pass를 선택하는 프로그램을 if문을 이용해 작성해보자.

코드	pocket = ['지폐','동전']
	card = True
	if '지폐' in pocket:
	    pass
	elif card:
	    print("버스")
	else:
	    print("도보")
		pocket = ['지폐','동전']
		card = True
		if '지갑' in pocket:
		    print("택시")
		elif card:
		    pass
		else:
		    print("도보")
			pocket = ['지폐','동전']
			card = False
			if '지갑' in pocket:
			    print("택시")
			elif card:
			    print("버스")
			else:
			    pass

결과	출력 없음	출력 없음	출력 없음

파이썬의 조건부 표현식(conditional expression)을 사용하면 아래의 왼쪽 코드를 오른쪽 코드로 간단히 표현할 수 있다. 조건부 표현식은 다음과 같이 작성한다.

결과1(조건이 참일 때 실행) if 조건 else 결과2(조건이 거짓일 때 실행)

예 점수가 60점 이상이면 성적이 "통과", 60점 미만이면 "실패"를 출력하는 프로그램을 if문과 조건부 표현식을 이용해 작성해보자.

코드	score = 60
	if score >= 60:
	    m = "통과"
	else:
	    m = "실패"
	print(m) # 출력 통과
		score = 60
		m = "통과" if score >= 60 else "실패"
		print(m) # 출력 통과

결과	통과	통과

2.5 반복문

2.5.1 while문

if문은 조건문이 참인 경우와 거짓인 경우에만 수행되는 반면, **while문**은 조건문이 참인 동안에 while문 아래의 문장이 반복해서 수행된다. while은 "~하는 동안(사이)"을 의미한다.

```
while 〈조건문〉:
    〈수행할 문장1〉
    〈수행할 문장2〉
    ...
```

예 자연수 1 ~ 5를 가로로 한 칸 띄어 이어 출력하는 프로그램을 while문을 이용해 작성해보자.

코드	n = 1
	while n 〈 6:
	    print(n, end = " ") # 가로 이음
	    n += 1
		n = 0
		while n 〈 5:
		    n += 1
		    print(n, end = " ") # 가로 이음

결과	1 2 3 4 5	1 2 3 4 5

예 자연수 1 ~ 5와 END를 가로로 콤마(,)로 가로로 이어 출력하는 프로그램을 while문과 else를 이용해 작성해보자.

- else가 있다면 loop가 끝날 때 else가 실행된다.

코드	n = 1
	while n 〈 6:
	    print(n, end = ", ") # 가로 이음
	    n += 1
	else:
	    print('END')
		n = 0
		while n 〈 5:
		    n += 1
		    print(n, end = ", ") # 가로 이음
		else:
		    print('END')

결과	1, 2, 3, 4, 5, END	1, 2, 3, 4, 5, END

키보드에서 자료를 직접 입력하는 명령어 input()을 이용하여 원하는 값을 입력할 때까지 수행하는 프로그램을 작성해보자.

예 다음 while문은 입력값 n이 4가 아니면 '4를 입력'을 계속 출력하는 코드이다.

4를 입력하면 중지 (입력값 n이 정수)	무한loop에 빠짐 (입력값 n이 정수 아님)	정상 작동(중지) (입력값 n이 문자)

n = 1
while n != 4:
    print("4를 입력")
    n = int(input()) # 정수형
	n = 1
	while n != 4: # 4는 숫자형
	    print("4를 입력")
	    n = input() # 문자형
		n = 1
		while n != '4': # '4'는 문자형
		    print("4를 입력")
		    n = input() # 문자형

- **break문**을 반복 중간에 만나면 강제종료되어 반복문(while문)을 빠져나가게 된다.

예 자연수 1 ~ 5를 출력할 때 3이면 중간에 중지하는 프로그램을 while문과 break를 이용해 작성해보자.

코드	n = 1
	while n < 6:
	    print(n)
	    n += 1
	    if n == 3:
	        print(n)
	        break
		n = 1
		while n < 6:
		    print(n)
		    n += 1
		    if n == 3:
		        print(n)
		    break
			n = 1
			while n < 6:
			    print(n)
			    n += 1
			    if n == 3:
			        print(n)
			break # 들여쓰기 위반

결과	1 2 3	1	SyntaxError: 'break' outside loop

프로그래밍을 하다 보면 while문을 빠져나가지 않고 while문의 맨 처음(조건문)으로 다시 돌아가게 만들고 싶은 경우가 생기게 된다. 이때 사용하는 것이 바로 **continue문**이다.

예 자연수 1 ~ 5 중에서 홀수만 출력하는 프로그램을 while문과 continue를 이용해 작성해보자.

코드	n = 0
	while n < 6:
	    n += 1
	    if n % 2 == 0:
	        continue # 짝수 제외
	    print(n)
		n = 0
		while n < 6:
		    n += 1
		    if n % 2 == 0:
		        continue # 짝수 제외
		        print(n) # 들여쓰기 확인

결과	1 3 5	출력 없음

2.5.2 for문

for문은 while문과 달리 주어진 조건에서 일정 간격으로 반복 수행할 때 사용하는 명령어이다. for문의 기본 구조는 다음과 같다.

```
for 변수 in 리스트(또는 튜플, 문자열, 딕셔너리 키, 집합):
    수행할 문장1
    수행할 문장2
    ...
```

리스트나 튜플, 문자열, 딕셔너리의 첫 번째 요소부터 마지막 요소까지 차례로 변수에 대입되어 "수행할 문장1", "수행할 문장2" 등이 수행된다.

for문은 List, 튜플의 각 요소, 딕셔너리 키, 문자열의 각 문자, 파일의 각 행 등에 대해서 처리를 반복한다.

예 요소 'A','B','C'를 가지는 리스트, 튜플, 집합, 딕셔너리에서 각 요소를 출력하는 프로그램을 for문을 이용해 작성해보자.

리스트 코드	for n in ['A','B','C'] :
	    print(n)
		L = ['A','B','C']
		for n in L :
		    print(n)
			L = [[1,2], [3,4], [5,6]]
			for n in L :
			    print(n)

결과	A B C	A B C	[1, 2] [3, 4] [5, 6]

튜플 코드	for n in ('A','B','C') :
	    print(n)
		L = ('A','B','C')
		for n in L :
		    print(n)

결과	A B C	A B C

집합 코드	for n in {'A','B','C'} :
	    print(n) # 집합자료는 출력 순서 바뀜
		L = {'A','B','C'}
		for n in L :
		    print(n) # 집합자료는 출력 순서 바뀜

결과	C B A	B A C

사전식 코드	for n in {'A': 1, 'B': 2, 'C': 3} :
	    print(n)
		L = {'A': 1, 'B': 2, 'C': 3}
		for n,m in L.items() :
		    print(n,m)

결과	A B C	A 1 B 2 C 3

문자열 코드	for n in "ABC" :
	    print(n)
		L = "ABC"
		for n in L :
		    print(n)
			for n in 123 :
			    # 123 문자열 아님
			    print(n)

결과	A B C	A B C	TypeError: 'int' object is not iterable

예 자료 "123" 또는 [1,2,3]과 END를 가로로 콤마(,)로 가로로 이어 출력하는 프로그램을 for 문과 else를 이용해 작성해보자.

- else가 있다면 loop가 끝날 때 else가 실행된다.

코드	for n in "123":
	    print(n, end = ", ") # 가로 이음
	else:
	    print('END')
		for n in [1,2,3]:
		    print(n, end = ", ") # 가로 이음
		else:
		    print('END')

결과	1, 2, 3, END	1, 2, 3, END

- for문은 쌍으로 된 데이터도 처리 가능하다.

예 자료 [(1,2), (3,4), (5,6)] 또는 ([1,2], [3,4], [5,6])에서 각 쌍의 덧셈을 출력하는 프로그램을 for문을 이용해 작성해보자.

코드	L = [(1,2), (3,4), (5,6)]
	for (A, B) in L:
	    print(A + B)
		L = ([1,2], [3,4], [5,6])
		for (A, B) in L:
		    print(A + B)

결과	3 7 11	3 7 11

- **인덱스(카운터)**: range() 함수

Python for문에서 범위를 정해 처리를 순서대로 반복하고 싶다면 다음과 같이 range()를 사용한다. range(n)은 0부터 n개(0번 방부터 n-1번 방까지)를 의미한다.

코 드 (a, b, n은 정수)	설 명	파이썬 코드	결과
range(n)	0부터 n개(n-1까지)	print(range(3))	range(0, 3)
list(range(n))	리스트 [0,1,⋯,n-1]	print(list(range(3)))	[0, 1, 2]
reversed(range(n))	역순 [n-1,⋯,1,0]	print(list(reversed(range(3))))	[2, 1, 0]
range(a, b)	리스트 [a,a+1,⋯, b-1]	print(list(range(3,6))) print(list(range(3,1)))	[3, 4, 5] []
range(a, b, n)	리스트 [a,⋯,a+n의 배수]	print(list(range(3,9,2))) print(list(range(9,3,-2)))	[3, 5, 7] [9, 7, 5]

예 0, 1, 2를 출력하는 다양한 아래 코드를 살펴보자.

코드	for n in range(3):
	    print(n)
		for n in range(0,3):
		    print(n)
			for n in [0,1,2]:
			    print(n)

결과	0 1 2	0 1 2	0 1 2

- 수행 중간에 loop에서 빠져나올 때(break 탈출) 사용

while, for 등의 loop 처리 중 break를 만나면 반복문에서 빠져 나온다(수행 중단).

예 자연수 1에서 5까지 출력 중 4일 때 반복문을 벗어나는 프로그램을 break를 이용하여 작성해보자. 중간에 종료된다면 <u>else는 실행되지 않는다</u>.

코드	n = 1
	while n < 6:
	    print(n)
	    n += 1
	    if n == 4:
	        break # 중지
	else:
	    print('END')
		for n in range(6):
		    n += 1
		    if n == 4:
		        break # 중지
		    print(n)
		else:
		    print('END')
			for n in range(6):
			    n += 1
			    if n == 4:
			        break # 중지
			    print(n)
			else:
			    print('END')

결과	1 2 3	1 2 3	# 출력 없음

- 수행 중간에 건너뛰고 loop를 반복할 때(continue) 사용

while문, for문 등의 loop 처리 중 continue를 만나면 중단하지 않고 반복한다. continue가 들어간 조건은 건너뛰고 맨 처음(조건문)으로 다시 돌아가서 계속 수행한다. continue의 경우 반복문 loop가 끝까지 실행되므로 else가 실행된다.

예 자연수 1에서 5 중에서 홀수를 출력하는 프로그램을 continue를 이용하여 작성해보자. else가 실행된다..

코드	n = 0
	while n < 6:
	    n += 1
	    if n % 2 == 0:
	        continue # 짝수 제외
	    print(n)
	else:
	    print('END')
		for n in range(6):
		    n += 1
		    if n % 2 == 0:
		        continue # 짝수 제외
		    print(n)
		else:
		    print('END')

결과	1 3 5 END	1 3 5 END

- **pass, continue, break 차이점**

> - pass: 조건이 참이면 실행할 코드로 다음 행동을 계속해서 진행한다.
>   조건이 거짓이면 실행하지 않고 바로 다음 순번의 loop를 수행한다.
> - continue: 조건이 참이면 실행하지 않고 바로 다음 순번의 loop를 수행한다.
> - break: 조건이 참이면 반복문을 멈추고 loop 밖으로 나가도록 한다.

코드	for i in range(5):
	    if i % 2 == 0:
	        pass
	        print(i)
	    else:
	        print(i*10)
	print("Done")
		for i in range(5):
		    if i % 2 == 0:
		        continue
		        print(i)
		    else:
		        print(i*10)
		print("Done")
			for i in range(5):
			    if i % 2 == 0:
			        break
			        print(i)
			    else:
			        print(i*10)
			print("Done")

결과	0 10 2 30 4 Done	10 30 Done	Done # 0은 짝수

- **LIST 요소(인덱스 추출)**: enumerate() 함수

리스트(배열) 등의 요소를 인덱스와 함께 얻으려면 enumerate()함수를 사용한다.

코드	L = ['A', 'B', 'C']
	
	for n in L:
	    print(n)
		L = ['A', 'B', 'C']
		
		for i, n in enumerate(L):
		    print(i, n)

결과	A B C	0 A 1 B 2 C

enumerate(L,a) 함수의 두 번째 인수 a는 시작 값이다. 0부터가 아니라 시작이 지정된 정숫값 a부터 시작한다. 다음 코드에서 for 다음에 있는 i, n은 앞 변수 i는 인덱스이고, 뒷 변수 n은 자료값 L로 대응한다.

코드	L = ['A', 'B', 'C']
	
	for i, n in enumerate(L,1):
	    print(i, n)
		L = ['A', 'B', 'C']
		
		for i, n in enumerate(L, 10):
		    print(i, n)

결과	1 A 2 B 3 C	10 A 11 B 12 C

enumerate() 함수에 step을 지정하는 인수는 없지만, 다음과 같이 코딩하면 똑같이 흉내 낼 수 있다.

코드	L = ['A', 'B', 'C']
	
	for i, n in enumerate(L,1):
	    print(i*2, n)
		L = ['A', 'B', 'C']
		
		for i, n in enumerate(L, 10):
		    print(i*2, n)

결과	2 A 4 B 6 C	20 A 22 B 24 C

- **LIST 요소(복수 변수)**: zip() 함수

LIST 개체(목록)의 요소를 여러 변수로 정리하여 쌍으로 나타내고 싶다면 zip()함수를 사용한다.

<table>
<tr><td>코드</td><td><pre>L = ['A', 'B', 'C']
M = [10, 30, 20]

for j, n in zip(L,M):
    print(j, n)</pre></td><td><pre>L = ['A', 'B', 'C']
M = [10, 30, 20]
N = ['남', '여', '여']

for j, m, n in zip(L,M,N):
    print(j, m, n)</pre></td></tr>
<tr><td>결과</td><td>A 10
B 30
C 20</td><td>A 10 남
B 30 여
C 20 여</td></tr>
</table>

예처럼 zip() 함수를 통해 여러 요소를 순차적으로 얻을 수 있다.

- **LIST 요소(인덱스 추가와 복수 변수)**: enumerate(), zip() 함수

LIST의 여러 개체(목록)에서 요소와 인덱스(카운터)를 동시에 얻으려면 enumerate(), zip() 함수를 함께 사용한다.

<table>
<tr><td>코드</td><td><pre>L = ['A', 'B', 'C']
M = [10, 30, 20]

for j, (m, n) in enumerate(zip(L,M),2):
    print(j, m, n)</pre></td><td><pre>L = ['A', 'B', 'C']
M = [10, 20]

for i in L:
    for j in M:
        print(i, j)</pre></td></tr>
<tr><td>결과</td><td>2 A 10
3 B 30
4 C 20</td><td>A 10
A 20
B 10
B 20
C 10
C 20</td></tr>
</table>

- **List 내포(간결하게 표현하기)**

LIST(배열) 등의 요소를 통해 새로운 리스트를 생성한다면, for문보다 내포를 사용한다. LIST 내포를 사용하면 내부 요소를 처리할 수 있다. 또한, 조건에 따라 요소를 추출해 새로운 LIST를 생성할 수 있다. LIST 내포 표기는 다음과 같이 작성한다.

[식 for 변수 이름 in 개체]

코드	A = [i**2 for i in range(5)]
	print(A)
		A = []
		for i in range(5):
		    A.append(i**2)
		print(A)
			A = []
			for i in range(5):
			    A = A + [i**2]
			print(A)

결과	[0, 1, 4, 9, 16]	[0, 1, 4, 9, 16]	[0, 1, 4, 9, 16]

2.6 random 모듈(게임 프로그램 만들 때 필수)

random 모듈은 외장함수로 랜덤(주어진 조건 내에서 임의로 선택) 관련 함수들을 모아놓은 모듈이다. 랜덤 함수를 이용하려면 random 모듈을 아래와 같이 불러온 다음 사용해야 한다. (2.8절 class와 import 참조)

```
import random
```

예를 들어, 0에서 1사이($0 \leq x < 1$)의 실수(float)를 반환하려면 다음과 같이 코드를 작성해야 한다.

```
import random # 랜덤 모듈 불러오기

value = random.random() # 0에서 1사이 랜덤 실수 추출 함수
print(value)
```

- **random 함수의 종류**

파이썬 코드	실행 결과
import random　　　　# 랜덤 모듈 불러오기	
print(random.random())　　# 0에서 1 사이의 실수를 반환	0.9948498051022994
print(random.uniform(2, 3))　# 2와 3 사이의 실수를 반환	2.0976484659088883
print(random.randint(1, 5))　# 1과 5 사이의 정수를 반환	4
print(random.randrange(0, 10, 3)) 　　　　# 0과 10 사이의 정수중 3의 배수 1개 반환	6
print(random.choice('abcd'))　# abcd에서 1개의 원소 반환	b
print(random.sample([1, 2, 3, 5], 3)) 　　　　# [1, 2, 3, 5]에서 임의 원소 3개 반환	[2, 5, 1]
A = [1, 2, 3, 4] random.shuffle(A)　　# A의 순서를 랜덤하게 섞는다 print(A)	[2, 3, 4, 1]

2.7 함수

2.7.1 함수 만들기

함수(function)는 입력값에 대한 결괏값이 있는 명령어로 파이썬에서 다음과 같은 종류가 있다.

1) **내장함수**: 파이썬 인터프리터(코드를 한 줄씩 읽어 내려가며 실행하는 프로그램)에서 기본적으로 포함하고 있는 함수. (예: str(), join(), split(), zip() 등)
2) **외장함수**: 필요에 의해서 외부에서 개발된 함수로 import 문으로 외부 라이브러리(소프트웨어 개발에 쓰이는 하부 프로그램들의 모임)에서 불러 사용하는 함수로 계속 개발되고 있다. (예: random, math, time, calendar 등)
3) **사용자 정의 함수(User defined function)**: def문을 사용해서 사용자가 별도로 정의하는 함수. def는 영어 단어 define(정의하다)에서 앞글자를 딴 것이다.
4) **Pass by reference vs value**: 파이썬 언어의 모든 매개변수(인수)는 참조(레퍼런스)로 전달된다. 즉, 함수 내에서 매개변수가 참조하는 것을 변경하면 변경 내용은 호출 함수에서 다시 반영된다.
5) **Lambda(Anonymous Functions)**: 익명 함수(lambda)는 함수가 이름이 없다는 것을 의미한다. 일반적인 함수는 객체를 만들고, 재사용을 위해 함수를 메모리에 할당한다. 그러나 익명 함수는 한 번 쓰이고 다음 줄로 넘어가면 메모리 영역에서 사라진다.

이 중에서 사용자가 만들어 사용하는 **사용자 정의 함수**에 대해 알아보자. 사용자 정의 함수는 다음과 같은 def(함수의 정의)/return(결괏값)이 들어간 기본형태로 만든다.

```
def 함수이름(매개변수): # 함수이름()은 작성자가 임의로 정하면 된다
   <수행할 문장>
   ...
   return 결괏값
```

함수의 이름은 다음 유의 사항을 고려해 정하는 것이 좋다.

- 함수의 이름은 함수의 내용을 나타내는 것으로 하는 것이 좋으며 원칙적으로 소문자여야 하고, 가독성을 위해서 밑줄(_)로 단어를 나눌 수 있다.
- 이름을 두 단어 이상으로 쓸 때는 두 번째 단어의 첫 글자를 대문자로 쓴다.

- 상수 이름은 전부 대문자와 밑줄로 쓰는 것을 원칙으로 한다.
- 피해야 할 이름: 소문자 l(숫자 1과 혼동), 대문자 O(소문자 o 또는 숫자 0과 혼동), 대문자 I(숫자 l과 혼동), 하나만 변수의 이름으로 쓰는 것은 권장하지 않는다. 특정 폰트에서 헷갈릴 수도 있기 때문이다.
- 클래스(class) 이름의 첫 글자는 대문자를 사용한다. 클래스는 어떤 물건을 만들기 위한 틀이고 똑같은 물건(객체)를 찍어낼 수 있는 도구나 설계도를 의미한다.
- 파이썬 내부에서만 사용되는 스페셜 속성이나 메소드[27](method)는 이름 양쪽에 _를 붙여 사용한다. 메소드는 클래스 내에서 정의되므로 해당 클래스에 종속된다. (메소드 예: .split(), .append() 등)

- **매개변수와 인수**

매개변수(parameter)와 인수(arguments)는 비슷한 용어이므로 잘 기억해 두자. **매개변수**는 함수 정의에 사용하는 미지수인 **변수**를 의미하고 **인수**는 미리 정의한 함수를 프로그램에서 사용할 때 적용하는 구체적인 **입력값**을 의미한다.

```
def add(a, b):    # a, b는 매개변수/ add()는 함수 이름
    return a+b    # 결괏값

print(add(3, 4))  # 3, 4는 인수로 결괏값 7을 출력한다
```

다음은 일반 함수의 전형적인 같은 함수의 예이다.

덧셈 함수 코드	def add(a, b): # 덧셈 함수
	    result = a + b
	    return result
	print(add(2,3))
		def add2(a, b): # 덧셈 함수
		    return a + b
		print(add2(2,3))

결과	5	5

곱셈 함수 코드	def mul(a, b): # 곱셈 함수
	    gop = a * b
	    return gop
	print(mul(2,3))
		def mul2(a, b): # 곱셈 함수
		    return a * b
		print(mul2(2,3))

결과	6	6

27) 메소드(Method): 클래스 안에 구현된 함수

섞인 함수 코드	def add_and_mul(a,b):
	    result = a+b, a*b
	    return result
	print(add_and_mul(3,4))
		def add_and_mul(a,b):
		    return a+b, a*b
		print(add_and_mul(3,4))

결과	(7, 12)	(7, 12)

2.7.2 입력값이 없는 함수

입력값이 없고 결괏값(수행문만 있음)만 있는 함수는 다음과 같이 사용된다. 결괏값은 오직 return 명령어로만 돌려받을 수 있다. 다음 예를 보자. 함수에 실행문이 있으면 return을 생략할 수 있다.

빈 함수 코드	def say():
	    return 'Hi'
	print(say())
		def say():
		    return print('Hi')
		say()
			def say():
			    print('Hi')
			say()

결과	Hi	Hi	Hi

- **문자열에 변수를 삽입하는 방법**

변수(variable)를 문자열(string)과 함께 출력할 때는 연결(concatenating) 방식을 사용한다. 이때 %를 사용한다. % 뒤에 다음과 같이 d(정수), f(실수), s(문자)를 붙이면 그 형태에 따라 처리한다.

%d 정수(integer), %f 실수(float), %s 문자열(string)

자료 삽입 함수 코드	def mul(a, b): # 곱셈 함수
	    print("%d과 %f의 %s은 %d입니다." % (a, b, "곱", a*b))
	mul(3, 4) # %d 정수/ %f 실수/ %s 문자 자료 삽입

결과	3과 4.000000의 곱은 12입니다.

2.7.3 입력값을 임의로 추가할 수 있는 함수

입력값의 개수를 변경하여 그 입력값을 모두 처리하는 함수를 생각해 보자. 파이썬은 '함수이름(*매개변수)'에서와 같이 매개변수 앞에 *를 추가하면 입력값의 개수를 임의로 변경할 수 있다.

```
def 함수이름(*매개변수):
    <수행할 문장>
    ...
    return 결괏값
```

- **같은 입력값에 대해 여러 함수값을 출력할 수 있는 함수**

다음 예를 통해 입력값의 개수를 임의로 변경하여 모두 더하는 함수를 직접 만들어 보자. 예를 들어, 아래 예의 왼쪽 add_many 함수는 매개변수 *data을 이용하여 만든 add_many 함수에서 add_many(1, 2)이면 3을, add_many(1, 2, 4)이면 7을 돌려주는 함수이다. 또한, 같은 입력값에 여러 함수(choice 매개변수를 추가)를 동시에 적용할 수 있는 예를 만들어 보자. 아래 예의 오른쪽 add_mul 함수는 입력값의 개수를 변경할 수 있는 *data 매개변수 앞에 함수를 선택할 수 있는 choice 매개변수가 추가되어 있다.

<table>
<tr><th>구분</th><th>코드 예제
(데이터 개수 변경 가능 함수)</th><th>코드 예제
(같은 데이터에 여러 함수 선택 예)</th></tr>
<tr><td>코드</td><td><pre>def add_many(*data):
# data개수 변경 입력 덧셈 함수
    result = 0 # 반환값 초기화
    for i in data:
        result = result + i
    return result
print(add_many(1,2,4)) # 출력7
print(add_many(1,2))   # 출력3</pre></td><td><pre>def add_mul(choice,*data):   # 여러함수 선택
    if choice == "add":   # 덧셈 함수 선택
        result = 0   # 반환값 초기화
        for i in data:
            result = result + i
    elif choice == "mul":   # 곱셈함수 선택
        result = 1   # 반환값 초기화
        for i in data:
            result = result * i
    return result
print(add_mul('add', 1,2,3,4)) # 출력 10
print(add_mul('mul', 1,2,3,4)) # 출력 24</pre></td></tr>
<tr><td>결과</td><td>7
3</td><td>10
24</td></tr>
</table>

위에서 만든 add_many 함수는 입력값이 몇 개이든 상관이 없다. *data처럼 매개변수 이름 앞에 *을 붙이면 입력값을 전부 모아서 튜플로 만들어 주기 때문이다. 만약 add_many(1, 2, 3)처럼 이 함수를 쓰면 data는 (1, 2, 3)이 되고, add_many(1, 2, 3, 4, 5)처럼 쓰면 data는 (1, 2, 3, 4, 5)가 된다. 여기에서 *data는 임의로 정한 변수 이름이다. *pey, *python처럼 아무 이름이나 써도 된다.

위 add_mul 함수는 여러 개의 입력값을 의미하는 *data 매개변수 앞에 함수의 선택을 의미하

는 choice 매개변수가 추가되어 있다.

다음 사이트
https://studio.code.org/ (Code.org 블록코딩 연습 사이트)
는 블록을 이용한 코딩을 할 수 있는 사이트이다. 블록으로 코딩을 완성하면 자동으로 블록들은 모두 JavaScript로 바뀌어 실행된다.

2.8 class와 import

2.8.1 클래스(class)

클래스(class)란 객체를 표현하기 위한 문법이다. 여기서 객체(object)는 체크박스, 스크롤바 같은 특정한 개념이나 모양이 존재하는 것을 말한다. [class:wiki] [class:Nirsa]

클래스는 다음과 같은 특징을 가진다.

- 객체의 구조와 행동을 정의한다.
- 객체의 클래스는 초기화를 통해 제어한다.
- 클래스는 복잡한 문제를 다루기 쉽도록 만든다.

다르게 말하면 클래스는 똑같은 무엇인가를 계속해서 만들어 낼 수 있는 설계 도면이고(과자 틀), 객체(object)란 클래스로 만든 피조물(과자 틀을 사용해 만든 과자)을 뜻한다.

동일한 클래스로 만든 객체들은 서로 전혀 영향을 주지 않는다. 클래스로 만든 객체에는 중요한 특징이 있다. 바로 객체마다 고유한 성격을 가진다는 것이다.

예를 들어 과자를 만들 때, 과자 만드는 과자 틀은 class이고 그것을 사용해 만든 과자는 객체이다.

- 과자 틀 ⇨ **클래스** (class)
- 과자 틀에 의해서 만들어진 과자 ⇨ **객체** (object)

클래스는 함수나 자료형처럼 프로그램 작성을 위해 꼭 필요한 요소는 아니다. 하지만 프로그램을 작성할 때 클래스를 적재적소에 사용하면 프로그래머가 얻을 수 있는 이익은 상당하다.

- **클래스(class)에서 메소드(method) 생성하고 인스턴스(instance, 실체) 선언하는 방법**

클래스의 문법은 class 클래스명: (아래의 Hello)으로 시작하여 안에 함수들이 들어가게 되는데, 클래스를 호출하기 위해선 아래의 A = Hello() 와 같이 인스턴스[28]명 = 클래스명을 입력하여 인스턴스(아래의 A)를 생성해주어야 한다.

이후 생성된 인스턴스. 메소드()(아래의 A.greeting)를 입력하여 Hello 클래스 안에 들어가 있는 greeting 메소드를 실행시킨다.

클래스 생성	결과

class Hello: # Hello: 클래스 생성
    def greeting(self): # greeting():메소드 생성
        print('Hello, World!')
 	
A = Hello() # A 인스턴스 생성
A.greeting() # 메소드 호출
	Hello, World!

구분	class가 없으면 3+4, 3+7은 덧셈 연산 2개로 해야 함	class에서는 3+4, 3+7은 덧셈 연산 1개만 만들면 됨

코드	result1 = 0 # 전역변수 선언
	result2 = 0 # 전역변수 선언
	'''
	덧셈을 2번 하는 경우:
	앞선 덧셈의 변수에 영향을 받지 않으려면 2개의 함수 add1과 add2를 만들고, 각 함수에서 계산한 결괏값을 유지하면서 저장하는 서로 다른 전역변수 result1, result2가 각각 필요
	'''
	def add1(num): # 함수 생성
	    global result1
	    result1 += num
	    return result1
	
	def add2(num): # 함수 생성
	    global result2
	    result2 += num
	    return result2
	
	print(add1(3)) # result1 =3(전역변수)
	print(add1(4)) # 3+4 결과
	print(add1(2)) # 3+4+2 결과
		class Calculator:
		    def __init__(self): # 메소드 생성
		        self.result = 0
		
		    def add(self, num): # 메소드 생성
		        self.result += num
		        return self.result
		'''
		덧셈을 2번 하는 경우:
		class 선언으로 add 함수 하나만 만들면 아래와 같이 cal1, cal2로 class를 불러 사용하면 됨.
		즉 전역변수의 선언이 따로 없어도 됨.
		'''
		
		cal1 = Calculator() # add함수(객체)
		cal2 = Calculator() # add함수(객체)
		
		print(cal1.add(3)) # num=3(지역변수)
		print(cal1.add(4)) # 3+4 결과
		print(cal1.add(2)) # 3+4+2 결과

28) **인스턴스(instance)**: 클래스로 만든 객체로 프로그램에서 클래스에서 정의한 함수(메소드)를 호출하는 역할을 함.

	print(add2(3)) # result2 =3(전역변수) print(add2(7)) # 3+7 결과	print(cal2.add(3)) # num=3(지역변수) print(cal2.add(7)) # 3+7 결과
결과	3 7 9 3 10	3 7 9 3 10

2.8.2 import로 모듈을 불러오기

파이썬으로 프로그램을 작성할 때, 기본 내장함수에 없지만 필요한 프로그램(파이썬 라이브러리에 모듈로 존재)들 중에서 파이썬에서 구동되는 특별한 함수(모듈)를 import를 이용해 불러다 쓸 수 있다. 프로그램 작성자가 직접 함수를 만들지 않고 필요한 다양한 모듈을 불러 사용할 수 있어 프로그램을 유용하게 작성할 수 있다. 지금도 모듈이 계속 개발되고 있다. [import:왕초보]

import로 모듈을 불러오는 방법

모듈 불러오는 방법	설 명
import 모듈	모듈 전체를 가져오기
from 모듈 import 함수	모듈 내에서 필요한 것(함수)만 가져오기
from 모듈 import *	모듈의 모든 변수, 함수, 클래스를 가져오기
from 모듈 import 변수 as 이름 from 모듈 import 함수 as 이름 from 모듈 import 클래스 as 이름	from import로 변수, 함수, 클래스를 가져온 뒤 원래 변수명을 이름으로 바꿔 불러오기

수학(math) 모듈 가져오기 예제 코드	결 과
import math # math 모듈 불러오기 print(math.pi) # 원주율 print(math.sqrt(4)) # 제곱근 print(math.e) # 자연 상수	 3.141592653589793 2.0 2.718281828459045
from math import pi, sqrt # math 모듈중 pi, sqrt 2개만 불러오기 print(pi) # 원주율 print(sqrt(4)) # 제곱근 print(e) # 불러온 e 함수 없음 print('e') # 문자 e 출력	 3.141592653589793 2.0 NameError: name 'e' is not defined e

수학(math) 모듈 가져오기 예제 코드	결 과

from math import * # math 모듈 전체 불러오기
print(pi)
print(sqrt(4))
print(e)
	
	3.141592653589793
	2.0
	2.718281828459045

from math import pi as p, sqrt as s
# math 모듈중 pi를 p로, sqrt를 s로 	
# 이름 바꿔 불러오기 	
print(p)
print(s(4))
print(sqrt(4)) # 이름 바뀌어 에러 발생
	
	3.141592653589793
	2.0
	NameError: name 'sqrt' is not defined

파이썬 라이브러리에서 불러올 수 있는 기본 모듈(패키지를 설치해야 함)은 아래와 같다.

기본 모듈	설 명
sys	파이썬 인터프리터가 제공하는 변수와 함수를 직접 제어할 수 있게 해주는 모듈
pickle	객체의 형태를 그대로 유지하면서 파일에 저장하고 불러올 수 있게 하는 모듈
os	모듈은 환경 변수나 디렉터리, 파일 등의 OS 자원을 제어할 수 있게 해주는 모듈.
shutil	파일을 복사해 주는 파이썬 모듈.
glob	디렉터리 안의 파일들을 읽어서 돌려주는 모듈
tempfile	파일을 임시로 만들어서 사용할 때 유용한 모듈
time	시간과 관련된 time 모듈
calendar	달력을 볼 수 있게 해주는 모듈
random	난수(규칙이 없는 임의의 수)를 발생시키는 모듈
webbrowser	자신의 시스템에서 사용하는 기본 웹 브라우저를 자동으로 실행하는 모듈

구분	import로 불러온 모듈 calendar, time 예제	

코드	import calendar
	calendar.prmonth(2022, 3)
	# 월/년/2022년 3월 달력 출력
	day=calendar.weekday(2022,3,1)
	print(day) # 요일 출력
		import time
		print(time.ctime())
		# 요일/월/일/시간/년 출력
		print(time.localtime(time.time()))
		# 구체적 시간 구분 출력

결과	March 2022 Mo Tu We Th Fr Sa Su 1 2 3 4 5 6 7 8 9 10 11 12 13 14 15 16 17 18 19 20 21 22 23 24 25 26 27 28 29 30 31 1 # 1은 화요일 의미(0:월요일)	Thu Feb 10 23:37:27 2022 time.struct_time(tm_year=2022, tm_mon=2, tm_mday=10, tm_hour=23, tm_min=37, tm_sec=27, tm_wday=3, tm_yday=41, tm_isdst=0)

CHPATER 02 연습문제

2.1 1에서 100까지 자연수를 더하는 파이썬 프로그램을 2가지 방법으로 작성하라.

2.2 성적을 입력(input)하여 60점 이상이면 합격, 60점 미만이면 불합격을 출력하는 파이썬 프로그램을 작성하라.

2.3 성적을 입력(input)하여 60점 미만이면 F, 60~69점이면 D, 70~79점이면 C, 80~89점이면 B, 90점 이상이면 A, 100점 초과하면 '다시 입력하세요'가 출력되도록 파이썬 프로그램을 작성하라.

2.4 입력자(input)와 컴퓨터가 랜덤으로 입력하여 가위바위보를 하는 게임 파이썬 프로그램을 작성하라. (예제 3.6 참조)

2.5 데이터 입력을 임의로 하고 같은 데이터에 대한 총합 함수, 평균 함수를 선택하여 출력하는 함수 파이썬 프로그램을 작성하라. 단, 입력 데이터는 (80, 25, 40)과 (30, 50, 80, 90)을 입력하고 평균은 정수(소수점 이하 버림)로 출력한다.

Chapter

03

알고리즘과 순서도

CHAPTER 03

알고리즘과 순서도

3.1 알고리즘과 순서도

이 교재에서 사용되는 순서도는 대부분 무료로 제공하는 건시스템정보처리학원의 정보처리기능사 실기 알고리즘 동영상 강좌 교재[건시스템]에서 있는 자료이다.

그리고 순서도의 기본 도형과 양식을 컴퓨터에서 작성하고 연습을 하려면 GitHub에서 제공하는 사이트(https://www.draw.io/)를 잘 활용하면 순서도를 쉽고 간편하게 작성할 수 있다. 또한, 순서도를 작성할 수 있는 프로그램(draw.io editor)도 아래 사이트에서 다운로드할 수 있다.

https://github.com/jgraph/drawio-desktop/releases/tag/v16.1.2

사람들이 사용하는 말은 명확하게 전달되지 않아 오해를 사는 경우가 있는데 정확하게 전달하는 방법의 하나로 알고리즘(Algorithm)을 고안하게 되었다. **알고리즘**이란 '문제 해결에 필요한 처리 과정이나 처리 순서'를 의미하며, 알고리즘을 표현하는 여러 방법(순서도:flowchart, 유사코드:pseudo code, 언어:language 등) 중에서 가장 많이 사용하는 순서도(Flowchart)에 대해 알아보자. **순서도**는 '알고리즘의 처리 순서를 쉽게 알 수 있도록 기호를 사용하여 그림으로 나타낸 것'이다.

| 그림 3-1 | 컴퓨터 알고리즘 절차

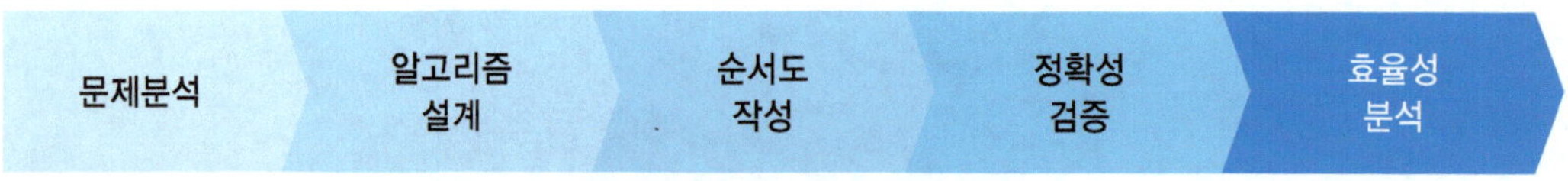

| 표 3-1 | 순서도 기호(1962년 국제표준화기구(ISO)에서 정의)

기호	명칭	사용 용도	기호	명칭	사용 용도
	단말	순서도의 시작과 끝		판단	조건에 따라 흐름선을 선택 (일반적으로 참, 거짓 구분)
	흐름선	작업 흐름을 명시		페이지 간 연결자	페이지가 다른 순서도의 연결
	준비	작업 단계 시작 전 준비 (변수 및 초기치 선언 등)	반복조건	반복	조건을 만족하면 반복

기호	명칭	사용 용도	기호	명칭	사용 용도
	처리	처리하여야 할 작업을 명시 (변수에 계산 값 입력 등)		결합	기본 흐름선에 다른 흐름선 합류
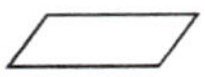	입출력	일반적인 데이터의 입력 또는 결과의 출력	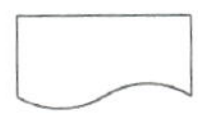	인쇄 (출력)	프린터를 이용한 출력 (서류 등의 지면에 출력)

※ 순서도를 작성 후 초보자가 이해하기 쉬운 프로그램언어인 파이썬 코딩으로 변환해보자.

| 표 3-2 | 순서도 기호 사용 예

기호	뜻	예		파이썬 코딩
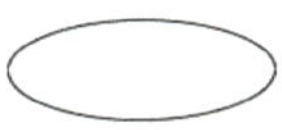	시작 또는 끝	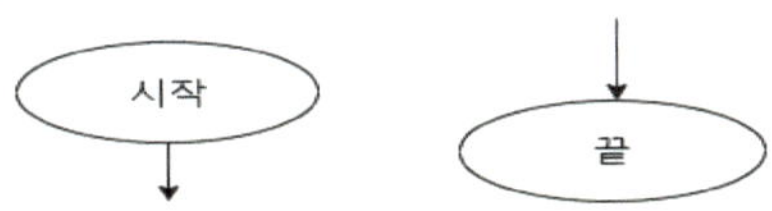		파이썬에서는 시작과 끝이 따로 없음
	처리	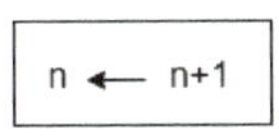	n에 저장된 값에 1을 더하여 새로운 n에 저장	n = n+1
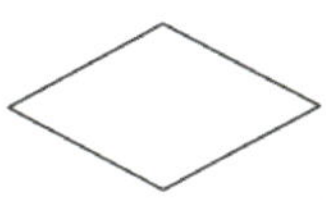	판단	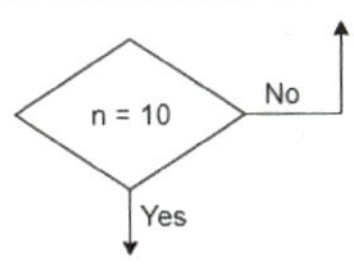	$n = 10$이면 Yes로, $n \neq 10$이면 No로 이동	if n == 10 : else: ....
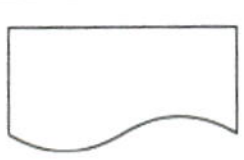	인쇄(출력)		S에 저장된 값을 인쇄	print(S)

3.1.1. 순서도의 기본 유형

| 표 3-3 | 직선형 순서도

기본 흐름	예제	파이썬 코딩
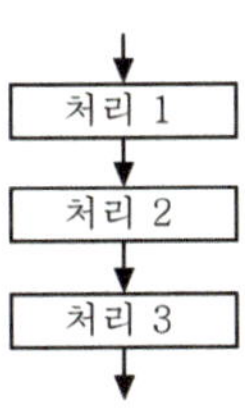	직사각형 면적 출력 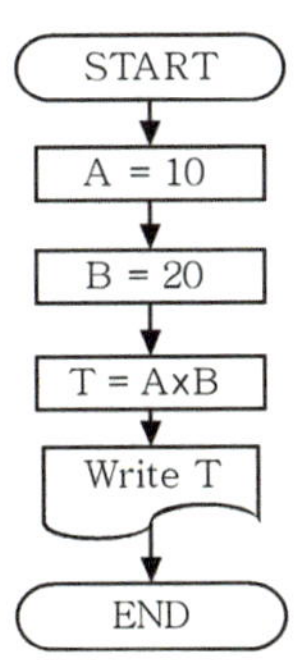	A = 10 B = 20 T = A*B print(T)

| 표 3-4 | 분기형 순서도

기본 흐름	예제	파이썬 코딩

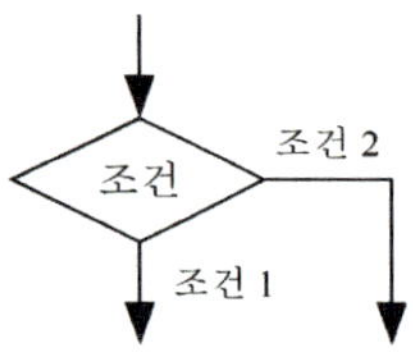	60점 이상 '합격',
	60점 미만 '불합격" 출력
	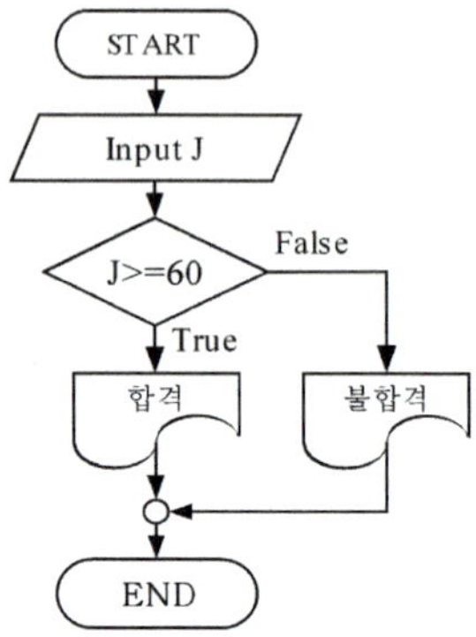
		J = int(input()) # int는 정수형 변수
		if J 〉= 60:
		    print("합격")
		else:
		    print("불합격")

| 표 3-5 | 순환형 순서도 1

조건 처리	예제	파이썬 코딩

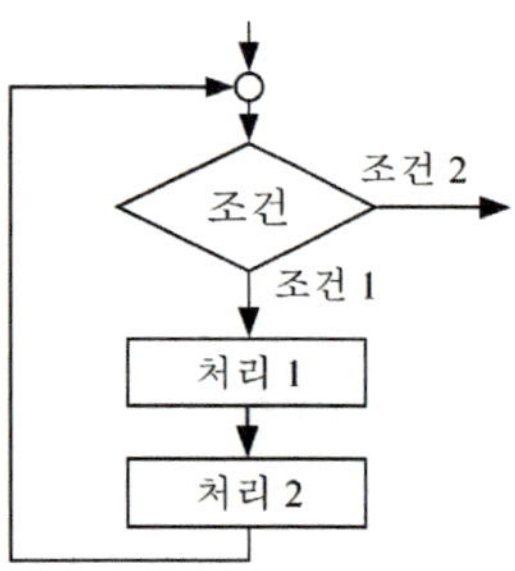	1에서 10까지의 자연수를 순차적으로 출력
	(단, 인덱스 변수는 I로 지정한다.)
	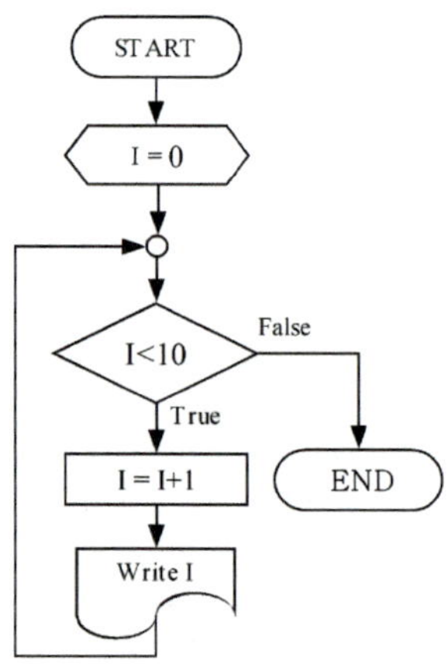
		I = 0
		while I 〈 10:
		    I = I+1
		    print(I)
		
		for I in range(1, 11, 1)
		    print(I)

위의 '조건 처리' 순서도 예제에서 최초 인덱스 변수 I의 값은 0이다. 처음 수행 시에 I가 10보다 작기 때문에 True로 흐름이 진행되고 I = I+1 처리문으로 I의 값에 1을 더하여 그 값을 다시 I 변수에 대입하여 I변수를 1로 증가시킨 후 'Write I'문에서 I의 값 1을 출력한다. 다음 비교 때 I의 값은 1이며 1은 10보다 작으므로 다시 'I = I+1' 처리문으로 진행하여 I의 값에 1을 더하여 2로 증

가시킨 후 출력하고 다시 비교문으로 진행한다. 이러한 처리절차로 I의 값을 1에서 10까지 순차적으로 반복하며 증가시킨 값을 출력한다.

| 표 3-5 | 순환형 순서도 2

순환구조	예제	파이썬 코딩
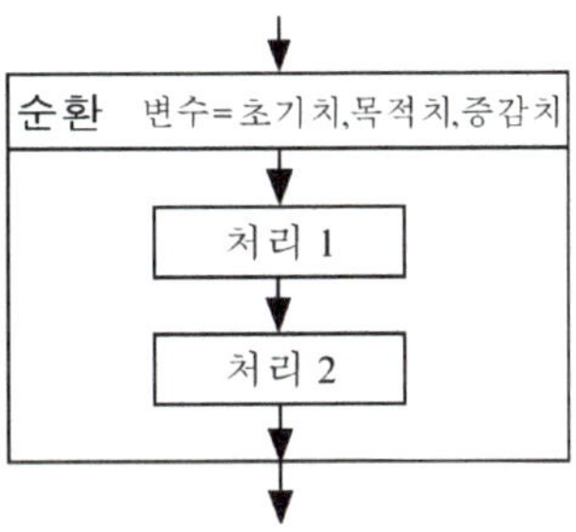	1에서 10까지의 자연수를 순차적으로 출력 (단, 인덱스 변수는 I로 지정한다.) 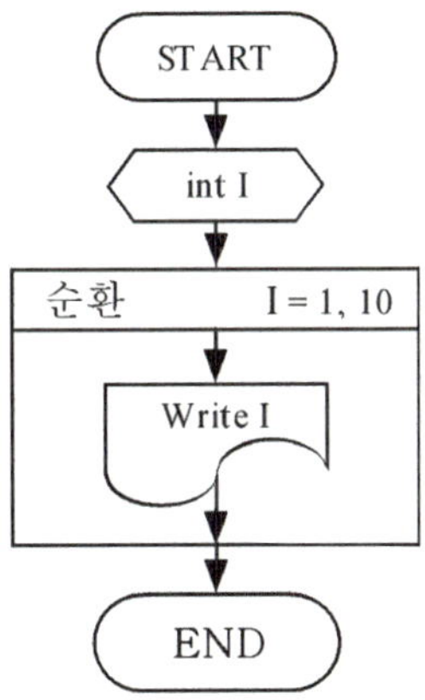	for I in range(1, 11): print(I) ''' for 문은 증감치를 생략하면 자동으로 1씩 증가한다. '''

3.2 변수, 대입문, 조건문, 변수의 초기치

3.2.1 변수(Variable)와 대입문(Assignment)

1) **변수**: 특정 범위 안에서 변할 수 있는 수

2) **컴퓨터 프로그래밍에서의 변수**: 컴퓨터의 주기억장치에 확보된 저장 공간의 번지

3) **대입문**: 상수(결정되어 고정된 수) 또는 수식의 결과를 변수에 기억시키기 위한 문장

예) A = 100 컴퓨터의 주기억장치의 A번지(변수 A)에 100을 저장(대입) 시켜라.

B = 200 컴퓨터의 주기억장치의 B번지(변수 B)에 200을 저장(대입) 시켜라.

C = A+B 컴퓨터의 주기억장치 A번지에 기억된 100과 B번지에 기억된 200을 인출하여 더한 후 C번지에 저장(대입) 시켜라.

3.2.2 조건문

1) **조건문**: 관계연산 또는 논리연산에 의한 참(True), 거짓(False)을 구분하기 위한 문장

2) **관계연산자**: 초과(〉), 미만(〈), 이상(〉= or ≧), 이하(〈= or ≦), 같다(==), 다르다(〈〉 or ≠ or !=)

3) **논리연산자**: AND, OR, NOT

예 A가 100이상이면 '처리1'을 수행하고 100미만이면 '처리2'를 수행하라.

(표기 1)

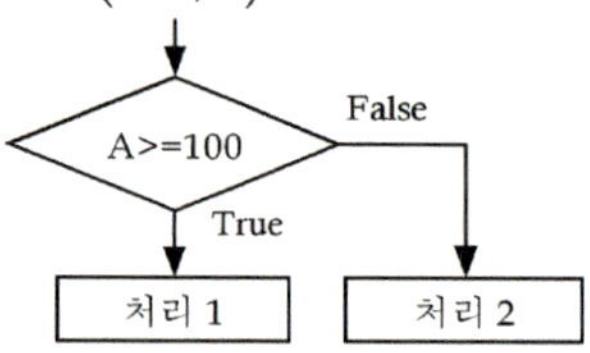

(표기 2)

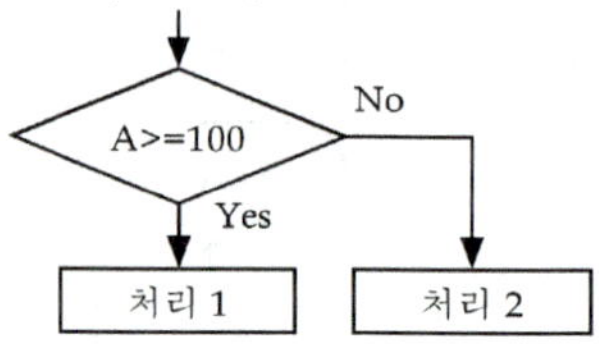

(표기 3)

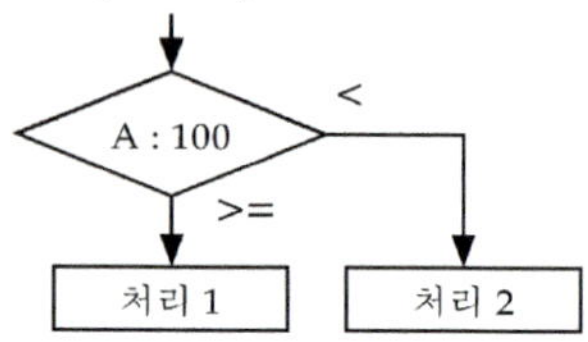

3.2.3 변수의 초기치

변수 중에서 특정한 수의 범위를 일정한 크기만큼 반복적으로 증가 또는 감소시키는 경우 또는 처리 방향을 결정할 때 변수를 초기화시켜야 한다. 이러한 초기화에서 동일한 문제이어도 순서도의 처리 순서에 따라 초기치가 달라질 수 있다.

예제 3.1

1에서 10까지의 자연수를 출력하는 순서도를 작성하라. (단, 인덱스 변수는 a로 지정)

순서도1

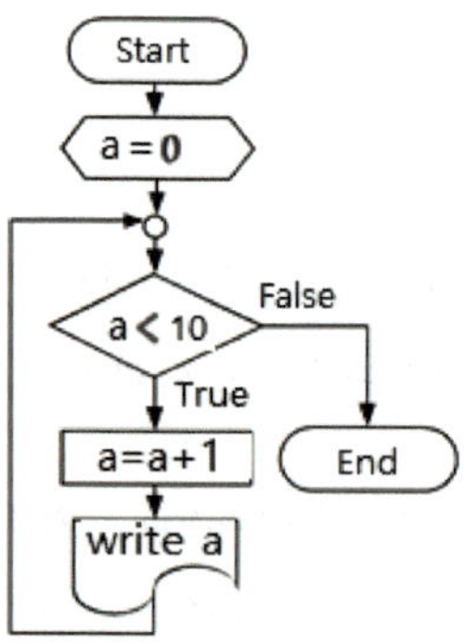

순서도2

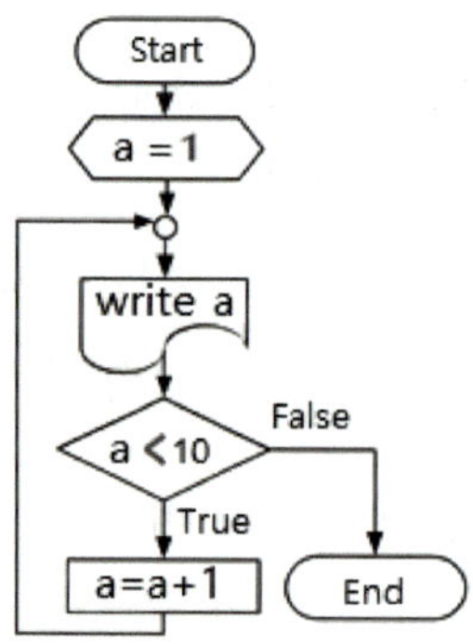

순서도3

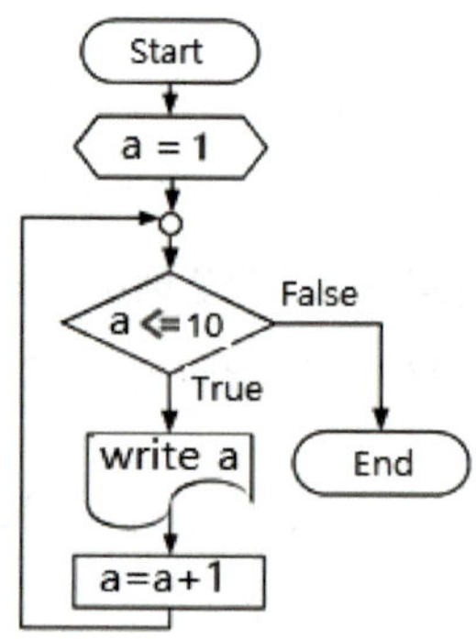

위의 순서도에서 a의 초기치가 순서도1에서 0과 순서도2, 3에서 1이 차이가 있는데 이유는 출력문 'Write a'의 위치가 a를 1 증가시킨 후 수행되는가 아니면 a를 1 증가시키기 전에 수행되는가의 차이 때문이다. 그리고 판단문의 관계연산자도 순서도1, 2의 〈와 순서도3의 〈=이 차이가 있는데 그 이유는 a가 10까지 증가한 후 이미 10을 출력하였는가 아니면 출력하지 않았는가에 따른 차이 때문이다.

파이썬 코딩(순서도1)	파이썬 코딩 (순서도2)	파이썬 코딩 (순서도3)

a = 0
while a < 10:
  a = a+1
  print(a)
	a = 1
	while a < 11:
	  print(a)
	  a = a+1
		a = 1
		while a <= 10:
		  print(a)
		  a = a+1

3.3 배열(Array)

3.3.1 배열(Array)의 정의

1) 동일한 자료형으로 구성되어 공통적인 용도로 사용되어지는 자료들을 컴퓨터의 주기억장치에 연속적으로 저장하기 위해 확보한 기억 공간 리스트 또는 기억된 자료
2) 배열의 구성: 배열명(첨자)
3) **첨자**: 배열을 구성하는 개개의 요소

3.3.2 1차원 배열의 5개 값의 예

예 A() BASIC 계열

A(1)	A(2)	A(3)	A(4)	A(5)

예 B[] C언어 계열

B[0]	B[1]	B[2]	B[3]	B[4]

예 B(3:8)

B(3)	B(4)	B(5)	B(6)	B(7)

※ BASIC 계열의 A()인 경우 일반적으로 A(0)은 사용하지 않으므로 특별한 지시가 없으면 A(1)~A(5)로 생각하면 된다.

예제 3.2

5개의 배열 A()의 각각의 원소에 자연수 5, 10, 7, 9, 30이 저장되어 있다고 가정한다. 배열 A()에 저장된 자연수를 배열의 첨자 순서대로 출력하는 순서도를 작성하라. (단, 배열 변수는 A()로 지정하고 인덱스 변수는 I로 지정한다.)

순서도	파이썬 코딩
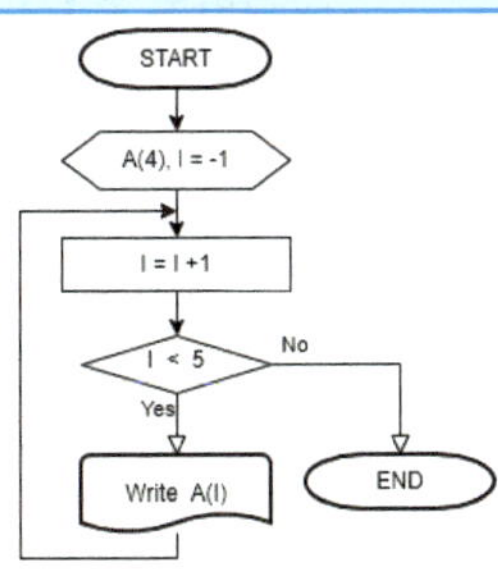	A = [5, 10, 7, 9, 30] for I in A: print(I) # A의 모든 성분 출력

▶배열에 저장된 구조 (파이썬의 경우)
변수 A(0)에 5, 변수 A(1)에는 10, 변수 A(2)에는 7,
변수 A(3)에는 9, 변수 A(4)에는 30이 기억됨을 의미

A(0)	A(1)	A(2)	A(3)	A(4)
5	10	7	9	30

출력문 A(I)에서 배열의 첨자 I의 값은 0부터 4까지 1씩 증가하며 A(0)에 기억된 5를, A(1)에 기억된 10을 … A(4)에 기억된 30을 출력한다.

3.3.3 2차원 배열의 예

예 C(3, 5)

C(1,1)	C(1,2)	C(1,3)	C(1,4)	C(1,5)
C(2,1)	C(2,2)	C(2,3)	C(2,4)	C(2,5)
C(3,1)	C(3,2)	C(3,3)	C(3,4)	C(3,5)

예 D(2:4, 3:7)

D(2,3)	D(2,4)	D(2,5)	D(2,6)	D(2,7)
D(3,3)	D(3,4)	D(3,5)	D(3,6)	D(3,7)
D(4,3)	D(4,4)	D(4,5)	D(4,6)	D(4,7)

※ 컴퓨터 프로그래밍 언어에서의 배열의 처리 방법은 컴퓨터 언어마다 조금씩의 차이가 있다. 본 교재에서 프로그램 작성시 파이썬을 기준으로 하기 때문에 배열의 첨자에 관련된 특별한 내용이 없으면 배열 첨자의 시작은 0부터 시작되는 것을 기본으로 하며 2차원 배열은 (행, 열) 단위로 작성한다.

3.4 알고리즘과 순서도 예시

알고리즘은 반드시 숫자로 된 문제를 해결하는 것만이 아니며 컴퓨터로 해결할 것인지에 관계없이 적용된다. 일반적으로 알고리즘이라고 부르기 위해서는 외부에서 제공되는 자료가 있을 수 있는 **입력**, 한 가지 이상의 결과가 있어야 한다는 **출력**, 각 명령이 명백해야 한다는 **명백성**, 반드시 종료가 되어야 한다는 **유한성** 및 모든 명령들이 실행가능해야 한다는 **효과성**을 만족해야 한다.

알고리즘을 표현하는 방법으로는 사람이 쓰는 말인 **자연어로 표현**하는 방법, 자연어와 프로그래밍 언어의 혼합 형태인 **의사 코드로 표현**하는 방법 및 순서도와 같은 **그림으로 표현**하는 방법 등이 있다. 예를 들어 라면을 끓이는 순서를 의사코드로 나타내면 다음과 같다. [알고리즘:네이버]

순서도는 이해하기 쉽기 때문에 알고리즘이나 프로그램을 표현하는데 많이 쓰이는 방법이다. 라면을 끓이는 활동을 순서도로 나타내면 다음과 같다.[순서도:네이버]

<table>
<tr><th>라면 끓이기 그림표현</th><th>의사 코드</th><th>순서도</th></tr>
<tr>
<td>
</td>
<td>① 물을 냄비에 넣기
② While 물이 끓지 않고 있다면 do
③ 냄비에 있는 물을 가열
④ 스프를 넣음
⑤ 면을 넣음
⑥ If 계란을 넣고 싶다면
⑦ 계란을 넣는다
⑧ 라면을 그릇에 담는다.</td>
<td>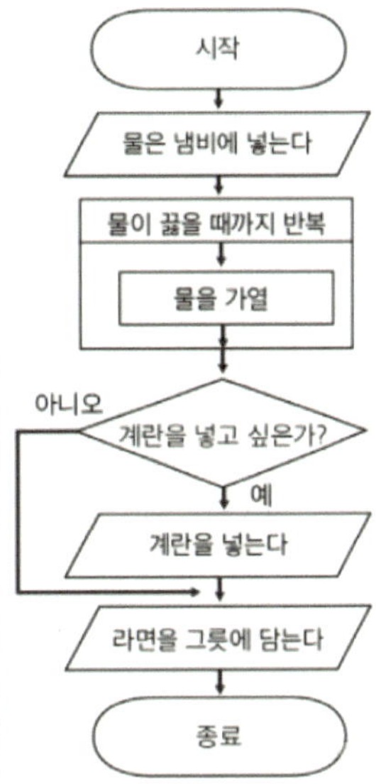
</td>
</tr>
</table>

사람들이 사용하는 말은 하나의 말이 두 가지 이상의 의미를 가지는 경우도 있고, 무슨 뜻인지 잘 이해가 가지 않거나 말하는 사람들의 뜻을 듣는 사람이 잘못 이해하는 경우가 있다. 말의 이러한 특징 때문에 정확해야 하는 알고리즘을 표현하는 데는 문제가 있다. 그래서 알고리즘을 표현하는 여러 가지 방법이 생겨났는데 그중의 하나가 그림으로 표현하는 방법이다. 그림으로 표현하는 방법도 여러 가지가 있지만 현재 사람들이 가장 많이 사용하는 방법 중의 하나가 **순서도**이다.

3.5 절차적 사고와 코딩

다음은 컴퓨팅 사고와 순서도, 코딩, 프로그램 작성에 대해 알아보자.[메타코딩]

예제 3.3

경호가 어떤 일을 하루 동안 하면 전체의 3/20을 할 수 있고, 동생이 하면, 전체의 1/20을 할 수 있다. 두 사람이 함께 일을 하면, 전체 일을 끝내는 데에 며칠이 걸릴까?

먼저 문제를 해결하기 위해 절차적 사고를 다음과 같이 생각해보자.

<table>
<tr><td colspan="5">문제 코딩테이블 작성 요령이다. 교과 과정 이전의 문제는 2단계 데이터 분석까지만 성공해도 충분하다. 핵심은 자연어로 되어 있는 문제를 공학적으로 분해해서 각 요소와 관계를 정의(추상화)하는 능력이다. 또한 관계를 절차적으로 전개하여 정답을 구하는 알고리즘 사고력이다.</td></tr>
<tr><td>Output</td><td colspan="3">구하는 '무엇'을 [요소, 변수(단위)]의 형식으로 정의한다.</td><td rowspan="9">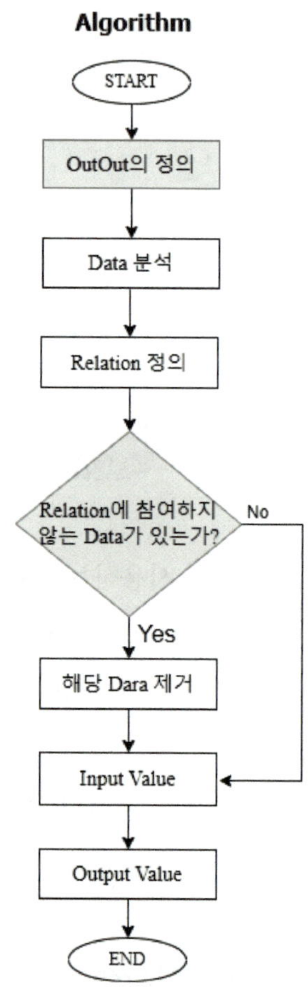</td></tr>
<tr><td>Data</td><td>Definition</td><td>Type</td><td>Property</td></tr>
<tr><td>문제의 요소를 변수화한다.</td><td>문제의 요소를 정의한다. 요소를 언어로 정의하는 것은 컴퓨팅 사고에서 매우 중요한 추상화의 첫 단계이다.</td><td>데이터의 형식을 정의한다.</td><td>데이터의 속성을 정의한다.</td></tr>
<tr><td>Data Set</td><td colspan="3">Relation</td></tr>
<tr><td>서로 관계가 있는 요소를 묶는다.</td><td colspan="3">묶인 요소들의 관계를 구체적인 글이나 수식으로 정의한다. 관계에 참여하지 않는 데이터는 데이터 세트에서 제거한다. 이 과정에서 함수의 개념을 습득하게 된다.</td></tr>
<tr><td colspan="2">Input Value</td><td colspan="2">Output Value</td></tr>
<tr><td colspan="2">일반화한 변수에 문제가 요구하는 특정수를 대입한다.</td><td colspan="2">인풋에 따른 함수를 계산하여 아웃풋을 도출한다.</td></tr>
<tr><td>Key Memo</td><td colspan="3">문제 풀이의 핵심 사항, 새로이 알게 된 것, 어려운 점, 그 외, 코딩의 전 과정에서 떠오르는 생각 등을 메모함으로써 문제와 학습 내용의 관계를 피드백한다.</td></tr>
</table>

문제를 풀라는 것과 코딩 테이블을 채우라는 것은 다르다. 뭉뚱그려진 생각이 구체적인 정의로 바뀌고 풀이를 위해 무엇을 어떤 절차로 해야 할지 알게 된다.

아무리 복잡한 문제여도 결국 '**코딩 테이블을 채우는 것**'으로 소급된다. 이것을 컴퓨팅 사고에서는 '**일반화**'라고 한다.

모든 문제에 적용되도록 일반화된 코딩테이블이 문제 해결의 모듈로 머리에 새겨지면 그것에 맞추어 여러 문제들을 풀면서 컴퓨팅 사고력이 저절로 자라난다.

다음은 구체적인 코딩 준비 작업을 해보자.

예제 코딩테이블 작성예시

경호가 어떤 일을 하루 동안 하면 전체의 $\frac{3}{20}$을 할 수 있고, 동생이 하면, 전체의 $\frac{1}{20}$을 할 수 있다. 두 사람이 함께 일을 하면, 전체 일을 끝내는 데에 며칠이 걸릴까?

Output	두 사람이 일을 끝내는 일수, y(일)		
Data	**Definition**	**Type**	**Property**
y	두 사람이 일을 끝내는 일수	자연수	
a	경호가 하루에 하는 일의 양	유리수	
b	동생이 하루에 하는 일의 양	유리수	
c	두 사람이 하루에 하는 일의 양	유리수	

Data Set	Relation
{a, b, c}	c = a + b
{b, c, y}	y×c = 1

Input Value	Output Value
$a = \frac{3}{20}$ $b = \frac{1}{20}$	y= 5일

Key Memo	분수의 계산

Algorithm

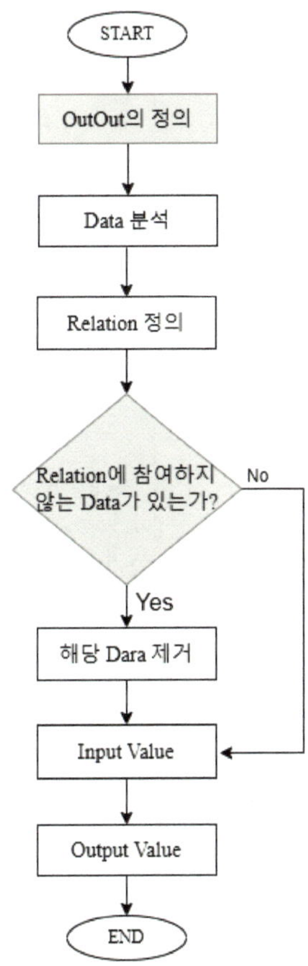

문제를 분해해서 언어로 정의하기는 수학뿐 아니라 어떠한 문제의 풀이에서도 매우 중요한 능력이다. 그것은, **문해력(언어이해력)**의 하나이다. 설명하기(프리젠테이션)를 위해서는 이러한 문해력이 더욱 필요하다.

다음은 파이썬으로 작성한 프로그램이다.

예제 실제 코딩 예시(파이썬)

경호가 어떤 일을 하루 동안 하면 전체의 $\frac{3}{20}$을 할 수 있고, 동생이 하면, 전체의 $\frac{1}{20}$을 할 수 있다. 두 사람이 함께 일을 하면, 전체 일을 끝내는 데에 며칠이 걸릴까?

Output	print(y)		
Data	**Definition**	**Type**	**Property**
y a b c	파이썬은 Data를 입력하면 Data 형식을 자동으로 판단		

Data Set	Relation
{a, b, c}	c = a + b
{b, c, y}	y = 1/c

Input Value	Output Value
$a = \frac{3}{20}$ $b = \frac{1}{20}$ print(y)	y = 5

Algorithm

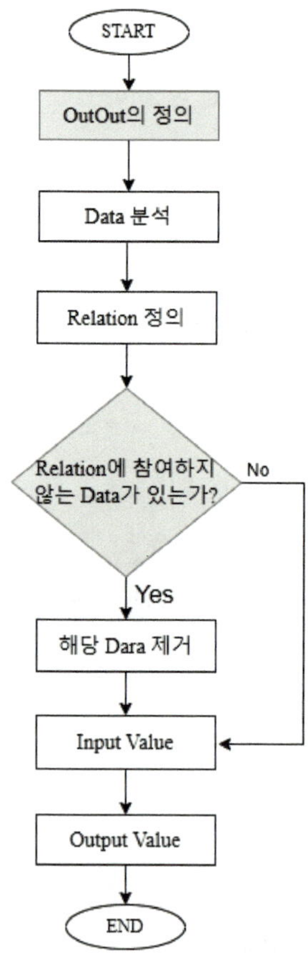

3.6 카운트, 누적, 산술평균 알고리즘

예제 3.4

100명의 학생에 대한 국어점수가 배열에 기억되어 있다. 국어점수가 80점 이상인 학생의 수, 총점, 평균점수를 출력하는 순서도를 작성하라. 단, 평균점수는 소수점 이하가 발생할 경우 소수점 이하를 절삭하며 국어점수가 80점 이상인 학생은 최소한 1명 이상은 있다고 가정한다.

▶ 사용되는 변수

- Kor(100): 100명의 학생의 점수가 기억된 배열
- I : 인덱스(배열의 첨자) 변수
- Cnt : 국어점수가 80점 이상인 학생의 수를 기억하는 변수
- Tot : 국어점수가 80점 이상인 학생의 점수를 누적하여 총점을 기억하는 변수
- Ave : 국어점수가 80점 이상인 학생의 평균점수를 기억하는 변수

▶ 기타 처리 조건

- 평균점수는 산술평균으로 구하고 소수점 이하 절삭은 Int() 함수로 표기한다.
  반올림은 Int(Ave + 0.5)로 한다.

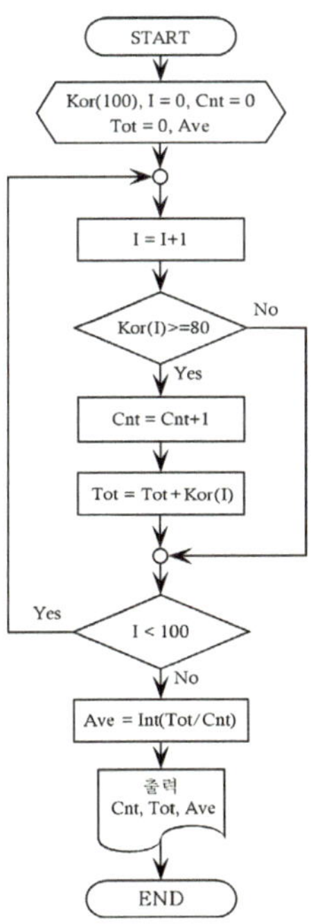

I = 0: 인덱스 변수 I의 초기치를 0으로 설정한 이유는 배열 Kor(I)에서 첨자 I의 값을 증가시키기 위한 I = I+1이 최초 배열의 값을 읽어오기 전에 처리되기 때문이다.
Cnt = 0, Sum = 0: 자료건수와 총점은 수행되기 전에는 0이어야 한다.
Ave: 총점과 자료건수로 나눈 결과만을 기억하므로 초기화가 필요가 없다.
I = I+1: 로직이 한번 수행할 때마다 배열의 첨자변수인 인덱스 변수 I를 1씩 증가시킴으로써 배열의 포인터(첨자)를 결정한다.
Kor(I)〉=80: Kor(I)에 기억된 값이 80이상이면 자료건수와 총점을 구하는 구문으로 흐름을 진행시키고 80이상이 되지 않는다면 자료건수와 총점을 구하지 않는다.
Cnt = Cnt+1: 배열 A(I)의 값이 80이상이면 자료건수를 1증가
Tot = Tot+Kor(I): 배열 Kor(I)에 기억된 값을 총점변수 Tot에 누적
예를 들어 인덱스 변수 I가 처음 수행하는 단계인 1인 경우 Kor(I)는 변수 Kor(1)을 의미하며 Kor(1)에 기억된 값이 80이상이라면 배열에 기억된 값을 인출한 후 Tot가 기억한 값 0과 더한 후 그 값을 다시 Tot변수에 저장시키고 계속 로직이 반복하다 Kor(I)의 값이 80이상이 되는 경우가 발생하면 Kor(I)의 값을 Tot가 가진 값과 더하여 Tot에 저장하는 방식으로 반복하면서 총점을 Tot변수에 누적한다.
I〈100: I의 값은 배열의 첨자를 결정하는 인덱스 변수로 I가 99까지 반복하여 증가되면 한 번 더 수행한 후 100이 되면 조건이 '거짓'이 되므로 평균을 구하는 로직으로 진행한다.
Ave = Int(Tot/Cnt): 국어점수가 80점 이상인 학생의 평균 구하기
국어점수가 80점 이상인 학생의 총점은 Tot변수에 기억되어 있고 학생의 수는 Cnt변수에 기억되어 있다. 곧, 평균을 기억하는 Ave변수에 (총점/자료건수)를 계산하여 Int()함수로 소수점 이하를 절삭한 후 평균점수를 기억하는 Ave변수의 값을 결정한다. ※ Int()함수: 소수점 이하를 절삭

예제 3.5

100명의 학생에 대한 국어점수, 국사점수, 수학점수가 배열 A(100, 3)에 기억되어 있다. 세 과목의 평균점수가 80점 이상인 학생의 수와 각 과목의 총점을 구하는 순서도를 작성하라.

▶ 사용되는 변수

- A(100, 3): 100명의 학생에 대한 국어, 국사, 수학점수가 기억된 배열
- I: 인덱스(배열의 첨자) 변수
- Tot: 각 학생의 (국어점수+국사점수+수학점수) 기억 변수
- Ave: 각 학생의 [(국어점수+국사점수+수학점수)/3] 기억 변수
- Cnt: (국어점수+국사점수+수학점수)의 평균점수가 80점 이상인 학생의 수 기억 변수
  Ktot, Htot, Mtot: 국어, 국사, 수학점수의 각 과목별 모든 학생의 총점 기억 변수

▶ 배열에 기억된 자료의 형태는 아래와 같다. A(학생구분, 과목별 점수)

A(1, 1) A(1번 학생, 국어점수)	A(1, 2) A(1번 학생, 국사점수)	A(1, 3) A(1번 학생, 수학점수)
A(2, 1) A(2번 학생, 국어점수)	A(2, 2) A(2번 학생, 국사점수)	A(2, 3) A(2번 학생, 수학점수)
⋮	⋮	⋮
A(100, 1) A(100번 학생, 국어점수)	A(100, 2) A(100번 학생, 국사점수)	A(100, 3) A(100번 학생, 수학점수)

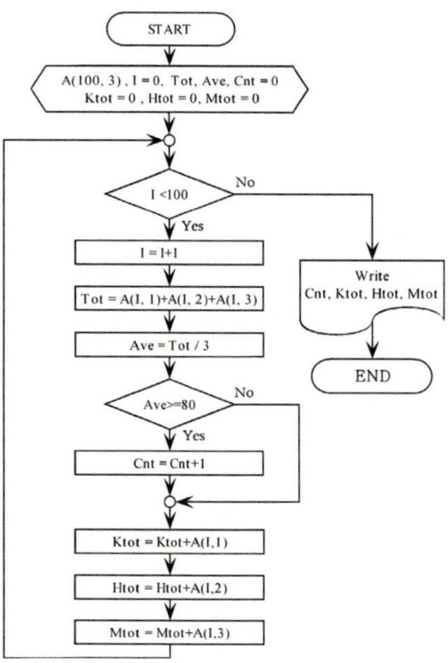

I〈100: 배열의 첨자를 결정하는 인덱스 변수 I의 값이 로직이 수행될 때 마다 1씩 증가하여 100이 되면 출력 쪽으로 흐름을 결정하는 판단 구문
I = I+1: 배열의 첨자를 결정하는 인덱스 변수 I를 로직이 반복할 때 마다 1에서 100까지 1씩 증가시키는 처리 구문
Tot = A(I, 1)+A(I, 2)+A(I, 3): 인덱스 변수 I에 해당하는 국어점수, 국사점수, 영어점수를 더하여 Tot변수에 저장 시키는 처리 구문
※ 제시된 문제에 해당하는 데이터가 저장된 2차원 배열(행, 열)에서 행은 각 학생을 구분하는 번호를 정의하고 열은 각 학생의 국어, 국사, 수학점수를 정의한다.
Ave = Tot/3: 평균점수를 결정하는 처리 구문
Ave〉=80: 평균점수가 80점 이상인 경우 학생의 수를 구하는 Cnt = Cnt+1 처리 구문으로 진행하고 80미만인 경우에는 자료건수를 구하는 구문을 처리하지 않는 방향으로 흐름을 결정하는 판단 구문
Cnt = Cnt+1: 평균점수가 80이상인 학생의수를 구하는 처리 구문
Ktot = Ktot+A(I,1): 국어점수를 누적
Htot = Htot+A(I,2): 국사점수를 누적
Mtot = Mtot+A(I,3): 수학점수를 누적

3.7 2중 선택 구조

2중 선택 구조란 어떤 조건의 판단 결과가 참과 거짓으로 나뉠 때, 그에 대해서 다시 한 번 선택 구조를 갖는 프로그래밍 방법이다. 즉, 선택 구조 내부에 또 하나의 선택 구조가 있는 형태이다. 이렇게 선택 구조가 2개가 중복될 경우 **2중 선택 구조**라고 하고, 2중 이상의 선택 구조를 **다중 선택 구조**라고도 한다. 선택 구조가 2중 이상이 될 경우 좀 더 고급 프로그램을 만들 수 있으나 알고리즘의 복잡도가 증가하여 프로그래밍의 어려움이 생길 수도 있다.[2중 선택구조]

2중(다중) 선택 구조는 조건의 판단 결과가 3가지 이상 나오는 경우에 사용한다.

예제 3.6

철수와 영희가 가위바위보를 할 때 철수와 영희 모두 가위, 바위, 보 중 하나를 내게 되고, 결과는 다음 표와 같이 '비김', '영희 승', '철수 승'의 3가지이다.

철수	영희	결과
가위	가위	비김
	바위	영희 승
	보	철수 승
바위	가위	철수 승
	바위	비김
	보	영희 승
보	가위	영희 승
	바위	철수 승
	보	비김

이 상황을 코딩하기 위한 알고리즘은 다음과 같이 코딩 표현할 수 있다.

```
철수 = '가위'
IF 영희 = '가위' THEN
   결과 = '비김'
ELSE
  IF 영희 = '바위' THEN
     결과 = '영희 승'
  ELSE
     결과 = '철수 승'
  END IF
END IF
```

```
철수 = '바위'
IF 영희 = '가위' THEN
   결과 = '철수 승'
ELSE
  IF 영희 = '바위' THEN
     결과 = '비김'
  ELSE
     결과 = '영희 승'
  END IF
END IF
```

```
철수 = '보'
IF 영희 = '가위' THEN
   결과 = '영희 승'
ELSE
  IF 영희 = '바위' THEN
     결과 = '철수 승'
  ELSE
     결과 = '비김'
  END IF
END IF
```

CHPATER 03 연습문제

3.1 위 (예제 3.6)의 철수와 영희가 가위바위보를 하는 게임을 순서도와 파이썬 프로그램을 작성하라

3.2 $\frac{37}{8}$ 에서 어떤 수를 빼야 할 것을 잘못하여 더했더니, $\frac{85}{12}$ 가 되었다. 원래대로 바르게 계산한 값은 얼마인지 구하는 프로그램을 순서도와 파이썬 프로그램을 작성하라

3.3 10명의 학생의 수학 점수가 Data = [83, 15, 60, 40, 75, 55, 90, 80, 70, 85]일 때 점수가 80점 이상인 학생의 수, 총점, 평균점수를 출력하는 파이썬 프로그램을 작성하라. 단, 평균점수는 반올림한다.

3.4 10명의 학생에 대한 국어 점수, 국사 점수, 수학 점수가 Data = [(83, 54, 60), (40, 75, 55), (90, 80, 70), (85, 98, 70), (80, 90, 90), (67, 95, 87), (80, 80, 77), (55, 70, 81), (90, 75, 65), (70, 45, 60)]와 같을 때, 세 과목의 평균점수가 80점 이상인 학생의 수와 각 과목의 총점과 평균을 구하는 파이썬 프로그램을 작성하라. 단, 평균점수는 반올림한다.

Chapter 04

사칙연산 알고리즘과 순서도 코딩

CHAPTER 04

사칙연산 알고리즘과 순서도 코딩

알고리즘 영역은 문제를 해결하기 위한 절차를 반드시 이해한 후 이를 순서도로 적용하는 연습을 많이 해야 하며 이후 완성된 순서도를 재차 검토해서 정확성과 효율성을 높여야 한다.

4.1 배열에 입력된 자연수 중 배수들의 합계 알고리즘

예제 4.1

배열 A()에 7개의 자연수 9, 15, 10, 7, 6, 30, 21이 입력되어 있다. 배열 A의 수들 중에서 3의 배수인 수의 합계를 구하여 출력하는 순서도를 작성하라.

▸ 사용되는 변수

- I : 인덱스 변수(배열의 첨자를 결정)
- A(7): 7개의 자료가 입력된 배열
- N3: 3으로 나눈 나머지 값을 기억하는 변수
- Sum: 3의 배수를 누적하기 위한 변수

▸ 처리 조건: - 나머지 값을 구하는 연산자는 MOD 연산자를 사용한다.
- mod 연산자 예: 10 mod 3 =〉 결과 1

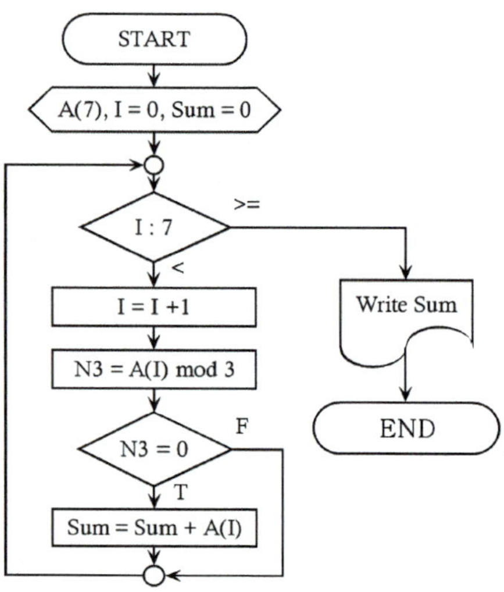

N3 = A(I) mod 3: 배열 A(I)에 기억된 자연수를 3으로 나눈 나머지 값을 구하기 위한 처리 구문.
※ **N3 = mod(A(I), 3)**으로 표현할 수도 있다.

N3 = 0: 배열 A(I)의 값을 3으로 나눈 나머지 값을 기억하는 변수인 N3의 값이 0인가 판단하기 위한 구문. N3이 0과 같다면 배열 A(I)에 기억된 자연수는 3의 배수이다.

Sum = Sum + A(I): 배열 A(I)의 값을 Sum 변수에 누적하기 위한 처리 구문
※ 파이썬 코딩에서는 I = -1에서 시작해야 됨

연습문제 4.1

아래의 순서도는 위의 (예제 4.1)과 동일한 내용을 처리한 순서도이다.
괄호에 해당하는 적합한 내용을 '답항보기'에서 찾아 순서도를 완성하고 파이썬 프로그램을 만들어라.

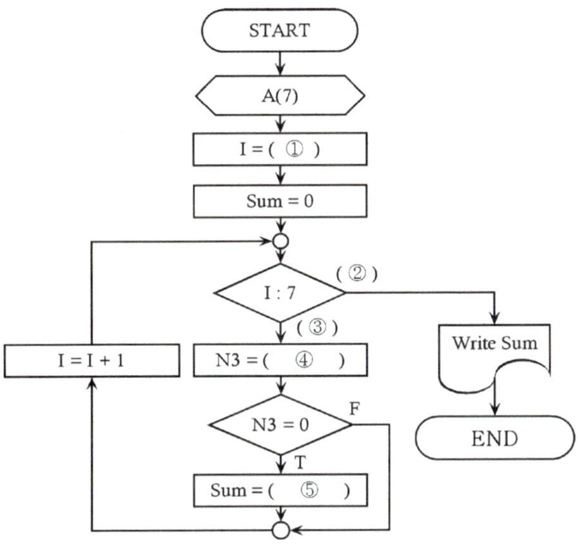

답항보기

1	2	3
0	1	〉
4	5	6
〈	〉=	〈=
7	8	9
Sum+A(I)	A(I) mod 3	Sum*A(I)

※ 파이썬 코딩에서는 I = 0에서 시작해야 됨

연습문제 4.2

아래의 순서도는 배열 A()에 입력된 7개의 자연수 9, 15, 10, 7, 6, 30, 21에 대하여 3의 배수이면서 5의 배수인 수의 합계를 출력하는 순서도이다. 아래 순서도의 괄호에 해당하는 적합한 내용을 '답항보기'에서 찾아 순서도를 완성하고 파이썬 프로그램을 만들어라.

▶ 사용되는 변수
- I : 인덱스 변수
- A(7): 7개의 자료가 입력된 배열
- N3 : 3으로 나눈 나머지 값 기억 변수
- N5 : 5로 나눈 나머지 값 기억 변수
- T : 3으로 나눈 나머지와 5로 나눈 나머지 값을 더하여 기억하는 변수
- Sum: 3의 배수이면서 5의 배수인 수를 누적하기 위한 변수

▶ 처리 조건: - 나머지 값을 구하는 연산자는 MOD 연산자를 사용한다.
- mod 연산자 예: 10 mod 7 =〉 결과 3

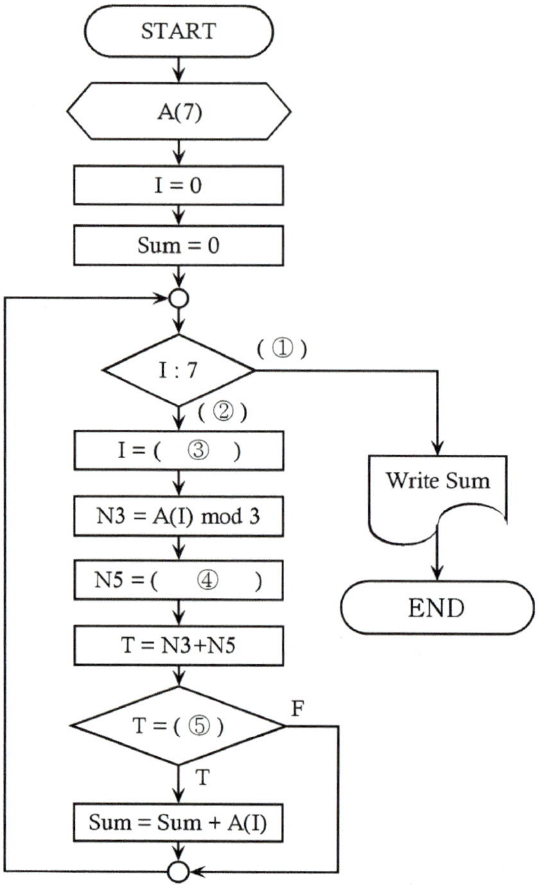

답항보기

1	2	3
0	1	〉
4	5	6
〈	〉=	〈=
7	8	9
A(I) mod 3	A(I) mod 5	Sum / I
10	11	12
I+1	Sum-I	Sum * I

힌트

문제의 핵심은 배열에 기억된 수를 3으로 나눈 나머지와 5로 나눈 나머지 값을 구한 후 3으로 나눈 나머지와 5로 나눈 나머지가 모두 0이라면 배열에 기억된 자연수는 3의 배수이면서 5의 배수임을 의미한다.
곧, 3의 배수이면서 5의 배수인 수를 구하기 위하여 각 수를 3과 5로 나누어 나머지 값들을 더한 결과가 0이라면 해당 수는 3의 배수이면서 5의 배수가 되는 것이다.

4.2 나머지 값 구하기 알고리즘

예제 4.2

임의의 자연수를 입력 받아 4로 나눈 나머지 값을 출력하는 순서도를 작성하라.

▸ 사용되는 변수
- A: 입력 데이터 변수
- M: 4로 나누었을 때의 몫을 기억하는 변수
- N4: 4로 나눈 나머지 값을 기억하는 변수

▸ 처리 조건: - 소수점 이하를 절삭하기 위해 Int() 함수를 사용한다.
- Int() 함수 예: int(100.75) =〉 결과 100

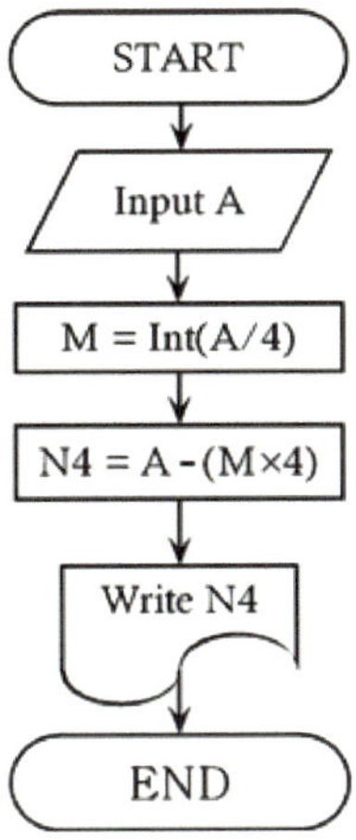

Input A: 나머지 값을 구하고자 하는 자연수 입력
M=Int(A/4): A값을 4로 나눈 후 한 몫(나머지 절삭)을 M에 대입
N4=A-(M×4): A에 (M×4)를 뺀 값은 곧, 4로 나눈 나머지가 된다.
예 A를 15로 가정한다.
M = Int(15/4) =〉 결과는 3이다.
이유는 Int() 함수에 의해 소수점 이하가 절삭되기 때문이다.
N4 = A-(M×4) =〉 결과는 15를 4로 나눈 나머지 값인 3이 된다.
이유는 [나누어진 값(피제수)-(4로 나눈 몫× 나눈 값(제수))]에 의해 15-(4×3) = 15이기 때문이다.

Tip

왼쪽 순서도의 구성에서 나머지를 하나의 수식으로 구하기
N4 = A-(Int(A/4)×4) ・나머지 = 피제수-(피제수/제수)× 제수

연습문제 4.3

아래의 순서도는 위의 예제와 동일한 내용이지만 A의 값이 999가 입력되면 종료하고 999가 아닌 수가 입력되면 반복하여 수행하는 순서도이다. 괄호 안에 적합한 내용을 '답항보기'에서 찾아 순서도를 완성하고 파이썬 프로그램을 만들어라.

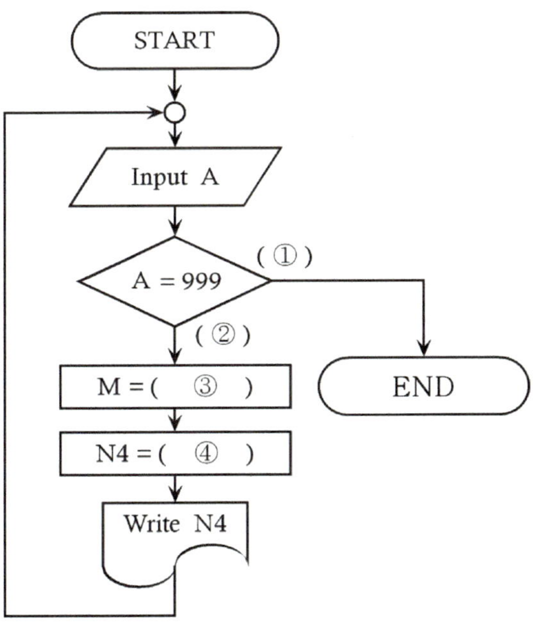

답항보기

1	2	3
No	Yes	〈
4	**5**	**6**
〉	Int(A/4)	A-(M×4)

4.3 소수점 이하 첫째 자리 반올림 알고리즘

예제 4.3

임의의 실수를 입력받아 소수점 이하 첫째 자리에서 반올림 하여 출력하는 알고리즘을 작성하라.

▶ 사용되는 변수

- A: 입력 데이터 변수
- F: 소수점 이하 첫째 자리 반올림한 결과 값 기억 변수

▶ 처리 조건

- 소수점 이하를 절삭하기 위해 Int() 함수를 사용한다.
- Int() 함수 예: int(100.55) =〉 결과 100

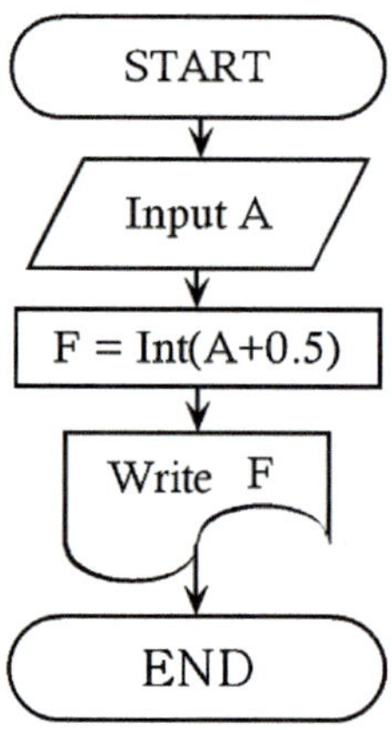

F = Int(A+0.5): 입력되어진 수치에 0.5를 더하여 Int() 함수를 이용하여 소수점 이하를 절삭하면 소수점 이하 첫째 자리에서 반올림한 결과가 출력된다.

예1) F = Int(14.49+0.5) = Int(14.99)
⇒ 14.99가 Int() 함수에 의해 소수점 이하가 절삭되어 F는 14를 기억

예2) F = Int(14.51+0.5) = Int(15.01)
⇒ 15.01이 Int() 함수에 의해 소수점 이하가 절삭되어 F는 15를 기억

연습문제 4.4

아래의 순서도는 국어, 영어, 수학점수를 입력받아 세 과목의 산술 평균을 소수점 첫째 자리에서 반올림하여 출력하는 순서도이다. 아래 순서도의 괄호안의 내용을 '답항보기에서 찾아' 순서도를 완성하고 파이썬 프로그램을 만들어라.

▶ 사용되는 변수

- Num, Kor, Eng, Mat: 학생번호, 국어점수, 영어점수, 수학점수 입력 변수
- Tot: 총점변수
- Ave: 세 과목의 평균 점수를 기억하는 변수

▶ 처리 조건

- 소수점 이하를 절삭하기 위해 Int() 함수를 사용한다.
- 학생 번호가 999가 입력될 때까지 프로그램은 반복하여 수행하고 999가 입력되면 종료한다.

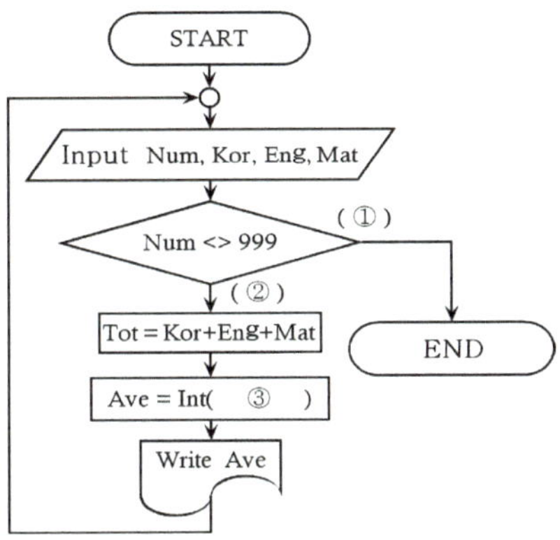

답항보기

1	2
Yes	No
3	4
〈	〉
5	6
(Num/3+0.5)	(Tot/3+0.5)

4.4 자연수 범위의 합계 알고리즘

예제 4.4

자연수 1에서 5까지의 합계(1 + 2 + 3 + 4 + 5)를 구하여 출력하는 순서도를 작성하라.

▶ 사용되는 변수

- I: 인덱스 변수(자연수를 1에서 5까지 증가시키는 역할)
- S: 합계 변수(인덱스 변수 I가 1증가 할 때 마다 I를 누적하는 역할)

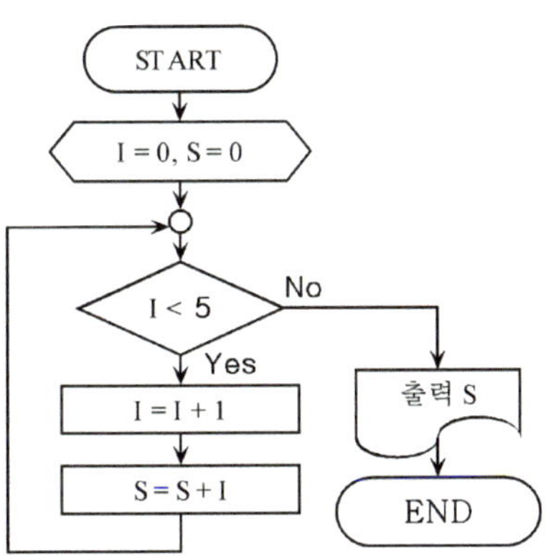

I=I+1: 인덱스 변수 I는 1회씩 수행할 때 마다 I의 값은 1씩 증가하므로 순차적으로 1, 2, 3, 4, 5의 값을 가짐
S=S+I: 누적변수는 1회씩 수행할 때 마다 S가 가진 값에 인덱스 변수 I의 값을 누적

순서도 수행과정

수행 회수	1회	2회	3회	4회	5회
I변수 값 (I+1)	1 0+1	2 1+1	3 2+1	4 3+1	5 4+1
S변수 값 (S+I)	1 0+1	3 1+2	6 3+3	10 6+4	15 10+5

연습문제 4.5

아래 세 개의 순서도는 모두는 자연수 1에서 5까지의 합계를 구하여 출력하는 순서도이다. 아래의 순서도에서 괄호안의 번호에 해당하는 내용을 '답항보기'에서 찾아 순서도를 완성하고 파이썬 프로그램을 만들어라. 단, 순서도의 반복횟수는 최소의 반복횟수로 처리되어야 한다.

▸ 사용되는 변수 - I: 인덱스 변수 - S: 합계 변수

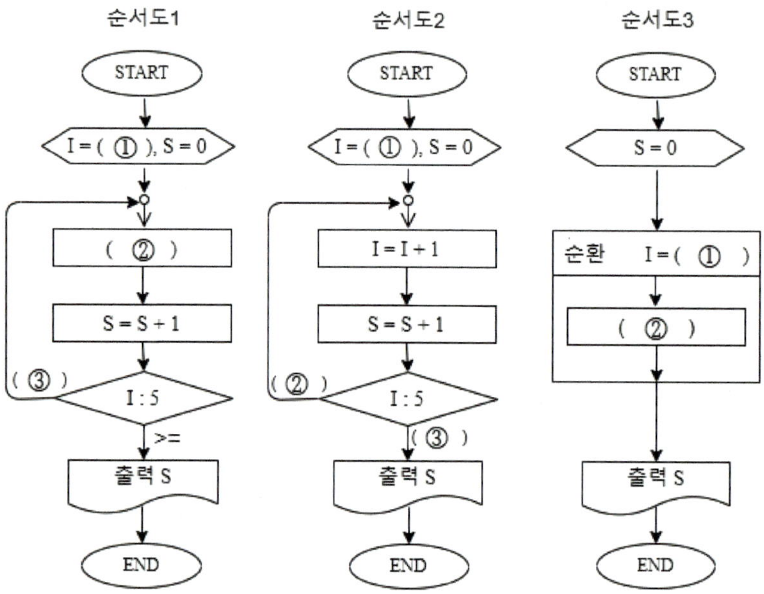

답항보기

1	2	3	4	5	6	7	8	9	10
1	0	〉	〈	〉=	〈=	I=I+1	S=S+I	1, 5	2, 5

4.5 자연수 범위의 홀수합계, 짝수합계 알고리즘

예제 4.5

자연수 1에서 100까지의 짝수의 합계를 구하여 출력하는 순서도와 홀수의 합계를 구하여 출력하는 순서도를 각각 작성하라.

▸ 사용되는 변수 - I: 인덱스 변수 - S: 합계 변수

▶짝수의 합계 구하기

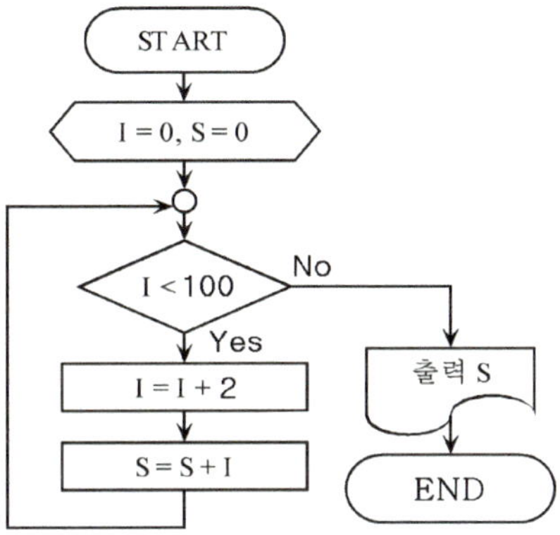

핵심은 인덱스 변수 I가 2씩 증가한다는 것이다. 곧, I가 초기치 0에서 1회 수행할 때마다 2씩 증가하는 것이다.

▶홀수의 합계 구하기

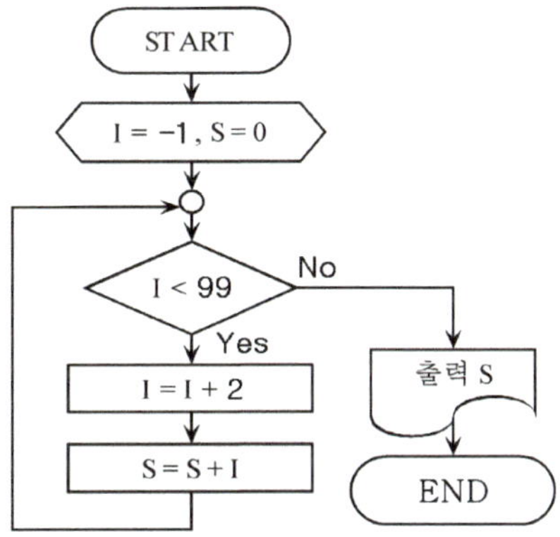

핵심은 인덱스 변수 I의 초기치를 -1로 정의하는 것과 I 값을 1회 수행할 때 마다 2씩 증가시키는 것이다.

연습문제 4.6

아래 두 개의 순서도는 자연수 1에서 100까지의 홀수의 합계를 구하여 출력하는 순서도이다. 아래의 순서도에서 괄호안의 번호에 해당하는 내용을 '답항보기'에서 찾아 순서도를 완성하고 파이썬 프로그램을 만들어라.

▸ 사용되는 변수 - I: 인덱스 변수 - S: 합계 변수

순서도1

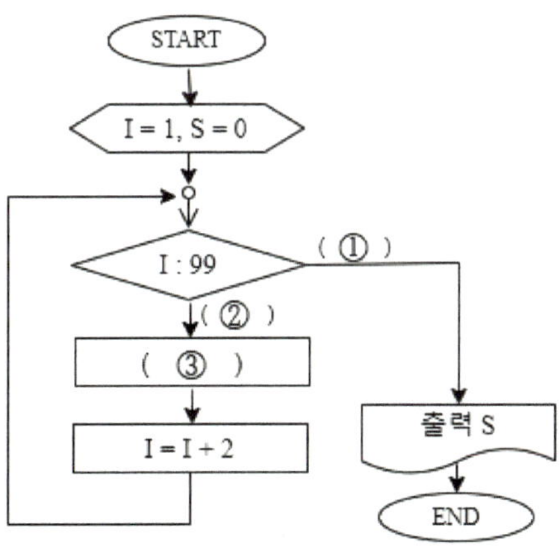

순서도2

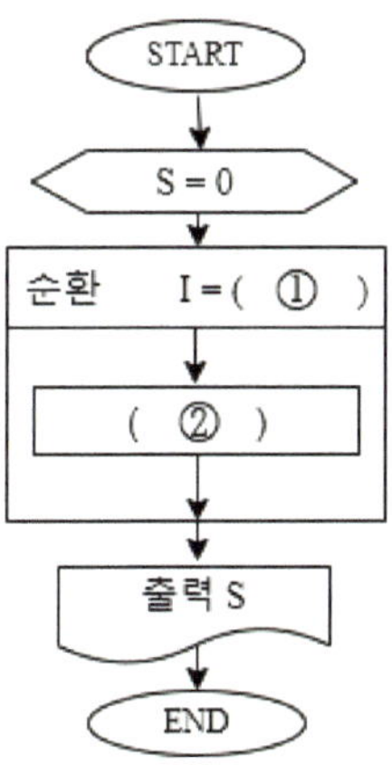

답항보기

1	2	3	4	5	6	7	8	9	10
1	0	〉	〈	〉=	〈=	I=I+1	S=S+I	1, 99, 2	1, 2, 99

4.6 자연수 범위의 곱의 합계 알고리즘

예제 4.6

(77×1)+(76×2)+(75×3)+⋯+(2×76)+(1×77)의 결과를 구하는 순서도를 작성하라.

▶ 사용되는 변수

- P: 1증가 변수 - Q: 1감소 변수 - M: 각 항 계산결과 변수 - H: 합계 변수

단, 순환는 '변수 = 초기치, 목적치, 증감치'에서 증감치 -1은 변수가 초기치에서 목적치까지 1씩 감소함을 의미한다.

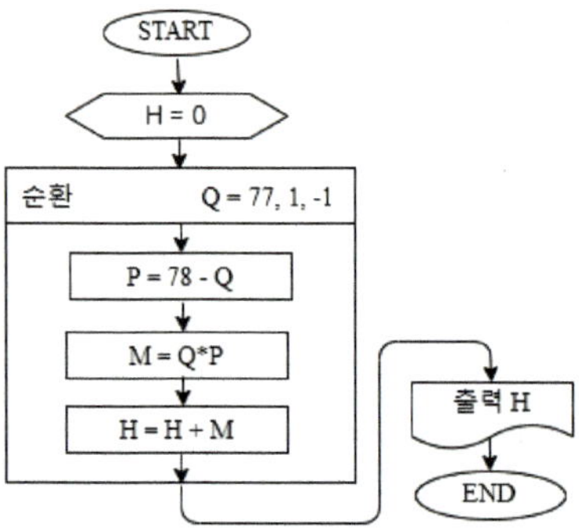

순환 Q = 77, 1, -1: 변수 Q를 77부터 1까지 1씩 감소시키며 반복 수행
P = P+1: P변수를 Q가 1회 반복수행할 때 마다 1씩 증가
M = Q×P: Q와 P를 곱한 값을 변수 M에 대입
H = H+M: 합계변수 H에 M을 누적

연습문제 4.7

아래 순서도는 (예제 4.6)과 동일한 문제에 해당하는 순서도이다. 아래의 순서도에서 괄호 안의 번호에 해당하는 내용을 '답항보기'에서 찾아 순서도를 완성하고 파이썬 프로그램을 만들어라.

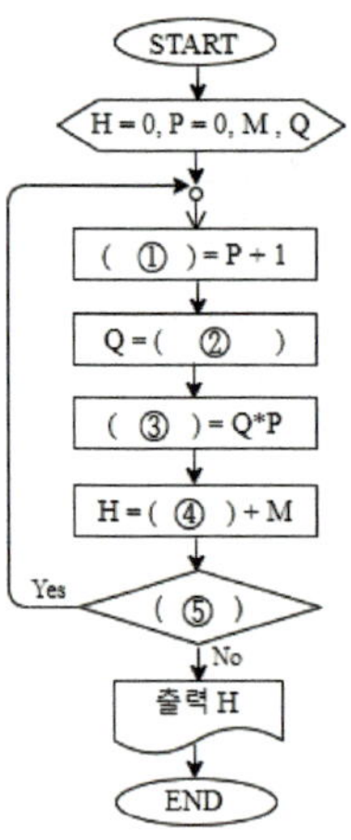

답항보기

1	2	3	4	5	6	7	8	9	10
P+Q	M+1	Q-1	P+1	78-P	P<77	P<78	P	H	M

① 변수 P를 1에서 77까 반복 수행할 때 마다 1씩 증가시킴
② 변수 Q를 77에서 1까지 반복 수행할 때 마다 1씩 감소시킴 (처리방법은 1회 수행할 때 마다 1부터 1씩 증가하는 P를 78에서 뺌)
③ Q와 P를 곱한 결과를 변수 M에 누적
④ 합계변수 H에 M을 누적
⑤ P가 77까지 증가하면 반복수행을 종료하고 결과 H를 출력 (만약 답항 보기에 'P<77'이 없고 'Q>77'이 있다면 답안은 'Q>77'이 답안)

4.7 서로 다른 두 자연수 사이의 합계 알고리즘

예제 4.7

서로 다른 두 자연수 A, B를 입력받아 두 자연수 사이의 합계를 구하는 순서도를 작성하라. 단, 합계는 작은 수에서 큰 수로 1씩 증가시키며 구한다.

▸ 사용되는 변수

- A, B: 입력 자연수 - S: 합계

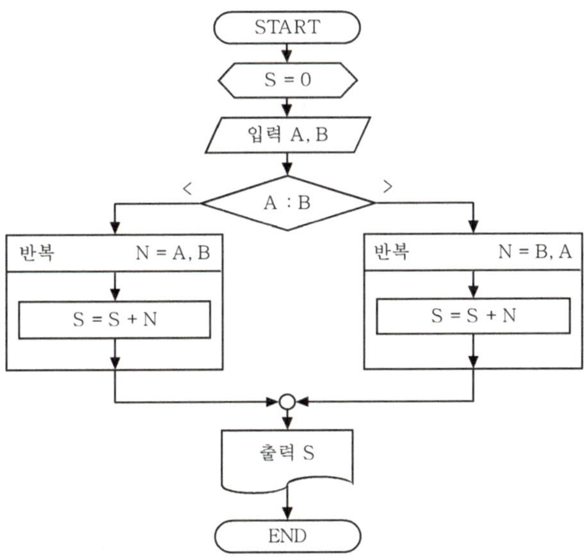

두 자연수 A, B를 입력 받아 A와 B 중에서 작은 수와 큰 수를 판별하여 작은 수에서 1씩 증가시켜가며 큰 수까지 반복 수행하면서 그 값을 합계변수 S에 누적하는 방법으로 순서도가 처리된다.

이때 [반복 N = A, B] 또는 [반복 N = B, A]는 N의 반복수행 회수를 의미하는데 N = (초기치, 목적치, 증감치)에서 증감치가 1씩 증가할 경우 생략하였다.

연습문제 4.8

아래의 순서도는 서로 다른 두 자연수 A, B를 입력받아 두 자연수 사이의 합계를 구한 후 합계와 두 자연수 사이의 합계에 대한 평균을 출력하는 순서도이다. 단, 두 자연수 사이의 합계는 작은 수에서 큰 수로 1씩 증가시키며 구한다. 아래 순서도의 괄호안의 내용을 '답항보기에서 찾아' 순서도를 완성하고 파이썬 프로그램을 만들어라.

▸ 사용되는 변수

- A, B: 입력 자연수 - SUM: 합계 - CNT: 자료건수

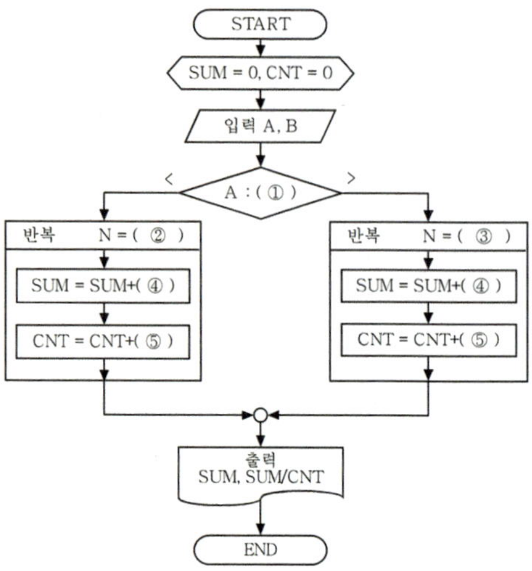

답항보기

1	2	3	4	5
A	B	A+B	A+N	1
6	**7**	**8**	**9**	**10**
N	1, A	1, B	A, B	B, A

① 서로 다른 두 자연수 A, B의 크기 비교 (작은 자연수에서 큰 자연수까지의 합계를 구하기 위한 로직 판단)
② 서로 다른 두 자연수 A, B에서 A보다 B가 크다면 A에서 B까지 1씩 증가시키면서 반복 수행
③ 서로 다른 두 자연수 A, B에서 B보다 A가 크다면 B에서 A까지 1씩 증가시키면서 반복 수행
④ SUM에 서로 다른 두 자연수 사이의 자연수를 누적 곧, A에서 B까지의 자연수를 누적
⑤ 평균을 구하기 위해 자료건수 카운트

참고 평균을 구하기 위해 자료건수를 구하는 방법은 A, B 중 (큰 값에서 작은 값을 뺀 값+1)을 적용할 수도 있다.

4.8 분수의 합계 알고리즘

예제 4.8

$\frac{1}{2}+\frac{1}{3}+\frac{1}{4}+\frac{1}{5}+\frac{1}{6}+\frac{1}{7}+\frac{1}{8}+\frac{1}{9}$의 결과를 구하는 순서도를 작성하라.

▸ 사용되는 변수 - I: 인덱스 변수 - S: 합계 변수

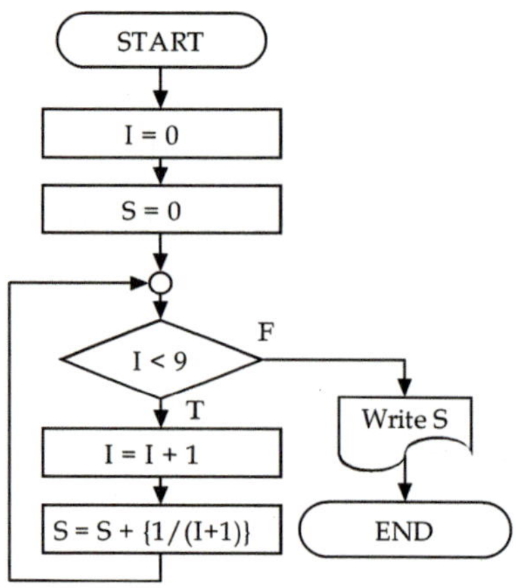

S = S+{1/(I+1)}
문제의 핵심은 분수에서 분모를 결정하는데 있다.
분자는 1로 고정된 반면에 분모는 2부터 1씩 증가하므로 분모의 값으로 인덱스 변수 I에 1을 더하는 수식을 적용하면 된다. 이 때 주의하여야 할 것은 I의 초기치가 0이라는 것이다. 1회 수행 때 I=I+1을 수행하여도 I의 값은 1이 되므로 분모를 1부터 시작하도록 처리하려면 인덱스 변수 I에 1을 더한 수식을 적용하면 된다.
왼쪽의 순서도에서 I의 초기치가 만약 1이라면 수식은 **S = S+(1/I)**가 되어야 하고 판단조건 문장은 **I〈10**이 되어야한다.

연습문제 4.9

아래의 순서도는 $1+\frac{1}{2}+\frac{2}{3}+\frac{3}{4}+\frac{4}{5}+\frac{5}{6}+\frac{6}{7}+\frac{7}{8}+\frac{8}{9}+\frac{9}{10}$의 결과를 구하는 순서도이다. 아래의 순서도에서 괄호에 해당하는 내용을 '답항보기'에서 찾아 순서도를 완성하고 파이썬 프로그램을 만들어라.

▸ 사용되는 변수 - I: 인덱스 변수 - S: 누적변수

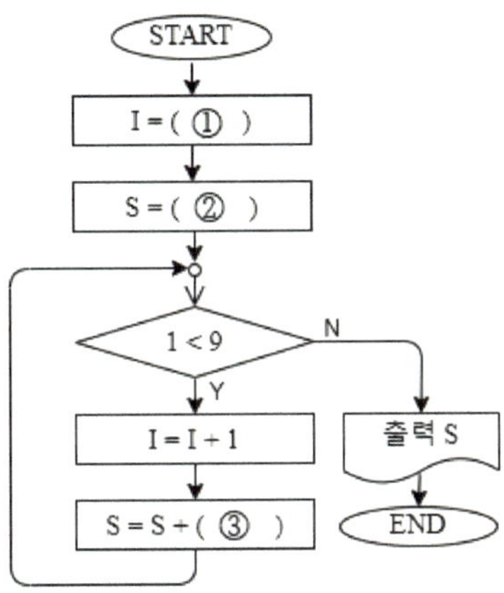

답항보기

1	2	3	4	5
1	0	2	{1/(I+1)}	{I/(I+1)}

힌트

최초 S의 값은 1부터 더하여집니다.
그래서 합계저장 변수 S의 초기치로 1을 저장하여 해결한다.
S에 누적될 분수에서 분자의 값은 1부터 1씩 증가하므로 인덱스 변수 I를 분자로 적용하면 해결이 된다.
분모의 값은 항상 분자보다 1이 크므로 분자의 변수로 사용된 인덱스 변수 I에 1을 더한 값을 분모로 적용하면 해결이 된다.

4.9 스위칭 변수 이용 합산 알고리즘

예제 4.9

자연수의 연산 $1-2+3-4+5-6+7-8+9-10$의 결과를 구하는 순서도를 작성하라.

▸ 사용되는 변수 - I: 인덱스 변수 - SW: 스위칭 변수 - S: 누적변수

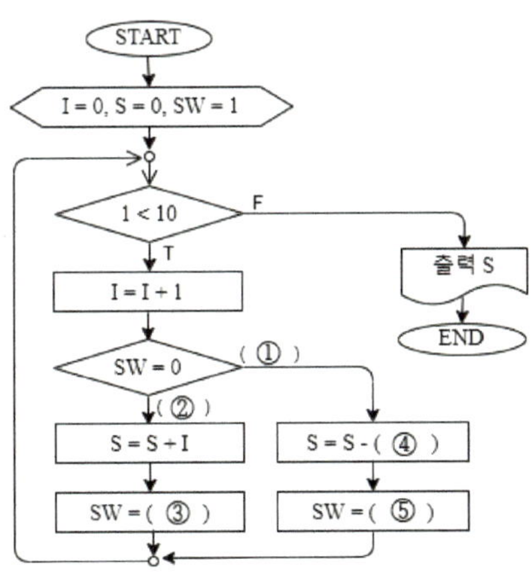

연습문제 4.10

아래의 순서도는 $\frac{1}{2}-\frac{2}{3}+\frac{3}{4}-\frac{4}{5}+\frac{5}{6}-\frac{6}{7}+\frac{7}{8}$의 결과를 구하는 순서도이다. 아래의 순서도에서 괄호에 해당하는 내용을 '답항보기'에서 찾아 순서도를 완성하고 파이썬 프로그램을 만들어라.

▸ 사용되는 변수 - I: 인덱스 변수 - SW: 스위칭 변수 - S: 누적변수

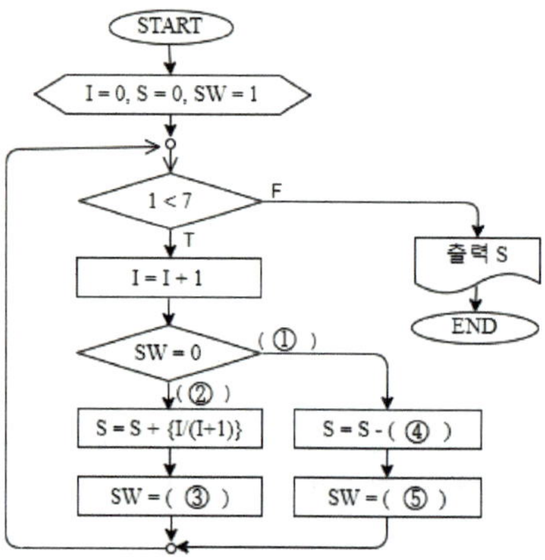

답항보기

1	2	3
True	False	0
4	**5**	**6**
1	{I/(I+1)}	{I/(I-1)}

4.10 순차적 부호변환 합산 알고리즘

예제 4.10

$1-2+3-4+5-6+7-8+9$의 결과를 구하는 순서도를 작성하라.

▸ 사용되는 변수 - N: 각 항 변수 - S: 합계 변수

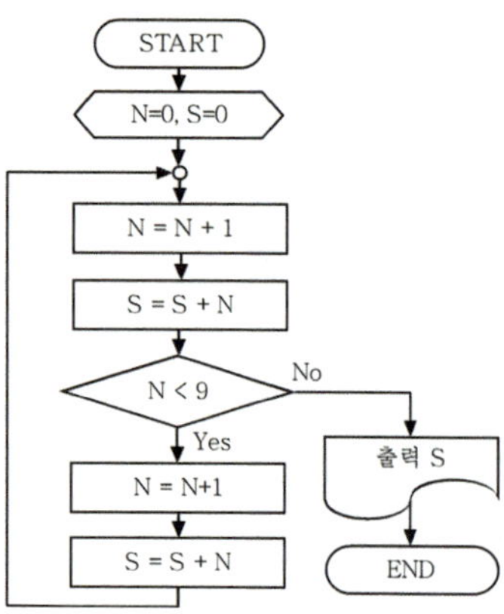

순서도의 처리 핵심은 1회 순환할 때 N을 두 번 증가시키는데 N을 먼저 증가시켰을 때는 N을 S에 더하고 나중에 증가시킬 때는 S에서 N을 빼는 기법이다.

참고 왼쪽 순서도의 형태는 문제로 제시된 수식의 항의 수가 홀수라야 정확한 결과를 출력한다. 이유는 항의 수가 짝수일 경우 순서도 반복 수행을 결정하는 판단문에서 마지막 항의 합산을 위해 반복 수행 쪽으로 진행하게 되는데 이때 한 번 진행하면 2회 합산이 이루어지므로 마지막 1개의 항을 합산한 후 종료하여야 하지만 종료를 위한 판단문은 하나의 항을 더 합산하는 수식을 수행한 후 만날 수 있기 때문이다.

연습문제 4.11

아래의 순서도는 $-1+2-3+4-5+6-7+\cdots-99$의 결과를 구하는 순서도이다. 아래의 순서도에서 괄호에 해당하는 내용을 '답항보기'에서 찾아 순서도를 완성하고 파이썬 프로그램을 만들어라.

▸ 사용되는 변수 - N: 각 항 변수 - SUM: 합계 변수

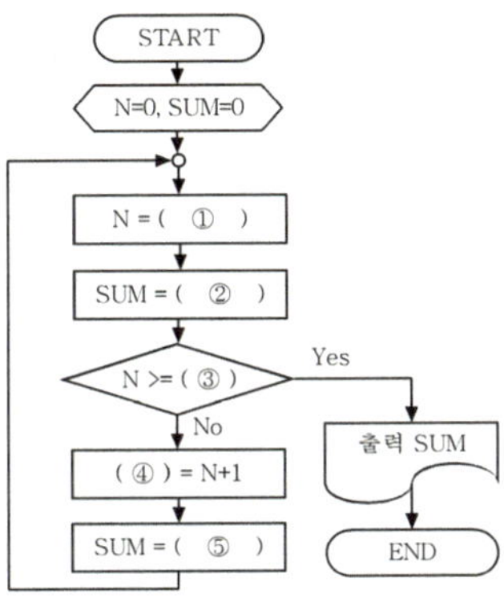

답항보기

1	2	3	4	5
1	0	2	N+1	N-1
6	**7**	**8**	**9**	**10**
99	100	N	SUM-N	SUM+N

힌트

예제 4.10과의 동일한 유형인데 1회 순환할 때 먼저 SUM에서 N 값을 빼고 다음에 SUM에서 N값을 더하여 주는 차이가 있다.
참고 왼쪽 순서도는 문제로 제시된 수식의 항의 수가 홀수여야 정확한 결과를 출력한다.

연습문제 4.12

아래의 순서도는 $\frac{1}{2}-\frac{2}{3}+\frac{3}{4}-\frac{4}{5}+\frac{5}{6}-\frac{6}{7}+\frac{7}{8}-\frac{8}{9}$의 결과를 구하는 순서도이다. 아래의 순서도에서 괄호에 해당하는 내용을 '답항보기'에서 찾아 순서도를 완성하고 파이썬 프로그램을 만들어라.

▸ 사용되는 변수 - I: 1증가 변수 - SUM: 합계 변수

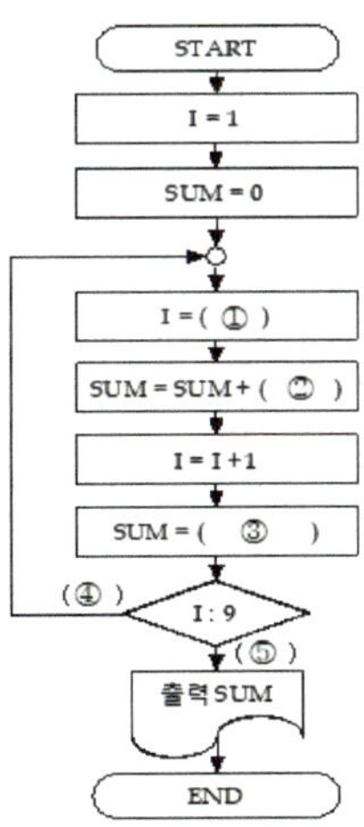

답항보기

1	2	3	4	5
〈	〉	〈=	〉=	True
6	**7**	**8**	**9**	**10**
I+1	I-1	I*1	I/1	False
11	**12**	**13**	**14**	**15**
(I-1)/I	I/(I+1)	Sum+(I-1)/I	Sum-(I+1)/I	I-Sum/(I-1)

힌트

분수를 처리하기 위한 로직에서 I의 초기치가 1이라는 것을 유념해야한다.
참고 위 순서도의 경우 문제로 제시된 수식의 항의 수가 짝수여야 정확한 결과를 출력한다.

4.11 음수 1 이용 부호변환 합산 알고리즘

예제 4.11

1 − 2 + 3 − 4 + 5 − 6 + 7 − 8 + 9 − 10의 결과를 구하는 순서도를 작성하라.

▶ 사용되는 변수

- I: 인덱스 변수(자연수를 1에서 10까지 증가시키는 역할)
- S: 음수 및 양수를 결정하기 위한 스위칭 변수
- Sum: 합계 변수

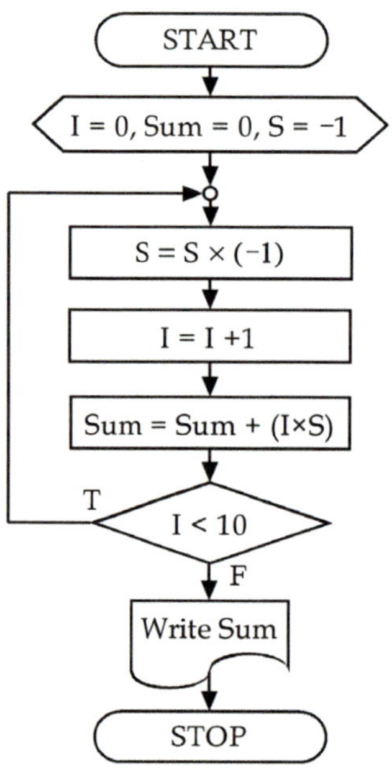

변환원칙

양수 1에 음수 -1을 곱하면 결과는 음수 -1이 되고 음수 -1에 음수 -1을 곱하면 결과는 양수 1이 된다.

이러한 원리를 이용하여 로직이 1회 수행 될 때 마다 인덱스 변수 I에 한번은 양수 1을 한번은 음수 -1을 곱하여 합계 변수 Sum에 누적하여 문제를 해결한다.

S=S×(-1): 1회 수행 때 S의 초기치는 -1이므로 (-1)×(-1) = 1이 되고 2회 수행 때 S=S×(-1)을 처리하기 이전 S의 값은 1이므로 S=S×(-1)을 만나면 1×(-1)이므로 S는 -1의 값을 가지게 되므로 S의 값은 1회 수행할 때마다 양수 1과 음수 -1로 순차적으로 바뀐다.

I=I+1: 색인변수(순차적으로 1에서 10까지 증가)

Sum=Sum+(I×S): 로직이 순차적으로 1씩 증가할 때마다 S의 값은 음수 -1과 양수 1을 번갈아 가며 기억하므로 I의 값에 S를 곱하면 I의 값은 번갈아 가며 결과가 양수, 음수로 바뀌며 합계변수 Sum에 누적된다.

※ S변수의 초기치를 -1로 지정한 이유는 최초 1이 Sum에 더해지므로 S= S×(-1)을 만났을 때 S의 값이 양수 1이 되도록 하기 위해서이다. 만약 구하고자 하는 값이 (-1+2-3+4-5+… 순서라면) S의 초기치는 1로 결정되어야 한다.

연습문제 4.13

아래의 순서도는 −2 + 4 − 6 + 8 − 10 + 12 − 14 + 16 − 18 + 20의 결과를 구하는 순서도이다. 아래의 순서도에서 괄호에 해당하는 내용을 '답항보기'에서 찾아 순서도를 완성하고 파이썬 프로그램을 만들어라.

▶ 사용되는 변수

- I: 인덱스 변수
- S: 부호 결정 변수
- SUM: 합계 변수

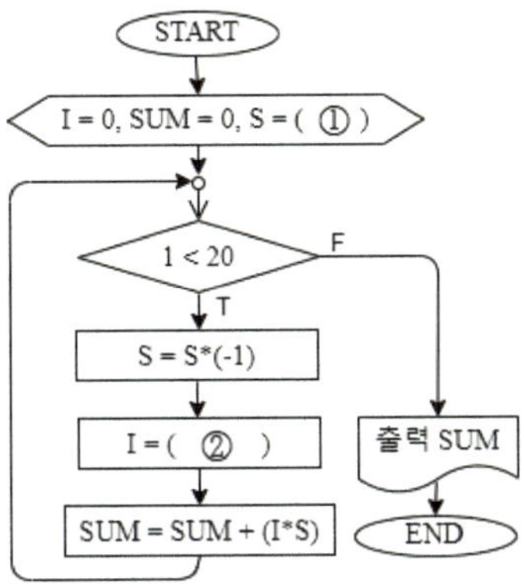

답항보기

1	2	3	4	5
-1	0	1	I+1	I+2

힌트

로직이 처음 수행할 때 합계 변수 Sum에는 -2가 누적되어야 한다. 곧, 스위칭 역할을 하는 변수 S의 값이 -1이 되도록 초기치를 설정하여야 하므로 S의 초기치는 1이 되어야 한다. 그리고 인덱스 변수 I의 값은 2씩 증가하도록 I = I + 2로 처리하여야 한다.

연습문제 4.14

아래의 순서도는 1 + 2 − 3 − 4 + 5 + 6 − 7 − 8 + 9 + 10 − 11 − 12의 결과를 구하는 순서도이다. 아래의 순서도에서 괄호에 해당하는 내용을 '답항보기'에서 찾아 순서도를 완성하고 파이썬 프로그램을 만들어라.

▸ 사용되는 변수 - I: 인덱스 변수 - S: 부호 결정 변수 - SUM: 합계 변수

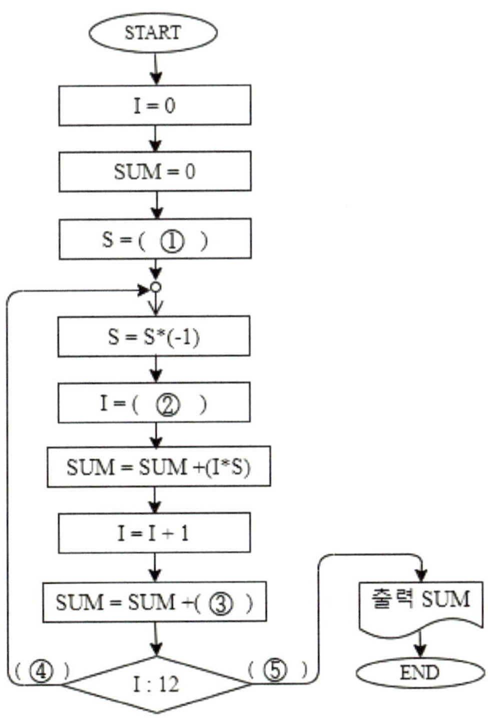

답항보기

1	2	3	4	5
0	1	-1	S+I	I+1
6	**7**	**8**	**9**	**10**
I×S	〉	〈	〉=	〈=

힌트

제시된 순서도에서 I의 값은 1회 반복할 때 마다 2번 수행한다.
부호를 결정하는 S의 초기치는 최초 S가 (+1)이 될 수 있도록 설정하여야 한다.

4.12 부분합계의 누적 알고리즘

예제 4.12

$1+(1+2)+(1+2+3)+(1+2+3+4)+(1+2+3+4+5)$의 결과를 구하는 순서도를 작성하라.

▶ 사용되는 변수: - I: 인덱스 변수 - S: 부분누적 변수 - T: 누적변수

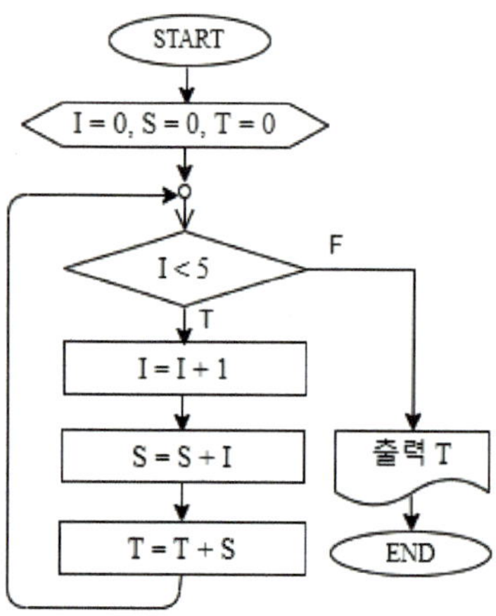

문제 분석

문제의 핵심은 순서적으로 발생한 값을 부분누적 한 후 부분 누적한 값을 최종적으로 누적하는 것이다. 곧, 인덱스 변수와 부분누적변수 이외에 최종 누적변수가 필요하다. 아래 순서도 수행과정을 보면 I변수는 1에서 5까지 증가하고, S변수는 1에서 I까지 누적하며, T변수는 한번 수행 할 때마다 1에서 I까지 누적한 S의 값을 누적하고 있다.

순서도 수행과정

수행 회수	1회	2회	3회	4회	5회
I변수 값 (I+1)	1 0+1	2 1+1	3 2+1	4 3+1	5 4+1
S변수 값 (S+I)	1 0+1	3 1+2	6 3+3 (1+2)+3	10 6+4 (1+2+3)+4	15 10+5 (1+2+3+4)+5
T변수 값 (T+S)	1 0+1	4 1+3	10 4+6	20 10+10	35 20+15

Tip

예제의 수식은 1+(1+2)+(3+3)+(6+4)+(10+5)와 동일한다.

연습문제 4.15

아래의 순서도는 $1+\frac{1+2}{2}+\frac{1+2+3}{3}+\frac{1+2+3+4}{4}+\frac{1+2+3+4+5}{5}$의 결과를 구하는 순서도이다. 아래의 순서도에서 괄호에 해당하는 내용을 '답항보기'에서 찾아 순서도를 완성하고 파이썬 프로그램을 만들어라.

▶ 사용되는 변수
- I: 인덱스 변수
- S: 부분누적 변수
- T: 누적변수

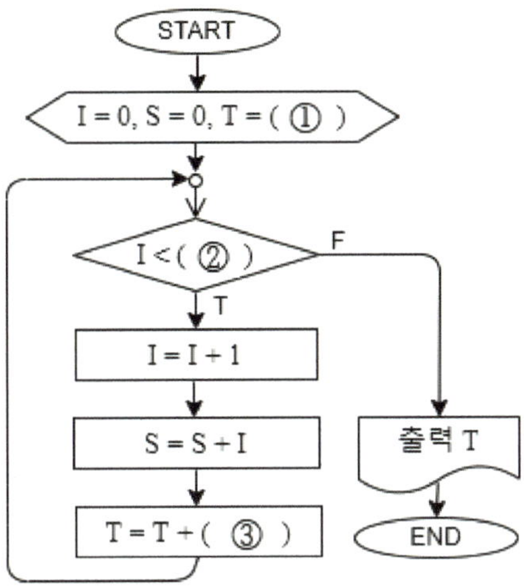

답항보기

1	2	3	4	5	6
0	1	4	5	(T/I)	(S/I)

힌트

첫 번째 항 1을 1/1로 처리하면 분모는 1, 2, 3, 4, 5 순서로 증가한다. 분자의 값은 위의 예제를 참조하면 해결이 된다.

4.13 펙토리얼(Factorial, 계승) 알고리즘

예제 4.13

5!(= 1×2×3×4×5)의 결과를 구하는 순서도를 작성하라.

▶ 사용되는 변수

- I: 인덱스 변수
- F: 펙토리얼의 결과를 기억하는 변수

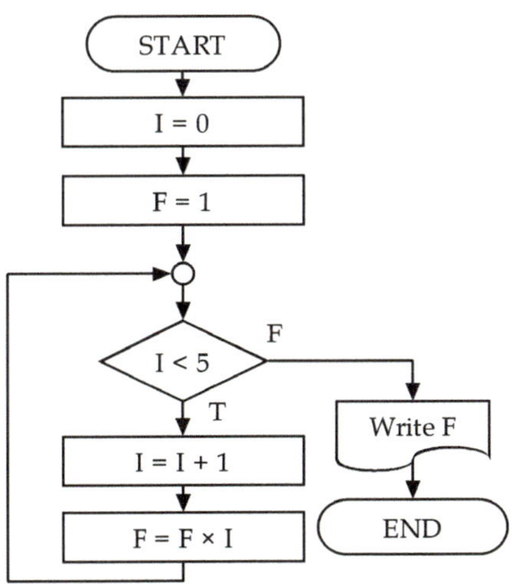

F = 1: 펙토리얼의 값을 저장하기 위한 초기치는 0이어서는 안된다. 이유는 곱하기에서 하나라도 0이 개입되면 그 결과는 0이기 때문이다.
I=I+1: 1회 수행할 때마다 1씩 증가
F=F× I: 펙토리얼의 결과를 구하기 위해 1회 수행할 때마다 F가 가진 값에 I의 값을 곱함

순서도 수행과정

수행 회수	1회	2회	3회	4회	5회
I변수 값 (I+1)	1 0+1	2 1+1	3 2+1	4 3+1	5 4+1
F변수 값 (F×I)	1 1×1	2 1×2	6 2×3	24 6×4	120 24×5

연습문제 4.16

아래의 순서도는 1! + 2! + 3! + 4! + 5!의 결과를 구하는 순서도이다. 아래의 순서도에서 괄호에 해당하는 내용을 '답항보기'에서 찾아 순서도를 완성하고 파이썬 프로그램을 만들어라.

▶ 사용되는 변수 - I: 인덱스 변수 - F: 부분 누적 변수 - S: 누적 변수

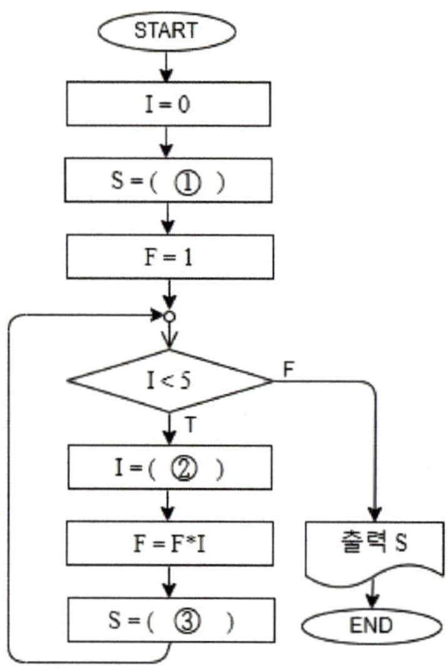

답항보기

1	2	3	4	5
0	1	I+1	S+I	S+F

순서도 수행과정

수행회수	1회	2회	3회	4회	5회
I변수 값 (I+1)	1 0+1	2 1+1	3 2+1	4 3+1	5 4+1
S변수 값 (S+I)	1 1×1	2 1×2	6 2×3 (1×2)×3	24 6×4 (1×2×3)×4	120 24×5 (1×2×3×4)×5
T변수 값 (T+S)	1 0+1	3 1+2	9 3+6	33 9+24	153 33+120

힌트

부분누적을 위한 변수가 필요하다.
나머지 원리는 예제 4.13과 동일하다.
다만, 각 항에서 더하기가 아닌 곱하기를 수행하여야 하며 각 항별로는 더하기를 수행하여 전체 누적변수 F에 누적하면 된다.

4.14 구구단 알고리즘

예제 4.14

1에서 9단까지의 구구단을 출력하는 순서도를 작성하라.

▶ 처리 조건 - 구구단은 오른쪽 표의 내용으로 출력한다.
- 홑따옴표(') 안의 내용은 출력문자를 의미한다.
- 콤마(,)는 한 줄에 탭 간격으로 출력하기 위한 용도로 사용된다.

▶ 사용되는 변수 - P: 곱해지는 수(피연산자) - Q: 곱하는 수

```
1*1 = 1
1*2 = 2
  :
  :
2*1 = 2
2*2 = 4
  :
  :
9*9 = 81
```

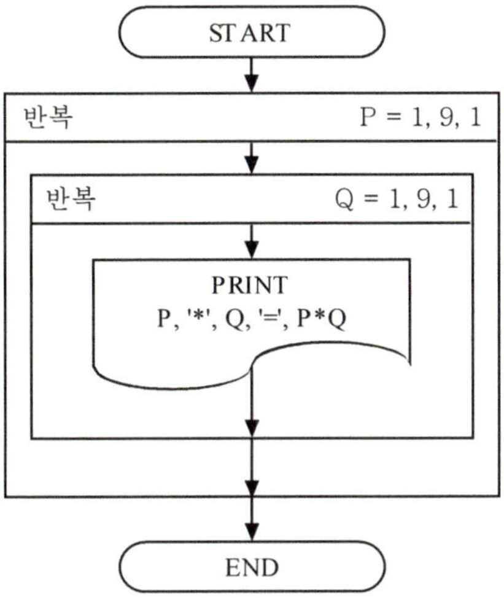

순서도 분석

위 순서도는 이중 순환구조를 적용하였다.
곧, 외부순환구조의 P변수가 1에서 9까지 반복하고 내부순환구조의 Q변수 또한 1에서 9까지 반복하도록 설정하였다. 이 경우 외부순환구조 P변수의 값이 1일 때 내부순환구조 Q변수는 1에서 9까지 반복하고 P가 2일 때 Q는 다시 1에서 9까지 반복하는 형태로 P가 9일 때 Q가 1에서 9까지 반복하면서 P와 Q를 곱한 값을 출력하는 형태로 순서도가 진행된다.

참고 PRINT P, '*', Q, '=', P*Q의 의미
프로그래밍 언어마다 문법과 출력형태가 다소 달라질 수 있지만 일반적으로 쌍따옴표(") 또는 홑따옴표(') 안의 문장은 문자(열)을 의미한다.
그리고 콤마(,)는 출력물을 한 줄에 탭 간격으로 띄워 출력하는 형태이며 세미콜론(;)은 문자는 한 칸을 띄우고 숫자는 붙여서 한 줄에 출력할 때 사용한다.
따라서 순서도 상의 PRINT 구문을 설명하면 한 줄에 'P변수 값, 문자 *, Q변수 값, 문자 =, P*Q 계산 값'을 출력하는 형태이다.
또한 대부분의 프로그래밍 언어는 한 줄을 출력한 후 특별한 지시가 없으면 다음 수행할 때는 자동 줄 바꿈을 한 후 출력한다.

연습문제 4.17

아래 형태의 가로줄에 1~9단까지 구구단을 출력하는 순서도를 완성하고 파이썬 프로그램을 만들어라.

1*1 = 1	2*1 = 2		9*1 = 9
1*2 = 2	2*2 = 4		9*2 = 18
:	:	……	:
:	:		:
1*9 = 9	2*9 = 18		9*9 = 81

▶ 처리 조건
- 홑따옴표(') 안의 내용은 출력문자를 의미한다.
- 콤마(,)와 세미콜론(;)은 줄을 바꾸지 않고 한 줄에 출력하기 위한 용도로 사용된다.

▶ 사용되는 변수
- A: 곱셈결과 기억 배열
- K: 곱해지는 수
- J: 곱하는 수
- I: 반복

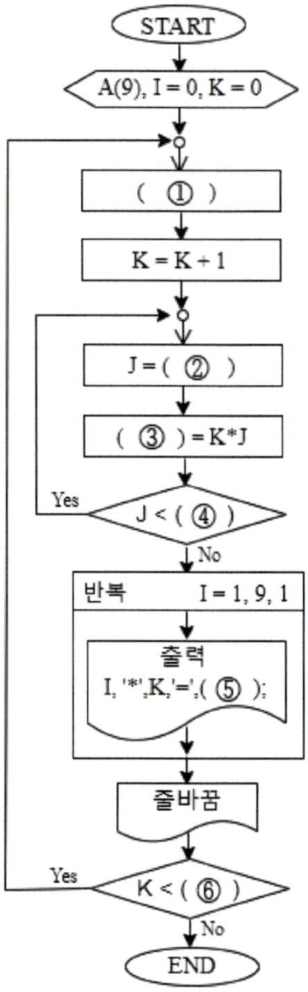

답항보기

1	2	3	4	5	6	7	8
A(I)	J+1	J=0	I+1	A(J)	A(K)	10	9

힌트

구구단을 출력할 때 1단, 2단, 3단~9단 순서로 출력하는 것이 아니라 1*1=2, 2*1=2, 3*1=3, ~, 9*1=9를 출력한 후 다음 줄에 1*2=2, 2*2=4, 3*2=6, ~, 9*2=18 순서로 1*9=9, 2*9=18 ~ 9*9=81까지 한 줄 단위로 출력한다.

① 곱하는 수 J변수의 초기치를 결정 (J의 초기치는 줄이 바뀔 때마다 0으로 초기화되어야 한다.)

② 곱하는 수 J변수의 값을 반복할 때마다 1씩 증가시킨다.

③ K와 J의 값을 곱한 값을 배열에 기억 (이때 배열의 첨자는 J변수를 이용한다.)

④ 곱해지는 수와 곱하는 수 모두 최종 처리되는 값은 9이다.

⑤ 구구단 한 줄의 결과를 출력한다.
이 때 변수 I와 K는 계산에 참여하는 것이 아니라 곱해지는 값과 곱하는 값을 출력하기 위한 용도이다. 계산 결과는 A배열에 이미 기억되어 있다.

CHPATER 04 연습문제

(연습문제 4.1) ~ (연습문제 4.17)의 순서도를 완성하고 파이썬 프로그램을 작성하라.

Chapter 05

그래프, 수열 알고리즘과 순서도 코딩

CHAPTER 05

그래프, 수열 알고리즘과 순서도 코딩

5.1 직삼각형 그래프 알고리즘

예제 5.1

3행 3열의 2차원 배열에 아래와 같이 '*'를 입력하는 순서도이다. 단, 2차원 배열의 저장 위치는 아래 왼쪽의 그림과 같고 처리 결과는 오른쪽 그림과 같다.

[1][1]	[1][2]	[1][3]
[2][1]	[2][2]	[2][3]
[3][1]	[3][2]	[3][3]

*		
*	*	
*	*	*

▸ 사용되는 변수

- A: '*' 저장 배열
- I, J: 인덱스 변수

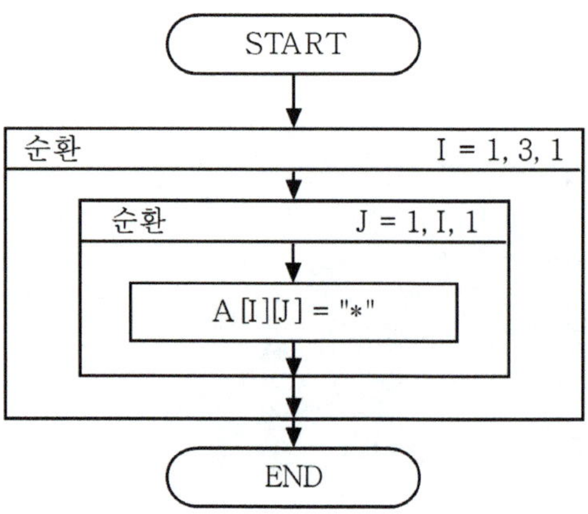

배열은 2차원 배열로 C언어 계열의 표기법이다.
순서도에서 I가 1일 때 J=1에서 1까지 수행한다. 이때 A[I][J} 곧 A[1][1]에 '*'를 입력한다.
다음 I가 2일 때 J는 1에서 2까지 수행한다.
다음 I가 3일 때 J는 1에서 3까지 수행한다.
이러한 순서로 I가 1증가 할 때 마다 J는 1에서 I만큼 증가하면서 A[I][J]에 '*'을 입력한다.
(파이썬 프로그램 예)

```
s = ""
for i in range(1,4):
    for j in range(1,i):
        s = s + "  *"
        print(s)
```

예제 5.2

3행 3열의 2차원 배열에 아래와 같이 '*'를 입력하는 순서도이다. 단, 2차원 배열의 저장 위치는 아래 왼쪽의 그림과 같고 처리 결과는 오른쪽 그림과 같다.

[1][1]	[1][2]	[1][3]
[2][1]	[2][2]	[2][3]
[3][1]	[3][2]	[3][3]

		*
	*	*
*	*	*

▸ 사용되는 변수

- A: '*' 저장 배열
- I, J: 인덱스 변수

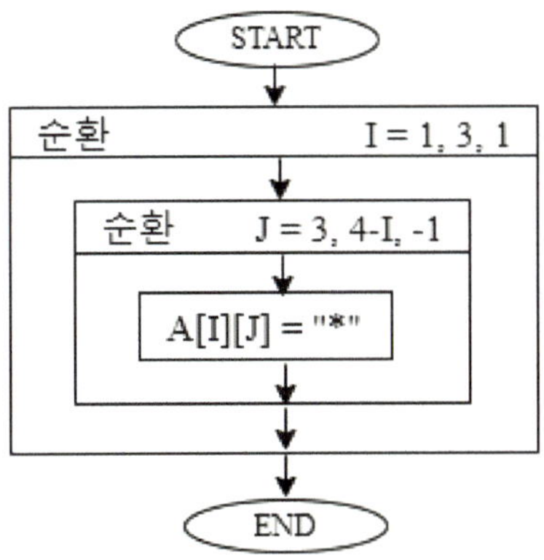

(예제 5.1)과의 차이는 J값의 초기치와 목적치가 다르다.
I가 1일 때 J는 3이고
I가 2일 때 J는 3에서 2까지 수행하고
I가 3일 때 J는 3에서 1까지 수행하도록
J의 목적치를 4에서 I를 뺀 값으로 적용하였다.
(파이썬 프로그램 예)

```
for i in range(1,4):
    for j in range(3-i): # 빈칸 인쇄
        print("  ", end="")
    for k in range(3-i, 3): # 점 인쇄
        print("* ", end="")
    print("") # 줄바꾸기
```

연습문제 5.1

아래의 그림은 5행, 5열의 2차원 배열에 아래와 같이 값을 입력하는 순서도이다. 2차원 배열의 저장 위치는 아래 왼쪽 그림과 같고 순서도의 처리 결과는 오른쪽 2차원 배열의 형태로 저장된다. 괄호에 해당하는 내용을 '답항보기'에서 찾아 순서도를 완성하고 파이썬 프로그램을 만들어라.

[1][1]	[1][2]	[1][3]	[1][4]	[1][5]
[2][1]	[2][2]	[2][3]	[2][4]	[2][5]
[3][1]	[3][2]	[3][3]	[3][4]	[3][5]
[4][1]	[4][2]	[4][3]	[4][4]	[4][5]
[5][1]	[5][2]	[5][3]	[5][4]	[5][5]

1				
1	2			
1	2	3		
1	2	3	4	
1	2	3	4	5

▸ 사용되는 변수

- A: 배열
- P, Q: 인덱스 변수

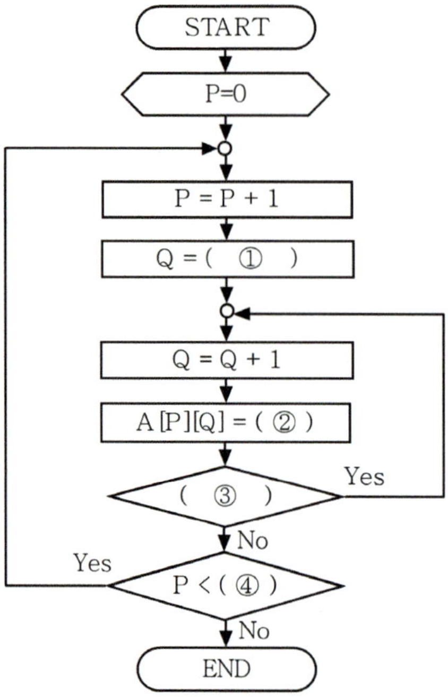

답항보기

1	2	3
Q〈P	P	Q
4	**5**	**6**
Q〉P	0	1
7	**8**	**9**
Q=P	5	6

연습문제 5.2

아래의 순서도는 위 (연습문제 5.1)과 동일한 내용을 처리한다. 순서도를 완성하고 파이썬 프로그램을 만들어라.

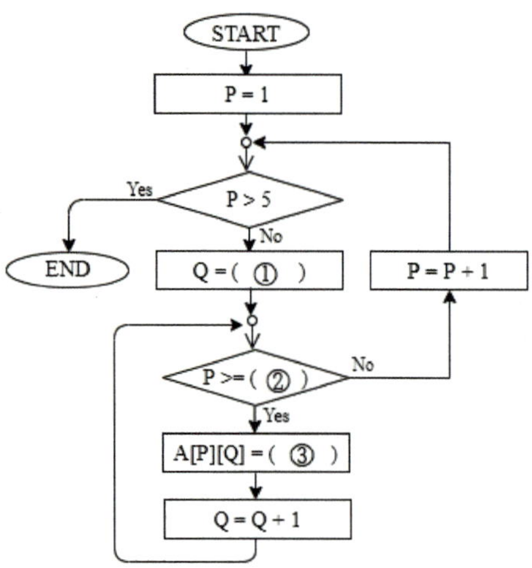

답항보기

1	2	3
0	1	2
4	**5**	**6**
P	Q	Q+1

5.2 2차원 배열에 모래시계 형태로 값 채우기 알고리즘

연습문제 5.3

5행 5열의 배열에 아래와 같이 수가 기억되는 순서도를 완성하고 파이썬 프로그램을 만들어라. 단, 2차원 배열의 저장 위치는 아래 왼쪽의 그림과 같고 처리 결과는 오른쪽 그림과 같다.

(1, 1)	(1, 2)	(1, 3)	(1, 4)	(1, 5)
(2, 1)	(2, 2)	(2, 3)	(2, 4)	(2, 5)
(3, 1)	(3, 2)	(3, 3)	(3, 4)	(3, 5)
(4, 1)	(4, 2)	(4, 3)	(4, 4)	(4, 5)
(5, 1)	(5, 2)	(5, 3)	(5, 4)	(5, 5)

1	1	1	1	1
	2	2	2	
		3		
	4	4	4	
5	5	5	5	5

▸ 사용 변수는 다음과 같다.

- A: 배열 - P: 배열의 행 - Q: 배열의 열 - L 열 시작 - R: 열 끝

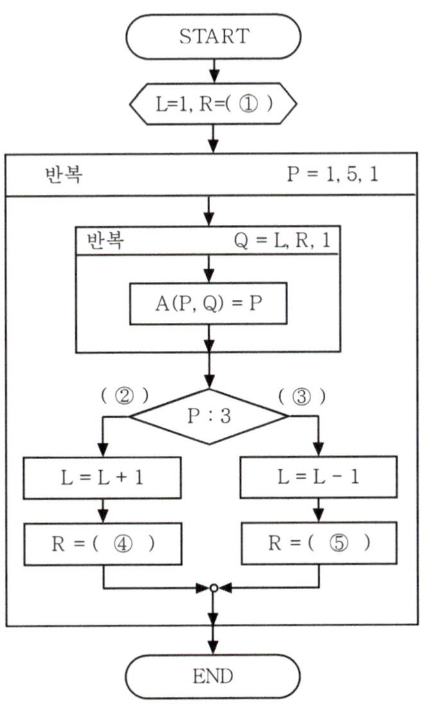

답항보기

1	2	3	4
R+1	R-1	〈	〉
5	**6**	**7**	**8**
〈=	〉=	0	5

순서도 수행 순서 이해

배열의 행 변수 P가 1에서 3까지 증가하며 반복 수행할 때 열 변수 Q의 포인터를 결정하는 L과 R변수의 값을 L은 1에서 1씩 증가시키고 R은 5에서 1씩 감소시킨 L과 Q변수의 값으로 L에서 R까지 내부 순환구조로 1씩 증가시키며 반복 수행하며 Q의 값을 결정한다.
이후 배열의 행 변수 P가 4에서 5까지 증가하며 반복 수행할 때는 열 변수 Q의 포인터를 결정하는 L은 1씩 감소시키고 R은 1씩 증가시켜 배열의 열 변수 Q의 값을 결정한다.

5.3 2차원 배열에 다이아몬드 형태로 값 채우기 알고리즘

연습문제 5.4

5행 5열의 배열에 아래와 같이 수가 기억되는 순서도를 완성하고 파이썬 프로그램을 만들어라. 단, 2차원 배열의 저장 위치는 아래 왼쪽의 그림과 같고 처리 결과는 오른쪽 그림과 같다.

(1, 1)	(1, 2)	(1, 3)	(1, 4)	(1, 5)
(2, 1)	(2, 2)	(2, 3)	(2, 4)	(2, 5)
(3, 1)	(3, 2)	(3, 3)	(3, 4)	(3, 5)
(4, 1)	(4, 2)	(4, 3)	(4, 4)	(4, 5)
(5, 1)	(5, 2)	(5, 3)	(5, 4)	(5, 5)

		1		
	2	2	2	
3	3	3	3	3
	4	4	4	
		5		

- 사용 변수는 다음과 같다.

- A: 배열 - P: 배열의 행 - Q: 배열의 열
- L: 열 시작 - R: 열 끝

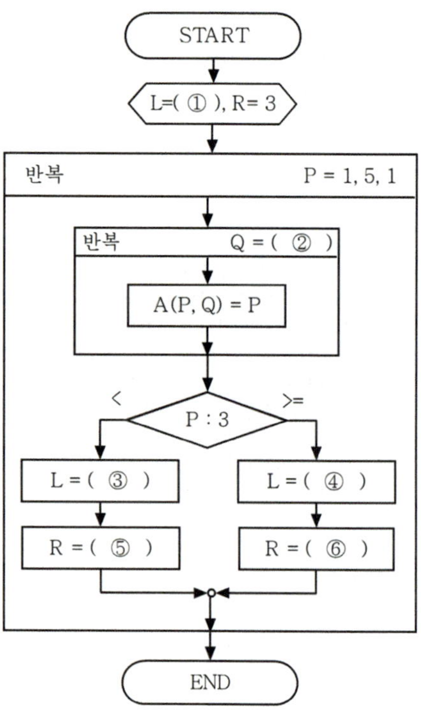

답항보기

1	2	3	4
5	3	R, Q, 1	L, R, 1
5	**6**	**7**	**8**
L+1	L-1	R+1	R-1

순서도 수행 순서 이해

배열의 행 변수 P가 1에서 3까지 증가하며 반복 수행할 때 열 변수 Q의 포인터를 결정하는 L과 R변수의 값을 L은 3에서 1씩 감소시키고 R은 3에서 1씩 증가시킨 L과 Q변수의 값으로 L에서 R까지 내부 순환구조로 1씩 증가시키며 반복 수행하며 Q의 값을 결정한다.
이후 배열의 행 변수 P가 4에서 5까지 증가하며 반복 수행할 때는 열 변수 Q의 포인터를 결정하는 L은 1씩 증가시키고 R은 1씩 감소시켜 배열의 열 변수 Q의 값을 결정한다.

5.4 2차원 배열에 달팽이집 형태로 값 채우기 알고리즘

예제 5.3

5행 5열의 배열에 아래와 같이 수가 기억되는 순서도를 완성하라. 단, 2차원 배열의 저장 위치는 아래 왼쪽의 그림과 같고 처리 결과는 오른쪽 그림과 같다.

[1][1]	[1][2]	[1][3]	[1][4]	[1][5]
[2][1]	[2][2]	[2][3]	[2][4]	[2][5]
[3][1]	[3][2]	[3][3]	[3][4]	[3][5]
[4][1]	[4][2]	[4][3]	[4][4]	[4][5]
[5][1]	[5][2]	[5][3]	[5][4]	[5][5]

1	2	3	4	5
16	17	18	19	6
15	24	25	20	7
14	23	22	21	8
13	12	11	10	9

● 사용 변수는 다음과 같다.

- A: 배열
- N: 1증가 변수
- P: 배열의 행 변수
- Q: 배열의 열 변수
- K: 수행횟수 변수
- S: 부호변환 변수
- M: 반복

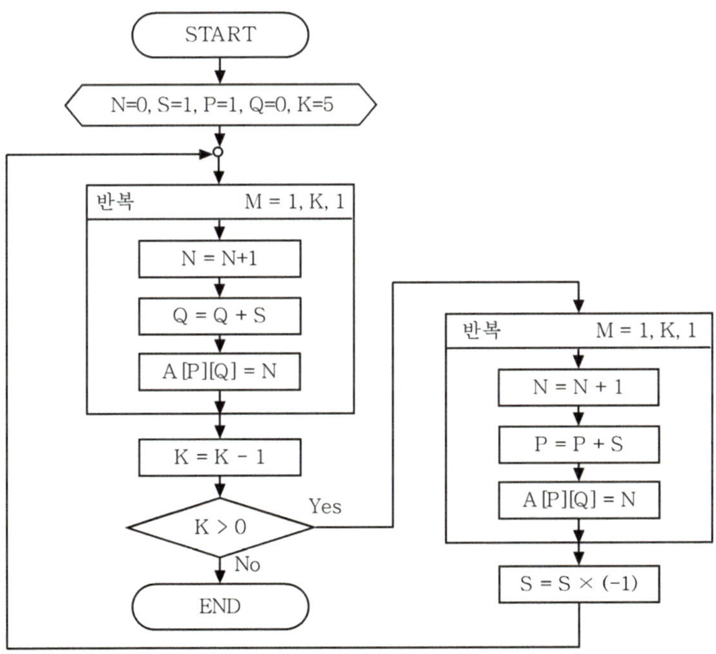

알고리즘 절차 이해

위의 그램에서 A(1, 1) 배열 포인트로부터 화살표 방향으로 N을 1에서 25까지 1씩 증가시키며 입력

순서도 수행 순서 이해

① 1행 1열에서 열을 1열에서 5열까지 1열씩 증가: A(1, 1) A(1, 2) A(1,3), A(1,4) A(1,5)
- 행변수 P는 1로 두고 열변수 Q를 1에서 5까지 반복수행 하며 증가 (변수 K는 5회 수행)
- 반복 수행 후 K = K-1을 수행함으로써 반복횟수 변수 K를 5에서 4로 감소시킴

② 1행 5열에서 행을 5열까지 1행씩 증가: A(2, 5) A(3, 5) A(4, 5) A(5, 5)
- 열변수 Q는 5로 두고 행변수 P를 5열까지 반복수행 하며 증가 (변수 K는 4회 수행)
- 반복 수행 후 다음에 Q감소 그 다음 P의 감소를 위해 S = S×(-1)을 수행하여 S를 -1로 변환

③ 5행 5열에서 열을 1열까지 1열씩 감소: A(5, 4) A(5, 3) A(5, 2) A(5, 1)
- 행변수 P는 5로 두고 열변수 Q를 1열까지 반복하며 감소 (변수 K는 4회 수행)
- 반복 수행 후 K = K-1을 수행함으로써 반복횟수 변수 K를 4에서 3으로 감소시킴

④ 5행 1열에서 행을 2행까지 1행씩 감소: A(4, 1) A(3, 1) A(2, 1)
- 열변수 Q는 1로 두고 행변수 P를 2행까지 반복하며 감소 (변수 K는 3회 수행)
- 반복 수행 후 다음에 P증가 그 다음 Q의 증가를 위해 S = S×(-1)을 수행하여 S를 1로 변환

⑤ 2행 1열에서 열을 4열까지 1열씩 증가: A(2, 2) A(2, 3) A(2, 4)
- 열변수 Q는 2로 두고 행변수 P를 4열까지 반복하며 증가 (변수 K는 3회 수행)

위 수행 과정을 통하여 최종적으로 K가 1회 반복하는 A(3, 3)까지 배열의 포인트를 결정하며 1증가 변수 N값을 배열에 입력하는 방법으로 순서도가 진행된다.

연습문제 5.5

아래 순서도는 (예제 5.3)과 동일한 문제에 해당하는 순서도이다. 아래의 순서도에서 괄호 안의 번호에 해당하는 내용을 '답항보기'에서 찾아 순서도를 완성하고 파이썬 프로그램을 만들어라.

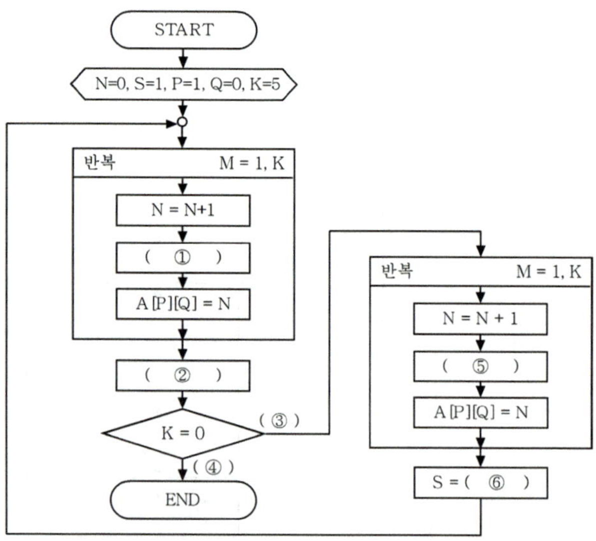

답항보기

1	2	3	4	5	6	7	8
P=P+S	P=P+Q	S×(-1)	Q=Q+S	Yes	No	K=K+1	K=K-1

5.5 여러 가지 수열

수열(數列, sequence)은 수의 순서 있는 나열이다. 나열 순서를 생각해야 하고 중복이 허용된다는 점에서 집합(set)과 구분된다. (수열의 예) 양의 홀수의 크기 순 나열 1, 3, 5, 7, ⋯

첫째항을 보통 **첫항** 또는 **초항**이라 하고 아래 첨자 1을 붙여 a_1과 같이 표시한다. 특정되지 않은 일반적인 제n항(nth term) a_n을 **수열의 일반항**이라고 한다.

등차수열(等差數列, arithmetic sequence)은 연속하는 두 항의 차이가 모두 일정한 수열을 뜻한다. 이때 두 항의 차이는 이 수열의 모든 연속하는 두 항들에 대해서 공통적으로 나타나는 차이므로, **공차(共差, common difference)**라고 한다. 예를 들어 1, 3, 5, 7, 9, ⋯ 은 공차가 2인 등차수열이다. 등차수열의 첫항을 a_1, 공차를 d 일 때, 일반항 a_n을 다음과 같이 나타낼 수 있다.

$$a_n = a_1 + (n-1)d \ (n \geqq 1)$$

등비수열(等比數列, geometric sequence)은 각 항이 초항(first term)과 일정한 비를 가지는 수열을 말하며, 일정한 비를 **공비(共比, common ratio)**라고 한다.

등비수열의 초항이 a 이고 공비가 r 일 때,

$$a,\ ar,\ ar^2,\ ar^3,\ \cdots$$

이고 일반항 a_n 은 다음과 같다.

$$a_n = ar^{n-1} \ (n \geqq 1)$$

피보나치[29] **수열(Fibonacci sequence)**은 첫째항 a_1 과 둘째 항 a_2 가 1이며 그 뒤의 모든 항은 바로 앞 두 항의 합인 수열이다. 처음 여섯 항은 각각 1, 1, 2, 3, 5, 8 이다. 편의상 0번째 항을 0으로 두기도 한다. 각 항의 수를 **피보나치 수(Fibonacci numbers)**라고 한다. 피보나치 수열은 다음과 같은 점화식으로 피보나치 수열을 정의할 수 있다.

$$F_{n+2} = F_{n+1} + F_n \ (n \geqq 0), \quad F_0 = 0, F_1 = 1$$

29) **레오나르도 피보나치**(Leonardo Fibonacci, 이탈리아, 1170~1250): 1202년 '계산책(Liber abbaci)'를 통해 아라비아 숫자를 유럽에 소개했다. 이 책에서 토끼의 번식을 언급하면서 피보나치 수에 관하여 연구했다.

피보나치 수열의 일반항 F_n 은 다음과 같다는 것이 알려져 있다.

$$F_n = \frac{1}{\sqrt{5}}\left\{\left(\frac{1+\sqrt{5}}{2}\right)^n - \left(\frac{1-\sqrt{5}}{2}\right)^n\right\} \ (n \geqq 0)$$

이때, 피보나치 수열의 일반항에 나타나는 $\frac{1+\sqrt{5}}{2}$(약 1,618)를 **황금비(黃金比, Golden Ratio)**라고 하는 데 아름다운 모양에 나타나는 비율이다.

5.6 등차수열 알고리즘

예제 5.4

등차수열 A가 A_1=2, 공차 R=3, 마지막 항은 A_8일 때 모든 항의 합계를 구하는 순서도를 작성하라.

▶ 사용되는 변수
- A: 등차수열 - R: 공차
- I: 인덱스 변수 - S: 합계 변수

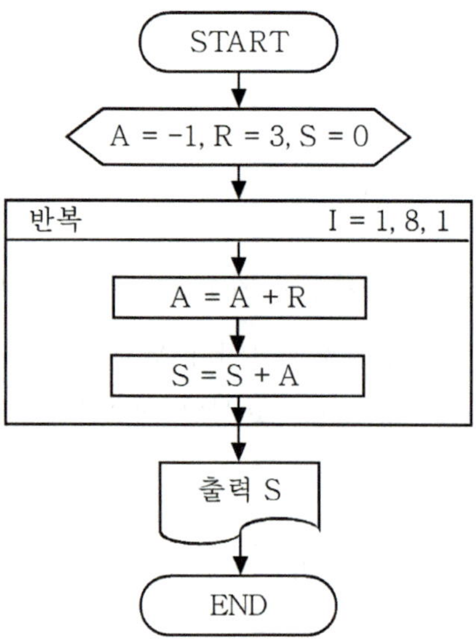

등차수열의 이해

- 등차수열 A가 A_1=2, 공차 R=3, 마지막 항 A_8
- 2부터 3씩 더하여 나열된 8개의 수(2, 5, 8, 11, 14, 17, 20, 23)

항	A_1	A_2	A_3	A_4	A_5	A_6	A_7	A_8
수열	2	5 (2+3)	8 (5+3)	11 (8+3)	14 (11+3)	17 (14+3)	20 (17+3)	23 (20+3)

순서도 핵심

등차수열 A의 초기치를 -1로 지정하여야 처리로직에서 A에 3이 더하여져 S는 등차수열 시작 값인 2부터 누적된다. 만약 A의 초기치를 등차수열 시작 값인 2로 설정하였다면 이미 1회 수행된 값이 누적되므로 반복 횟수는 항의 수보다 1적은 7번 수행하여야 하며 S의 초기치는 2로 지정하여야 한다.

※ I = 1, 8, 1 ⇒ (I = 초기치, 목적치, 증감치): 증감치가 1일 때는 생략 가능하므로 I = 1, 8로만 기재하여도 된다.

연습문제 5.6

아래의 순서도는 초항이 A=5이고 공차가 4인 등차수열의 N항까지 항의 합계를 구하는 순서도이다. 아래의 순서도에서 괄호에 해당하는 내용을 '답항보기'에서 찾아 순서도를 완성하고 파이썬 프로그램을 만들어라.

▶ 사용되는 변수

- A: 등차수열 - S: 합계 변수 - N: 항의 개수

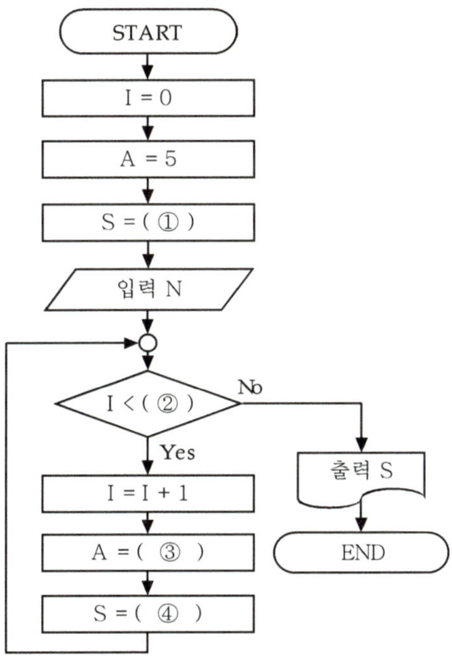

답항보기

1	2	3	4	5	6	7
N+4	A+4	S+A	N-1	N	0	5

힌트

로직의 수행횟수는 등차수열 변수 A의 초기치가 5이므로 반복횟수는 전체 항의 수 N보다 1이 적게 수행되어야 한다. 그리고 합계 변수 S의 초기치는 A값이 4증가된 후 처리되므로 초기치는 5로 지정하여야 한다.

※ 순서도 상에서의 수행횟수 이해
I의 초기치가 0이고 (I=I+1)이 수행된 후 수열이 처리되므로 수행 횟수의 최종 값은 N-1이 되어야 한다. 만약, I의 초기치가 1이었다면 최종값은 N이 되어야 한다.

5.7 등비수열 알고리즘

예제 5.5

등비수열 A가 초항이 A_1=1, 공비 R=2, 마지막 항은 A_8일 때 모든 항의 합계를 구하는 순서도를 작성하라.

▶ 사용되는 변수

- A: 등비수열 - R: 공비
- I: 인덱스 변수 - S: 합계 변수

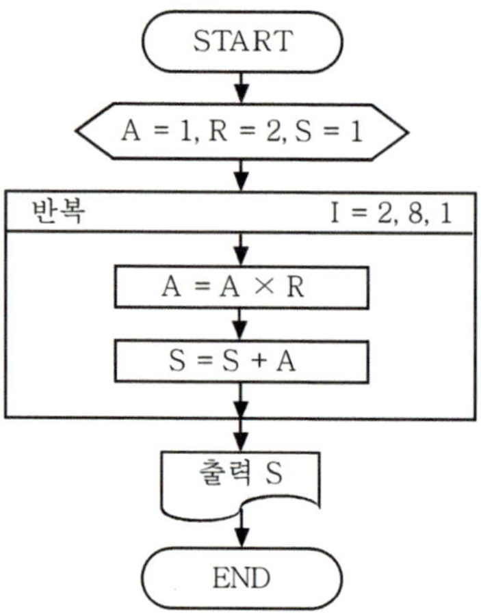

등비수열의 이해

- 등비수열 A가 A_1=2, 공비 R=2, 마지막 항 A_8
- 1부터 2를 곱하여 나열된 8개의 수(1, 2, 4, 8, 16, 32, 64, 128)

항	A_1	A_2	A_3	A_4	A_5	A_6	A_7	A_8
수열	1	2 (1×2)	4 (2×2)	8 (4×2)	16 (8×2)	32 (16×2)	64 (32×2)	128 (64×2)

순서도의 핵심

등비수열의 초기치를 A_1항의 값 1로 설정하고 합계변수 S의 초기치도 1로 설정하였으므로 반복로직 진입 이전에 등비수열의 A_1항의 값이 처리된 결과를 가지므로 등비수열의 항은 A_2부터 A_8까지 처리되어야 하므로 반복횟수는 항의 수보다 1이 적어야 한다.
곧, 반복횟수를 [반복 I =1, 7, 1]로 기재하여도 된다.

연습문제 5.7

아래의 순서도는 A_1=2이고 공비가 3인 등비수열의 A_{10}까지 항의 합계를 구하는 순서도이다. 아래의 순서도에서 괄호에 해당하는 내용을 '답항보기'에서 찾아 순서도를 완성하고 파이썬 프로그램을 만들어라.

▸ 사용되는 변수

- A: 등비수열 - R: 공비 - I: 인덱스 변수 - S: 합계 변수

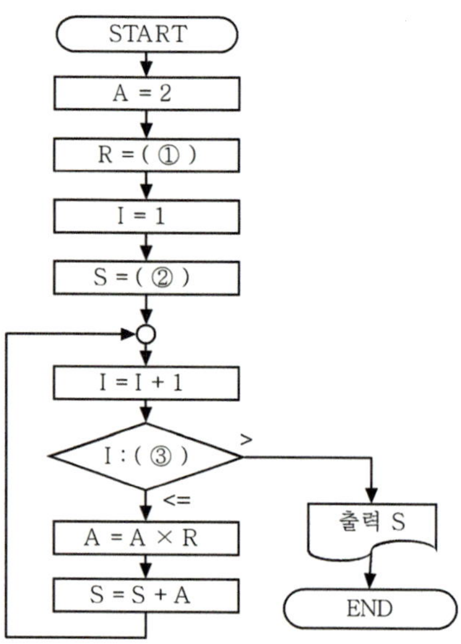

답항보기

1	2	3	4	5	6	7
0	-1	1	2	3	9	10

힌트

R의 초기치는 공비를 의미한다.

합계 변수 S의 초기치는 A_1항의 값으로 설정한다.

로직의 반복횟수는 A_1항의 값이 초기치로 합계변수 S에 누적되었으므로 전체 항의 수 보다 1회 적게 수행하여야 하는데 I의 초기치를 0이 아닌 1로 설정하였고 순서도의 마지막을 알리는 판단문 이전에 인덱스 값을 증가시키는 'I = I+1' 구문이 처리되고 있다는 것에 주의하여 ③의 값을 결정하여야 한다.

5.8 피보나치 수열 알고리즘

예제 5.6

피보나치 수열의 합 $1+1+2+3+5+8+13+21+34$의 결과를 구하는 순서도를 완성하라.

▶ 사용되는 변수

- A: 첫 번째 항 변수 - B: 두 번째 항 변수 - C: 세 번째 항 변수 - T: 합계 변수

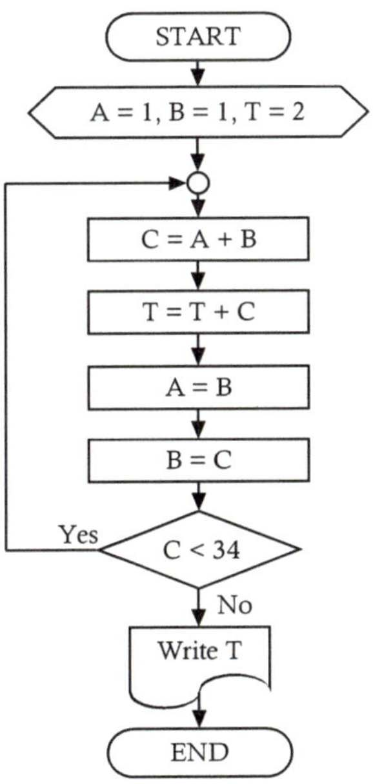

문제 분석

1. 수열의 첫 번째 항과 두 번째 항을 더한 값이 수열의 세 번째 항의 값이다.
2. 이후 수열의 두 번째 항 변수의 값을 첫 번째 항 변수에, 세 번째 항 변수의 값은 두 번째 항 변수로 넘기고 갱신된 첫째항과 두 번째 항을 더하여 세 번째 항을 결정한다.
3. 수열의 세 번째 항은 누적한다.

※ T의 초기치를 0으로 지정하면 수열에서 (1+1)의 값이 소실된다.

피보나치 수열 진행과정

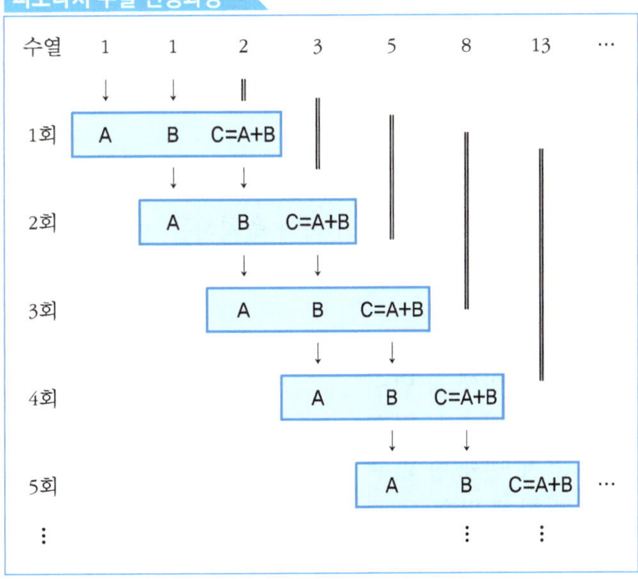

연습문제 5.8

아래의 순서도는 1 + 2 + 3 + 5 + 8 + 13 + 21 + 34의 결과를 구하는 순서도를 완성하고 파이썬 프로그램을 만들어라.

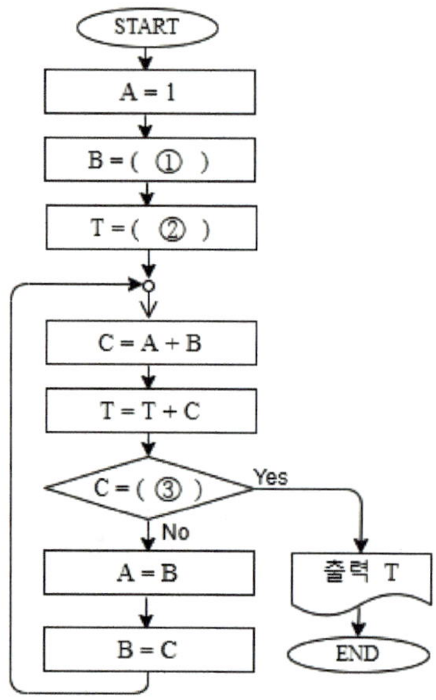

답항보기

1	2	3	4	5
1	2	21	34	A+B

힌트

위의 (예제 5.6)과 달리 피보나치 수열의 처음 항 1이 생략되고 1+2+3+5+8 … 순서로 수열이 진행되어도 원리는 동일한다.
단, T의 초기치는 1+2의 값이 되어야 한다.

연습문제 5.9

아래는 피보나치 수열의 합(1 + 1 + 2 + 3 + 5 + 8 + 13 +⋯)의 항의 개수 N을 입력받아 모든 항의 합계를 구하여 출력하는 순서도이다. '답항보기'에서 적합한 내용을 찾아 순서도를 완성하고 파이썬 프로그램을 만들어라.

▶ 사용되는 변수
- A: 첫 번째 항 변수
- B: 두 번째 항 변수
- C: 세 번째 항 변수
- T: 합계 변수
- N: 합계를 구하기 위한 피보나치 수열의 항의 수
- K: 피보나치 수열의 수행 회수를 결정하는 색인 변수

▶ 처리 조건
- 입력되는 피보나치 수열의 항의 개수는 최소 3이상이어야 한다.

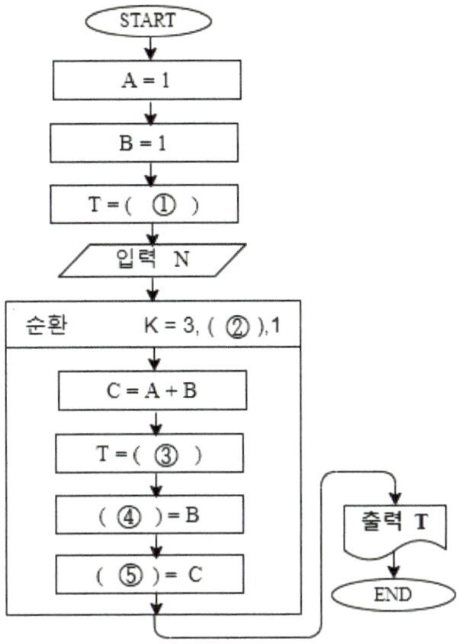

답항보기

1	2	3	4	5
0	1	2	A	B
6	**7**	**8**	**9**	**10**
C	N	T	C+B	T+C

Tip

제시된 순서도에서 반복 횟수는 항의 수 N보다 2가 작아야 한다.
예를 들어 N값이 8이면 반복 횟수는 6회가 되어야 한다.
이유는 순서도에서 첫 번째 항(1)과 두 번째 항(1)은 초기치로 설정하였기 때문이다.
참고로 반복 횟수를 결정하는 문장에서 [반복 K=1, N-2, 1]로 기재하여도 된다.

5.9 증가치 변화 수열 알고리즘

예제 5.7

1 + 2 + 4 + 7 + 11 + 16 + 22 + 29 + 37 + 46의 결과를 구하는 순서도를 완성하라.

▶ 사용되는 변수

- A: 수열의 각 항 변수
- I: 인덱스 변수
- T: 합계 변수

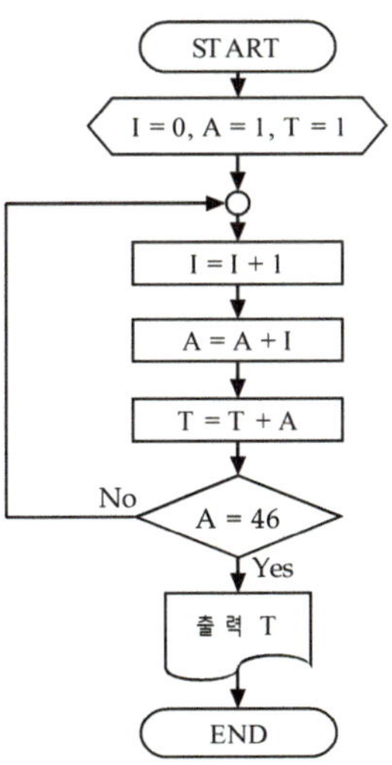

문제 분석

수열 각 항의 값은 이전 항의 값에 1, 2, 3, 4… 가 순서대로 더하여져 결정된다. 곧, 수열의 첫 번째 항 1에 자연수 1이 더하여져 두 번째 항 2가 결정되고 두 번째 항 2에 자연수 2가 더하여져 세 번째 항 4가 결정되고 세 번째 항 4에 자연수 3을 더하여 네 번째 항 7이 결정되는 순서로 각 항의 값이 결정된다.

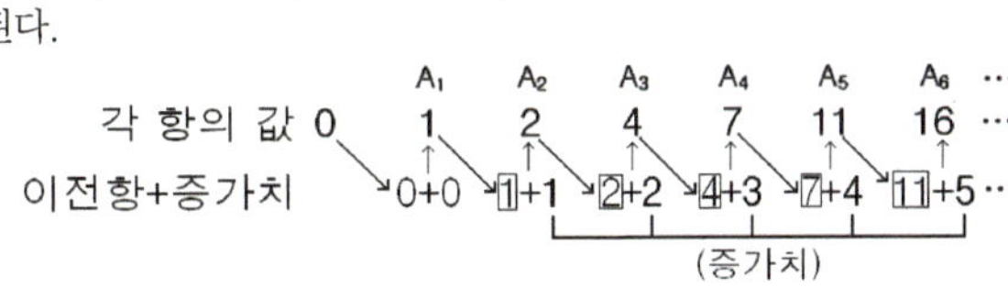

순서도 전개 과정

1. 수열의 항, 증가치(인덱스), 합계 변수를 초기화
   ※ 왼쪽의 순서도 처리절차에서 수열의 각 항 변수 A와 각 항의 합계 변수 T를 1로 초기화 하여 첫 번째 항을 미리 계산하여야 정상적인 로직이 수행된다.
2. 수열의 증가치(인덱스 변수)를 1증가시킴
3. 수열의 증가치(인덱스 변수)와 이전 항의 값을 더하여 현재 항의 값을 결정
   ※ 첫 항은 이전 항이 없으므로 이전 항을 0으로 가정
4. 합계변수를 이용하여 항의 값을 누적
5. 수열의 항이 46(10번째 항)까지 합계변수에 누적되면 합계를 출력한 후 종료

연습문제 5.10

아래의 순서도는 $1+3+6+10+15+21+28+36+45+55$의 결과를 출력하는 순서도이다 아래의 순서도에서 괄호에 해당하는 내용을 '답항보기'에서 찾아 순서도를 완성하고 파이썬 프로그램을 만들어라.

▶ 사용되는 변수

- A: 수열의 각 항 변수 - I: 인덱스 변수 - T: 합계 변수

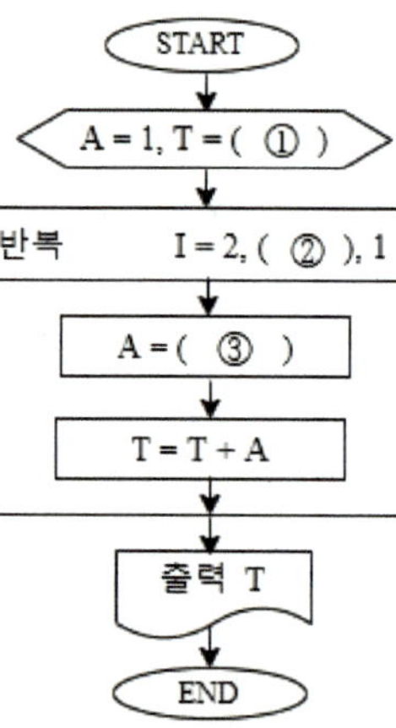

답항보기

1	2	3	4	5	6
0	1	9	10	I+1	A+I

힌트

1. 수열의 전체 항의 개수는 10개이다.
2. 제시된 수열의 증가치는 1이 생략되고 2, 3, 4, 5, 6, 7, 8, 9, 10 순서로 증가한다.
3. 초기치로 수열의 시작 값을 수열의 첫 번째 항 값인 1로 설정하였으므로 실제 수열의 반복은 2항부터 시작되어 10항까지 발생시킨다.
4. 3의 수행 순서로 반복하며 발생한 수열의 각 항의 값을 반복할 때마다 합계변수에 누적한다. 이때 주의하여야 할 것은 합계변수의 초기치가 첫 번째 항의 값까지 포함하여 누적될 수 있도록 합계변수의 초기치를 수열의 첫 번째 항 값으로 설정하여야 한다.

연습문제 5.11

아래의 순서도는 $-\frac{1}{1}+\frac{2}{3}-\frac{3}{6}+\frac{4}{10}-\frac{5}{15}+\frac{6}{21}-\frac{7}{28}+\frac{8}{36}-\frac{9}{45}$의 결과를 출력하는 순서도이다. 아래의 순서도에서 괄호에 해당하는 내용을 '답항보기'에서 찾아 순서도를 완성하고 파이썬 프로그램을 만들어라.

▶ 사용되는 변수

- A: 수열의 각 항 변수 - I: 인덱스 변수 - T: 합계 변수 - SW: 스위칭 변수

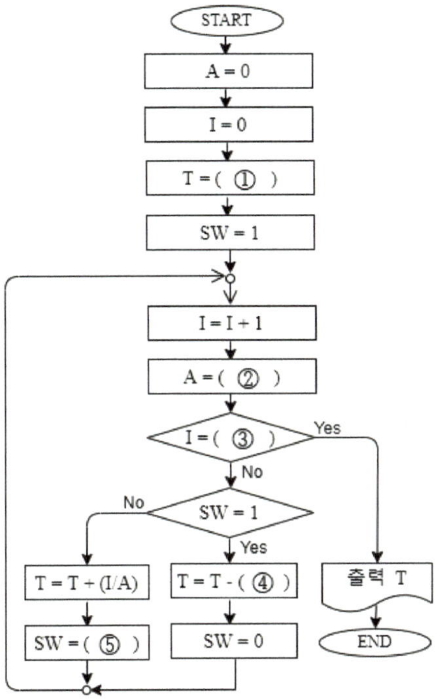

답항보기

1	2	3	4	5
0	1	2	A+I	T+A
6	**7**	**8**	**9**	**10**
8	9	10	(I/A)	I/(I+1)

힌트

1. 수열의 분자의 값은 1에서 9까지 증가한다.
2. 수열의 분모의 값은 연습문제 5.10과 동일한 원칙에 의하여 증가한다.
3. 수열의 전체의 합계는 최초의 값은 빼고 다음에는 더하고 다음에는 뺀 값으로 수행하므로 부호의 변환을 위한 스위칭 기법이 필요하다.

CHPATER 05 연습문제

(연습문제 5.1) ~ (연습문제 5.11)의 순서도를 완성하고 파이썬 프로그램을 작성하라.

Chapter

06

정수론적 알고리즘과 순서도 코딩

CHAPTER 06

정수론적 알고리즘과 순서도 코딩

6.1 정수의 기본 성질

정수 a, b, n 에 대하여 $n = ab$가 성립할 때, 정수 n 은 정수 a 의 **배수(倍數, multiple)**, a 를 n 의 **약수(約數, divisor) 또는 인수(因數, factor)**라 하고, $a|n$ 라 표기한다.

예 정수 12는

$$12 = 1 \cdot 12 = (-1) \cdot (-12) = 2 \cdot 6 = (-2) \cdot (-6) = 3 \cdot 4 = (-3) \cdot (-4)$$

이므로 12의 모든 양의 약수는 1, 2, 3, 4, 6, 12이고, 모든 음의 약수는 -1, -2, -3, -4, -6, -12이다. 그리고 정수의 양의 약수와 음의 약수는 항상 서로 짝을 이룬다.

- 약수의 성질

  1) $0 = 0 \cdot n$이므로 0 은 모든 정수 n 의 배수이다. 또한, 모든 정수는 0 의 약수이다.

  2) $n = n \cdot 1$이므로 1 은 모든 정수 n 의 약수이다. 또한, 모든 정수는 1 의 배수이다.

따라서 1보다 큰 모든 자연수는 최소한 1과 자기 자신을 약수로 갖는다.

일반적으로 $n = ab = (-a) \cdot (-b)$이므로 양의 정수 a 가 정수 n 의 약수이면 음의 정수인 $-a$ 또한 정수 n 의 약수이다. 따라서 정수의 약수는 항상 양과 음 쌍으로 나타난다. 보통 약수라고 하면 양의 약수를 의미한다.

자연수에서 양의 약수가 2개(1과 자기 자신)인 자연수를 **소수(素數, prime number)**라고 한다. 그리고 양의 약수의 개수가 3개 이상인 자연수를 **합성수(合成數, composite number)**라고 한다. 따라서 1은 양의 약수가 1개이므로 소수도 아니고 합성수도 아니다. 자연수는 '소수'와 '합성수' 그리고 '1'로 분류된다. 1은 소인수분해의 유일성 때문에 따로 분류한다. 그리고 합성수는 4 이상이다.

특히 2의 배수를 **짝수**(even number)라 하고 2의 배수가 아니면 **홀수**(odd number)라고 한다.

소인수분해(素因數分解, prime factorization, integer factorization)는 1보다 큰 자연수를 **소인수**(소수인 인수)들만의 곱으로 나타내는 것 또는 합성수를 소수의 곱으로 나타내는 방법을 말한다.

표준분해(標準分解, standard decomposition)는 1보다 큰 자연수를 서로 다른 소인수들의 거듭제곱의 곱 형태로 나타내는 방법을 말한다.

예 정수 100에 대한 인수분해, 소인수분해, 표준분해의 예는 다음과 같다.

$100 = 10 \cdot 10$(인수분해)

$= 2 \cdot 2 \cdot 5 \cdot 5$(소인수분해)

$= 2^2 \cdot 5^2$(표준분해)

두 정수 a, b가 있을 때, 어떤 정수 d가 a의 약수이면서 동시에 b의 약수일 때, 이 d를 a, b의 **공약수(公約數, common divisor or common factor)**라고 부른다. 그런 공약수 중에서 가장 큰 수를 a, b의 **최대공약수(最大公約數, greatest common divisor(factor), GCD)**라고 하고 두 정수 a, b의 최대공약수를 기호로 $\gcd(a,b)$라 표기한다. 간단히 (a,b)로 표기하기도 한다. 특히, $\gcd(a,b) = 1$이면 두 정수 a, b는 **서로소(relatively prime, coprime)**라고 한다.

두 정수 a, b가 있을 때, 어떤 정수 l이 a의 배수이면서 동시에 b의 배수일 때, 이 l을 a, b의 **공배수(公倍數, common multiple)**라고 부른다. 그런 공약수 중에서 가장 작은 수를 a, b의 **최소공배수(最小公培數, Least Common Multiple, LCM)**라고 하며. 두 정수 a, b의 최소공배수를 기호로 $lcm(a,b)$로 표기하며, 간단히 $[a,b]$로 표기하기도 한다.

※ 공약수는 a, b 둘 다 동시에 0이 아닌 경우 정의에 의해 $\gcd(a,b) \geq 1$이 된다.

정리 6.1

합성수 $n \geq 4$에 대하여 n의 소인수 p중 $1 < p \leq \sqrt{n}$인 소수 p가 존재한다.

증명 n이 합성수이므로 $n = ab$ $(1 < a \leq b < n)$인 자연수 a, b가 존재한다.

$n = ab \geq a \cdot a = a^2$이므로 $\sqrt{n} \geq \sqrt{a^2} = a > 1$

이다. 그러므로 a의 소인수 p가 존재한다. 그러므로

$$p|a,\ a|n\ (1 < p \leq a \leq \sqrt{n}) \quad \Rightarrow \quad p|n$$

이 되어 p는 $\sqrt{n}$ 보다 작거나 같은 n의 소인수이다. ■

위 정리를 이용하면 소수 판정할 때 소수 판정 시간을 절약할 수 있다.(연습문제 6.7 참조) 예를 들어, 100 이하의 소수를 판정할 때, $\sqrt{100} = 10$보다 작거나 같은 소수 2, 3, 5, 7의 배수가 아니면(나누어떨어지지 않으면), 소수라 판정한다. 99는 3으로 나누어떨어지므로 합성수이

고, 97은 2, 3, 5, 7로 나누어떨어지지 않으므로 소수이다.

다음은 최대공약수와 최소공배수 사이의 관계를 알려주는 정리이다. 증명은 생략한다.

정리 6.2(최대공약수와 최소공배수의 관계)

정수 a, b에 대하여 $\gcd(a,b)\cdot lcm(a,b)=ab$이고 $lcm(a,b)=\dfrac{ab}{\gcd(a,b)}$이다.

위 정리를 활용하면 두 정수의 최소공배수는 최대공약수만 알면 쉽게 구할 수 있다.

예 $\gcd(6,8)=2$ 이므로 $lcm(6,8)=\dfrac{6\cdot 8}{\gcd(6,8)}=\dfrac{48}{2}=24$ 이다.

최대공약수를 찾을 때, 작은 수의 경우에는 사람이 직접 계산해서 찾을 수 있지만, 수가 매우 커진다면 컴퓨터 프로그램을 써야 한다. 그런데 컴퓨터 프로그램을 이용해 최대공약수를 찾을 때는, 공약수를 찾기(시간이 많이 걸림)보다는 두 수를 교대로 뺀 나머지를 이용하는 **유클리드 호제법**이라는 알고리즘을 사용하는 것이 더 빠르다(6.5절 참조). 유클리드 호제법은 다음 정리로부터 나온다.

정리 6.3(유클리드 호제법)

정수 a, b, q, r에 대하여 $a=bq+r$이 성립할 때 $\gcd(a,b)=\gcd(b,r)$ 이다.

증명 $\gcd(a,b)=d$, $\gcd(b,r)=d'$이라 하자.
$a=bq+r$에서 $d'\mid b$, $d'\mid r$ 이므로 $d'\mid a$가 되어 $\gcd(a,b)=d$ 의 정의에서 $d'\leq d$이다.
$r=a-bq$ 에서 $d\mid a$, $d\mid b$ 이므로 $d\mid r$가 되어 $\gcd(b,r)=d'$의 정의에서 $d\leq d'$이다.
따라서 $d=d'$ 이다. ■

다음은 정수론에서 성립하는 나눗셈 정리이다.

정리 6.4(나눗셈 정리)

정수 a, $b(\neq 0)$에 대하여

$$a=bq+r,\quad 0\leq r<|b|$$

인 정수 q, r이 유일하게 존재한다. 이때, q를 a(**피제수**)를 b(**제수**)로 나눈 **몫(quotient)**, r을 a를 b로 나눈 **나머지(remainder)**라고 한다.

나눗셈 정리와 유클리드 호제법을 사용하면 0이 아닌 두 정수의 최대공약수는 유한 번의 나눗셈 정리를 축차적(피제수, 제수, 나머지를 차례로 치환)으로 사용하면 나머지가 0인 관계식을 구할 수 있다. 그러면 모든 정수 n 에 대하여 $\gcd(n,0)=|n|$ 이므로 공약수를 구하지 않고 최대공약수(축차식에서 나머지가 0인 직전의 나머지)를 쉽게 구할 수 있다. 다음 예를 살펴보자.

예 $\gcd(60,25)$ 를 구하자.

풀이 정수 65, 25 에 대하여 나눗셈 정리와 유클리드 호제법을 다음과 같이 축차적으로 구하여 사용하자.

$$
\begin{aligned}
60 &= 25\times 2+10 \quad \Rightarrow \gcd(60,25)=\gcd(25,10)\\
25 &= 10\times 2+\boxed{5} \quad \Rightarrow \gcd(25,10)=\gcd(10,5)\\
10 &= \ \ 5\times 2+0 \quad \Rightarrow \gcd(10,\ 5)=\gcd(5,0)\\
&\therefore \gcd(60,25)=\gcd(25,10)=\gcd(10,5)=\gcd(5,0)=\boxed{5}
\end{aligned}
$$

이므로 $\gcd(60,25)=5$ 이다.

6.2 약수 알고리즘

예제 6.1

자연수 N을 입력받아 약수를 구하는 순서도를 작성하라.

▶ 사용되는 변수

- N: 입력 자연수 - L: 인덱스 변수

▶ 처리 조건

- 입력되는 수와 구하고자 하는 약수의 범위는 자연수 범위로 한정한다.
- 나머지는 mod() 함수를 사용하여 구한다. (Mod()함수 사용 예) mod(14, 3) ⇒ 결과 2

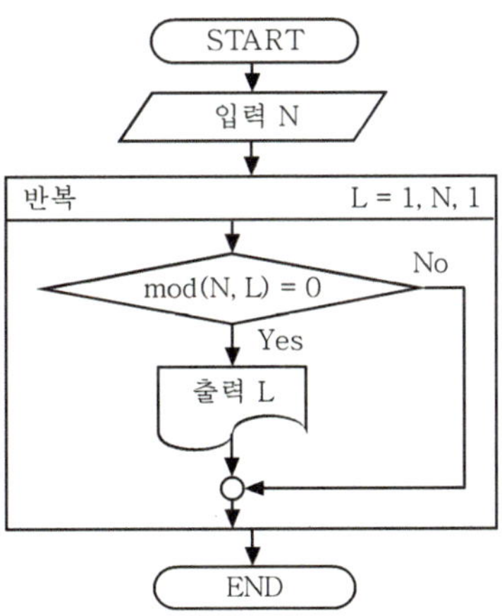

문제 분석

특정한 자연수의 약수를 구하는 문제이다.
특정 자연수의 약수는 자신이하의 자연수들 중에서 자신을 나누었을 때 나머지가 0인 수에 해당한다.
예를 들면 자연수 8의 약수는 1, 2, 4, 8이 된다.

순서도 분석

입력 받은 자연수 N을 1부터 N까지 순차적으로 나누었을 때 나머지가 0인 수만을 출력하면 된다.
예를 들면 입력받은 자연수가 8이라면 8을 1부터 8까지 순차적으로 나누었을 때 나머지가 0이 되는 수는 1, 2, 4, 8이다.

연습문제 6.1

아래의 순서도는 자연수 N을 입력받아 입력받은 자연수의 약수를 구하는 순서도이다. 아래의 순서도에서 괄호에 해당하는 내용을 '답항보기'에서 찾아 순서도를 완성하고 파이썬 프로그램을 만들어라. 단, 소수점 이하 절삭은 Int()함수를 사용한다.

예 Int(14.7) ⇒ 결과 14

▸ 사용되는 변수

- N: 입력 자연수 - L: 인덱스 변수 - MOK: 몫 기억 변수 - NMG: 나머지 기억 변수

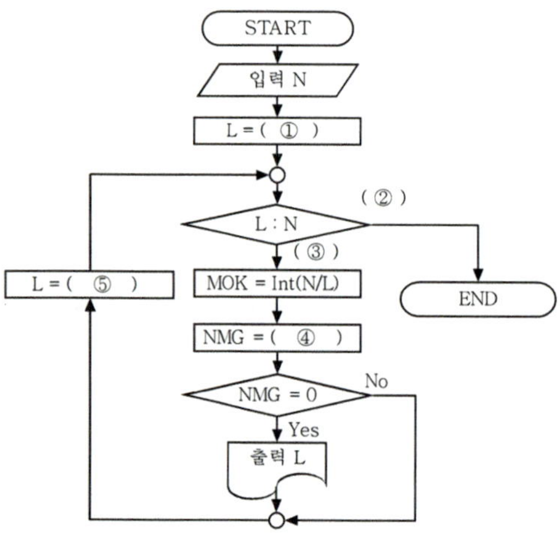

답항보기

1	2	3
0	1	NMG+MOK
4	5	6
<=	>	N-(MOK×L)
7	8	9
L +1	L -1	MOK-(N×L)

힌트

1. L변수 초기치 및 로직의 반복횟수: 선처리 후 증가라는 것에 유의
2. 나머지 값 구하기: N에서 MOK×L을 뺌.

연습문제 6.2

아래의 순서도는 자연수 N을 입력받아 입력받은 자연수의 약수를 구하는 순서도이다. 아래의 순서도에서 괄호에 해당하는 내용을 '답항보기'에서 찾아 순서도를 완성하고 파이썬 프로그램을 만들어라.

▸ 사용되는 변수

- N: 입력 자연수
- A(100): 약수를 저장하기 위한 배열
- NG: 나머지 기억 변수
- I: 인덱스 변수(처리 로직 배열 첨자 결정)
- L: 인덱스 변수(출력 로직 배열 첨자 결정)

▸ 처리 조건

- 입력되는 자연수는 1,000 이하의 자연수가 입력된다.
- 구하여진 약수는 배열에 저장한 후 최종적으로 오름차순으로 출력한다.
- 나머지는 Mod 연산자를 이용하여 구한다. 예 14 Mod 3 ⇒ 결과 2

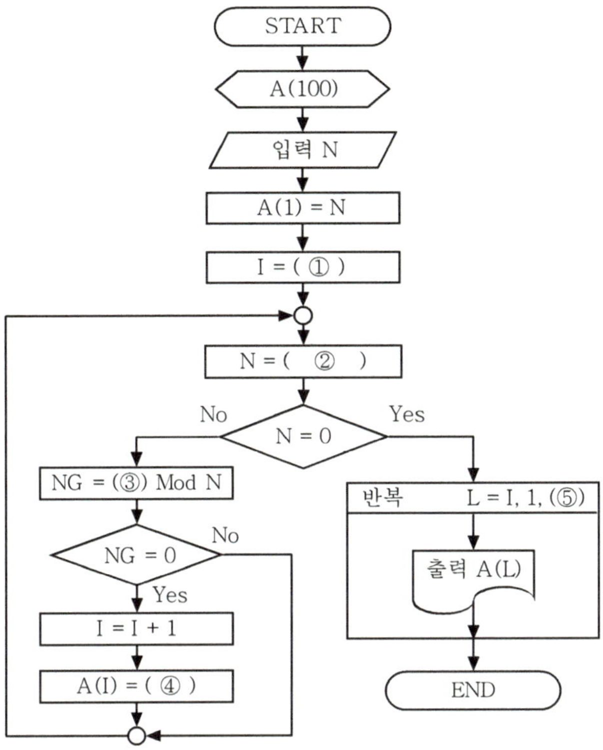

답항보기

1	2	3	4	5
-1	0	1	N-1	N+1
6	**7**	**8**	**9**	**10**
N	A(1)	A(I)	A(N)	100

힌트

1. 입력된 자연수가 8이라면 8의 약수가 순차적으로 아래의 구조로 배열에 입력된다.

A(1)	A(2)	A(3)	A(4)
8	4	2	1

※ 임의의 자연수의 약수는 자신을 포함한다.

2. 입력된 자연수를 약수를 기억하는 배열의 첫 번째 값으로 입력한 후 입력된 수를 1씩 감소시키며 배열의 첫 번째 값에 대하여 나머지를 구하는 연산을 한 후 나머지가 0이면, 배열의 첨자를 증가시킨 후 입력함으로써 약수를 배열에 순차적으로 기억시킨다.
3. 배열에 순차적으로 입력된 값은 내림차순으로 입력되었으므로 이를 역순으로 출력한다.

6.3 배수 알고리즘

예제 6.2

1에서 100까지의 자연수 중 3의 배수이면서 4의 배수인 수의 합계를 구하는 순서도를 작성하라.

▸ 사용되는 변수
- I: 인덱스 변수
- N3: 3으로 나눈 나머지 기억변수
- H: 합계 변수
- N4: 4로 나눈 나머지 기억변수

▸ 처리 조건
- 나머지는 mod() 함수를 사용하여 구한다.
- mod() 함수 사용 예 ; mod(14, 3) => 결과 2

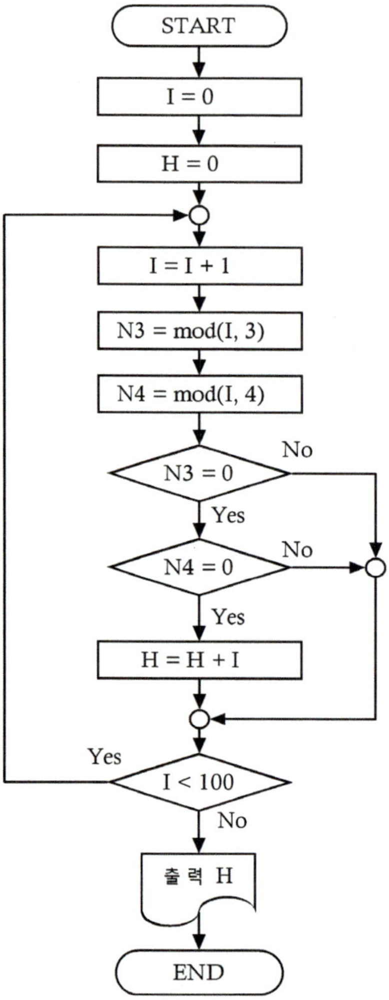

문제 분석

문제의 핵심은 자연수 1에서 100까지의 3과 4의 공배수의 합계를 구하는 문제이다.

1. 인덱스 변수 I가 반복할 때 마다 0에서 1씩 증가한다.
2. I를 3으로 나눈 나머지와 4로 나눈 나머지를 기억한다.
3. I를 3으로 나눈 나머지와 4로 나눈 나머지가 0인가 판단한다.
4. I를 3으로 나눈 나머지와 4로 나눈 나머지 모두가 0이라면 3과 4의 공배수 합계를 누적하는 변수 S에 I의 값을 누적한다.

※ 3과 4의 공배수 여부를 판단하는 부분을 아래와 같이 변경 가능

1. AND 연산자를 이용하여 처리

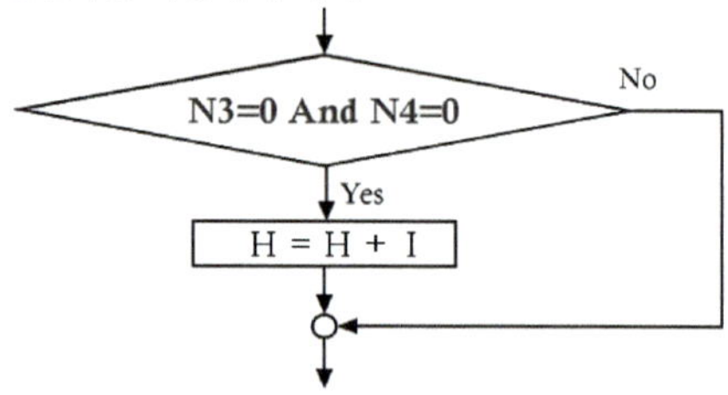

2. 3과 4로 나눈 나머지를 더한 변수 또는 판단구문에서 직접 비교
   - 변수 T: 3과 4로 나눈 나머지 값을 기억

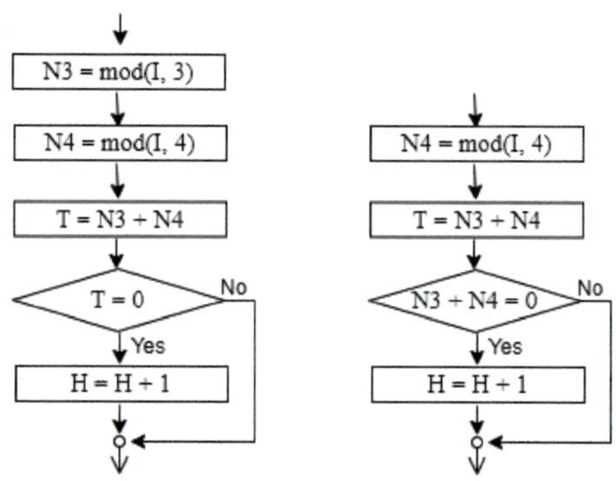

- T: 3과 4로 나눈 나머지 저장 변수

연습문제 6.3

아래의 순서도는 1에서 100까지의 자연수 중 3의 배수이거나 4의 배수인 수의 합계를 구하는 순서도이다. '답항보기'에서 적합한 내용을 찾아 순서도를 완성하고 파이썬 프로그램을 만들어라.

▶ 사용되는 변수

- I: 인덱스 변수	- N3: 3으로 나눈 나머지 기억변수
- H: 합계 변수	- N4: 4로 나눈 나머지 기억변수

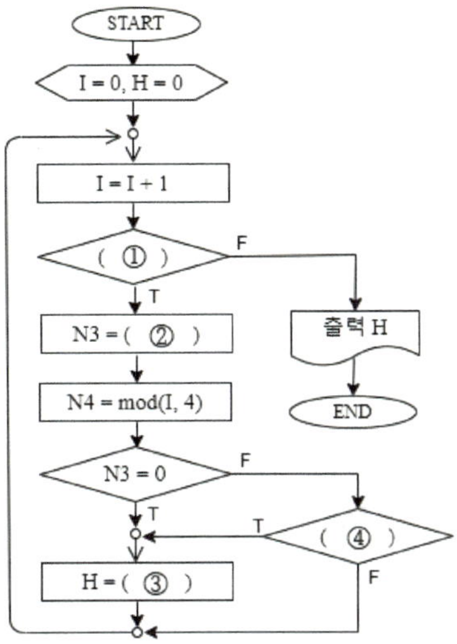

답항보기

1	2	3	4	5
H+I	mod(I, 3)	I〈100	I〈=100	N4 = 0

TiP: Or 연산자의 사용

왼쪽의 순서도는 3의 배수이거나 4의 배수인 자연수를 확인하기 위해 판단문 두 개를 이용하였다. 이 부분을 아래의 구문으로 변경할 수도 있다.

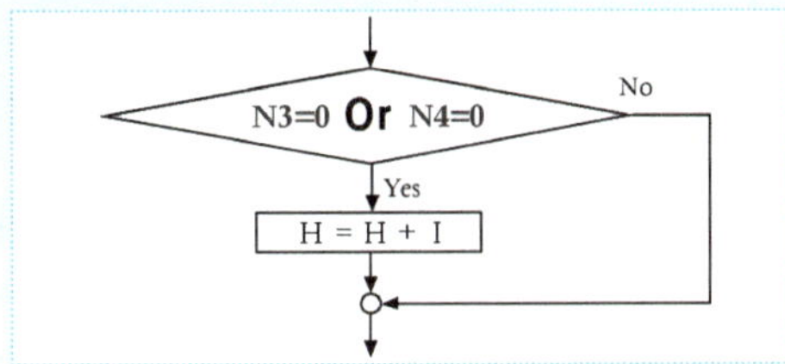

연습문제 6.4

아래의 순서도는 1에서 100까지의 자연수 중 3의 배수이면서 4의 배수인 수를 제외하고 합계를 구하는 순서도이다. '답항보기'에서 적합한 내용을 찾아 순서도를 완성하고 파이썬 프로그램을 만들어라.

▸ 사용되는 변수

- I: 인덱스 변수 - T: 나머지 변수 - H: 합계 변수

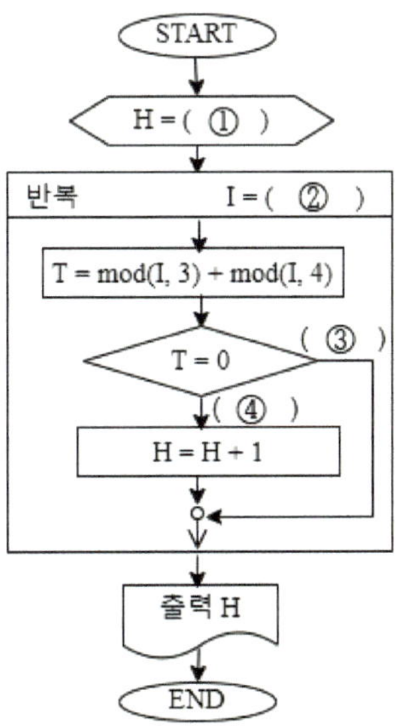

답항보기

1	2	3	4	5
1, 100	0	1	T	F

힌트

1에서 100까지의 자연수 중에서 3과 4의 공배수를 뺀 값을 누적한다. 예를 들면 12의 경우 3과 4의 공배수이므로 H에 누적하지 않는다.

6.4 완전수 알고리즘

6.3.1 완전수의 정의

완전수는 자기 자신을 제외한 양의 약수를 더했을 때 자기 자신이 되는 양의 정수이다.

예 완전수의 예: 6 =1+2+3, 28 = 1+2+4+7+14

6.3.2 완전수를 판별하는 방법

1) 자기 자신을 제외한 약수를 모두 더한 결과가 자기 자신과 같다면 해당 수는 완전수

2) 자기 자신을 제외한 자신의 약수를 판별하여 누적한 최종 결과와 자기 자신의 수를 비교

예제 6.3

1에서 100까지의 자연수 중에서 완전수를 출력하는 순서도를 작성하라.

▶ 사용되는 변수

- SU: 1~100까지의 자연수 - K, J: 약수 판별을 위한 제어 - S: 약수 합계

▶ 처리 조건

- 입력되는 수와 구하고자 하는 약수의 범위는 자연수 범위로 한정한다.
- 나머지는 mod() 함수를 사용하여 구한다. (Mod()함수 사용 예) mod(14, 3) ⇒ 결과 2
- Int() 함수는 소수점이하 절삭하여 버리는 함수이다. 예 Int(5.5) =〉 결과 5

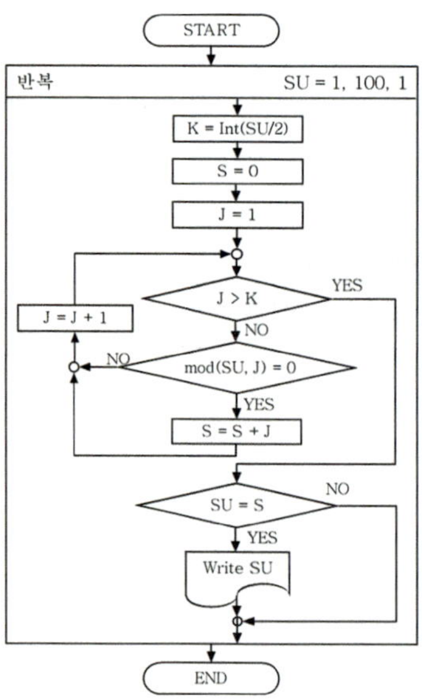

순서도 분석 및 수행순서 이해

자기 자신과 자신의 약수를 자신을 제외한 약수를 누적한 값과 비교하여 같으면 완전수로 판별하여 출력하는 방법으로 순서도가 수행된다. 이때 자신을 제외한 약수를 구하기 위해 반복하는 비교회수는 (자신-1)까지 수행하여도 되지만 완전수에서 자신을 제외한 약수는 자신을 2로 나눈 값 보다 큰 값을 가지지 않으므로 Int(SU/2) 회만큼 반복 수행하며 약수를 판별하여 누적하면 수행횟수를 최소화 할 수 있다.

1. **K=Int(SU/2)**: SU의 약수를 구할 때 자기 자신을 제외한 약수를 구하기 위한 반복회수를 K에 대입
2. 판단 **mod(SU, J)=0**: SU를 J로 나눈 값이 0과 같다면 J는 SU의 약수
3. **S=S+J**: SU의 약수를 S변수에 누적
4. 판단 **SU=S**: SU를 제외한 SU의 약수의 합계가 기억된 S와 SU가 같다면 SU는 완전수이므로 출력

연습문제 6.5

1부터 500까지 자연수 중 완전수를 출력하고 출력한 완전수의 개수를 최종적으로 출력하는 아래의 순서도에서 괄호에 해당하는 내용을 '답항보기'에서 찾아 순서도를 완성하고 파이썬 프로그램을 만들어라.

▶ 사용되는 변수

- SU : 1에서 500까지의 자연수
- S : 약수 합계
- K, J 제어 변수
- CNT 완전수 개수

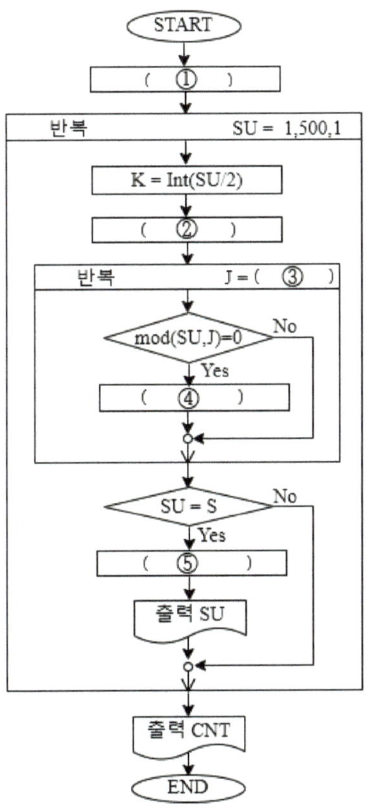

답항보기

1
S = 0
2
CNT = 0
3
1,K,1
4
1,SU,1
5
CNT=CNT+1
6
S=S+J

순서도 상의 ( )에 해당하는 답안 힌트

① 약수의 개수를 구하기 위해 미리 선언한다.
② 자기 자신을 제외한 약수를 구하기 위해 미리 선언한다.
③ 자기 자신을 제외한 약수의 누적합을 구하기 위한 범위이다.
④ J가 약수로 판별되면 S에 J의 값을 누적한다. (SU(자기 자신)를 제외한 나머지 약수의 합계가 SU와 같은가를 비교하여 만약 같다면 SU는 완전수라는 판단을 할 수 있으므로 S에 SU는 합산되지 않도록 수행된다.)
⑤ SU와 S을 비교하여 같다면 SU는 완전수이므로 완전수 개수를 구하는 CNT변수의 값을 1증가 시킨 후 SU를 출력한다.

6.5 최대공약수, 최소공배수 알고리즘

나눗셈 정리(정리 6.4), 유클리드 호제법(정리 6.3), gcd와 lcm과의 관계(정리 6.2)를 적용하여 최대공약수와 최소공배수를 구하는 순서도를 작성하자.

먼저 유클리드 호제법(정리 6.3)으로 최대공약수를 구한다. 이때, 피제수, 제수, 나머지(mod())만 알면 된다. 나머지가 0이 나올 때까지 이들을 축차적으로 대입하면 나머지가 0이 되기 직전의 나머지가 최대공약수가 된다.

다음에 최대공약수(gcd)를 구한 후 gcd와 lcm과의 관계(정리 6.2)를 적용하여 최소공배수(lcm)를 구하면 된다.

예제 6.4

두 자연수를 입력받아 최대공약수(GCD), 최소공배수(LCM)를 구하는 순서도를 작성하라.

▶ 사용되는 변수

- A, B: 입력 자연수
- L: 제수 변수
- S: 피제수 변수
- N: 나머지
- GCD: 최대공약수
- LCM: 최소공배수

▶ 처리 조건

- 구하고자 하는 GCD, LCM은 자연수 범위로 한정한다.
- 입력되는 두 자연수의 크기는 A가 B보다 크다고 가정한다.
- 나머지 값은 mod() 함수를 사용한다. (Mod()함수 예) mod(14, 3) ⇒ 결과 2

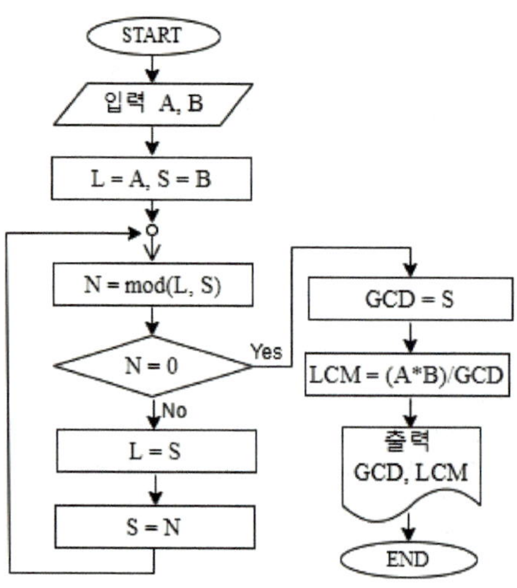

순서도 분석

1. **L=A, S=B:** L(피제수 변수)에 큰 수 A를 대입하고 S(피제수 변수)에 작은 수 B를 대입
   ※ A, B의 값은 최소공배수(LCM)를 구할 때 사용하기 위해 원래 값을 유지하도록 조치
2. **N=mod(L, S):** 큰 수(제수 변수)를 작은 수(피제수 변수)로 나눈 나머지를 구함
3. 판단 **N=0:** mod(L, S)의 결과가 0이면 GCD과 LCM을 결정하는 로직으로 진행하고 0이 아니라면 L(피제수 변수)에 S(제수 변수)를 넘기고 S(제수 변수)에 N(나머지)을 넘기는 로직으로 진행
3. **LCM=(A×B)/GCD:** 최소공배수를 구함

연습문제 6.6

두 자연수를 입력받아 최대공약수(GCD)와 최소공배수(LCM)를 구하는 순서도를 '답항보기'에서 찾아 순서도를 완성하고 파이썬 프로그램을 만들어라.

▶ 사용되는 변수

- A, B: GCD과 LCM을 구하기 위해 입력되는 자연수 기억 변수
- SM: 두 자연수 중에서 작은 수 기억 변수
- LG: 두 자연수 중에서 큰 수 기억 변수
- N: 큰 수에서 작은 수를 나눈 나머지 기억 변수
- GCD: 최대공약수 기억 변수
- LCM: 최소공배수 기억변수

▶ 처리 조건

- 입력되는 수와 구하고자 하는 GCD과 LCM의 범위는 자연수 범위로 한정한다.
- 나머지 값은 mod() 함수를 사용한다. 예 mod(14, 3) ⇒ 결과 2

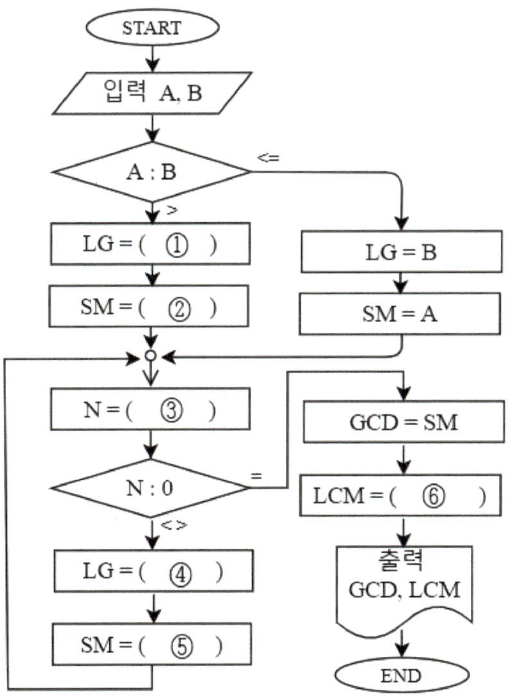

답항보기

1	2
0	1
3	**4**
A	B
5	**6**
mod(A, B)	mod(LG, SM)
7	**8**
(A×B)/SM	(A×B)/LCM
9	**10**
N	SM

힌트

1. GCD와 LCM을 구하는 원리는 예제 6.4와 동일하다.
2. 예제와의 차이는 입력되는 자연수 A, B의 크기를 비교하여 A가 B보다 크면 LG에 A를 SM에 B를 대입하고 B가 A보다 크면 LG에 B를 SM에 A를 대입하는 로직이 추가된 것이 차이이다.

6.6 소수 알고리즘

먼저 자연수를 입력했을 때, 자신보다 작고 1보다 큰 모든 자연수로 나누어떨어지지 않으면 소수라 판정하는 순서도를 작성해보자.

예제 6.5

자연수 N을 입력받아 소수여부를 출력하는 순서도를 작성하라.
단, 나머지는 mod()함수를 사용하여 구한다. (Mod()함수 사용 예) mod(14, 3) ⇒ 결과 2

▶ 사용되는 변수
- N: 입력 자연수
- K: 인덱스 변수(소수 판별을 위한 제수)

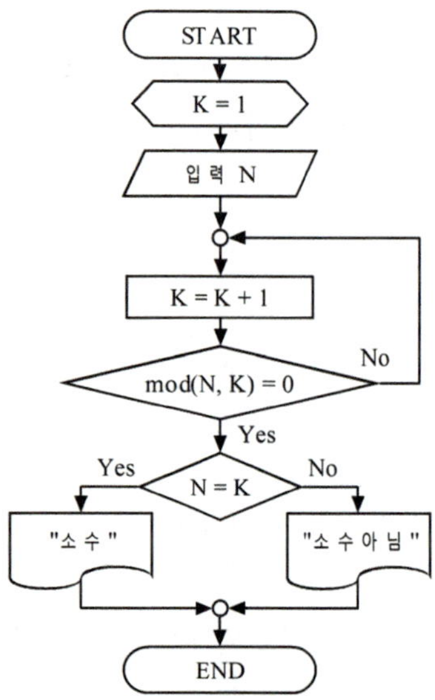

순서도 분석

1. **K=K+1**: 소수의 판별을 위해 입력 받은 수 N을 2부터 1씩 증가시키며 나누기 위한 수를 발생시킴
   ※ K의 초기치가 1인 것은 1로 나눈 나머지는 모두 0이므로 K=K+1을 수행하여 K를 2로 증가시킨 후 2부터 나머지를 구하기 위함
2. **mod(N, K)=0**: 소수 판별을 위한 수 N을 K로 나눈 나머지가 0이 아니면 나머지가 0이 될 때 까지 K를 1씩 증가시키며 반복 수행
3. 판단 **N=K**: mod(N, K)의 결과가 0이 발생했을 때 나어진 값(피제수) N이 2부터 1씩 증가시키며 나눈 값(제수) K와 같다면 K가 2에서 N-1까지 반복 수행하는 동안 나머지가 0으로 떨어진 적이 없다는 것을 의미하므로 N은 소수이지만 N과 K가 같지 않다면 K가 N까지 증가하기 전에 나누어떨어진 값(1과 N) 이외의 약수가 있다는 것이므로 N은 소수가 아니다.

연습문제 6.7

아래의 순서도는 자연수 N을 입력받아 2에서 N까지의 소수의 합계를 구하는 순서도이다. 아래의 순서도에서 괄호에 해당하는 내용을 '답항보기'에서 찾아 순서도를 완성하고 파이썬 프로그램을 만들어라.

▶ 사용되는 변수
- N: 입력 자연수
- K: 인덱스 변수(소수 판별을 위한 제수)
- S: 합계 변수
- L: 인덱스 변수(소수 판별을 위한 피제수)

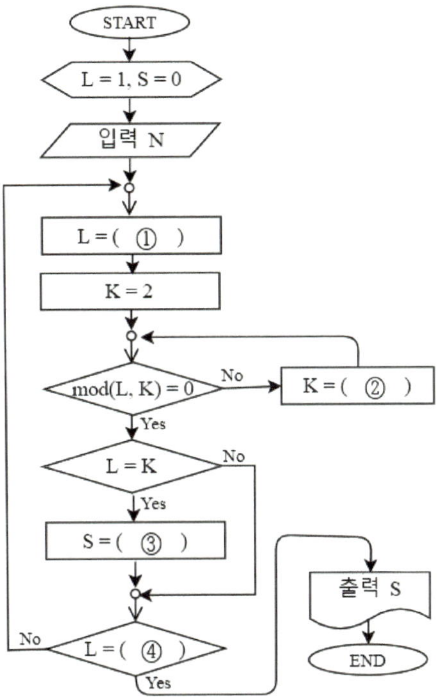

답항보기

1	2	3	4	5	6	7
L+1	N+1	K+1	S+1	S+L	N	K

힌트

1. ①번: 소수 판별을 위한 자연수를 2에서 1회 반복할 때마다 1이 증가되도록 처리한다.
2. ②번: 소수의 판별을 위한 L을 K로 나눈 나머지가 0이 아니면 나머지가 0이 될 때까지 K를 1씩 증가시킨다.
3. ③번: 만약 L과 K가 같다면 L은 소수이므로 S에 L을 누적하여 소수의 합계를 구한다.
4. ④번: 구하고자 하는 소수의 합계 범위는 2에서 N까지이므로 N까지의 소수 판별이 끝났다면 종료하고 N까지의 소수 판별이 끝나지 않았다면 계속 수행한다.

Tip

위 알고리즘은 소수 판별시 N보다 작은 모든 수로 나누지만, 다음은 정리 6.1을 이용하면 $\sqrt{N}$보다 작거나 같은 정수 범위($2 \le K \le \sqrt{N}$)를 이용한 소수 판별 방법이다.

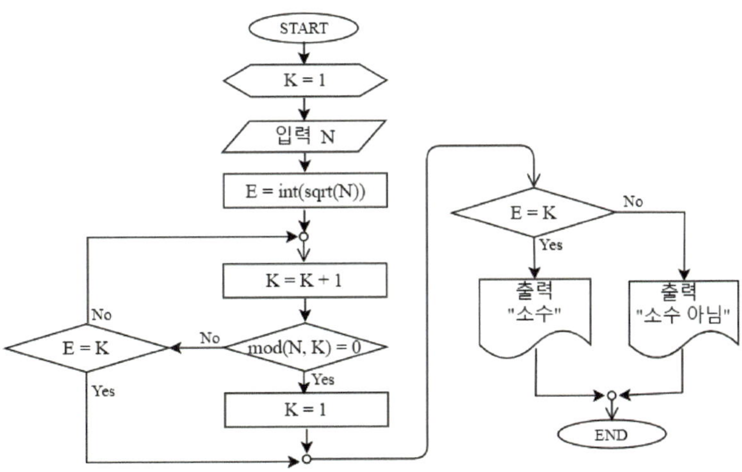

순서도 분석

1. E = int(sqrt(N)): 입력자연수 N에 대한 int($\sqrt{N}$) 값을 E변수에 기억, 파이썬에서 $\sqrt{N}$은 N**1/2
2. 판단 mod(E, K) = 0 : N을 K로 나눈 나머지가 0이면 소수 판별 로직으로 진행하고 0이 아니면 E = K가 될 때까지 반복 수행
3. 판단 E = K : mod(E, K) = 0인 시점의 E = K이면 N은 소수이고 K가 E보다 작거나 같으면 N은 소수가 아님

6.7 소인수분해 알고리즘

소인수 분해 방법: 임의의 수 N을 K(2, 3, 4··· 순서로 증가)로 순차적으로 나누었을 때 나머지가 0으로 나누어떨어지는 시점의 몫이 1이라면 N은 소수이므로 수행을 종료하고 만약 몫이 1이 아니라면 나머지가 0으로 떨어진 시점의 K를 첫 번째 소인수로 배열에 기억시킨 후 나머지가 0으로 떨어진 시점의 K(제수)로 N(피제수)을 나눈 결과의 몫을 다시 N에 대입하여 N값을 갱신한 후 N을 K(2, 3, 4···순서로 증가)로 순차적으로 나누었을 때 나머지가 0인 시점의 K를 두 번째 소인수로 배열에 저장하고 몫이 1이라면 종료하고 몫이 1이 아니라면 다시 과정을 반복 수행한다.

예 소인수 분해의 예

2) 12 12를 2로 나누면 나머지가 0으로 떨어짐 ⇒ 2를 소인수로 배열에 기억
2) 6 6을 2로 나누면 나머지가 0으로 떨어짐 ⇒ 2를 소인수로 배열에 기억
3) 3 3을 2로 나누면 나머지가 0이 아니지만 3으로 나누면 나머지는 0 ⇒ 3을 소인수로 배역에 기억
1 1은 더 이상 분해가 불가능하므로 종료
- 소인수 분해 결과: 2×2×3 = 12 곧, 배열에 기억된 2, 2, 3이 소인수

예제 6.6

자연수 12를 소인수 분해한 결과에 대한 소인수를 출력하는 순서도를 작성하라. 단, 나머지는 mod()함수를 사용하여 구한다.
(Mod()함수 사용 예) mod(14, 3) ⇒ 결과 2

▶ 사용되는 변수
- N: 단계별 수 기억
- K: N을 나누어 보는 수
- S(10): 소인수 기억 배열
- I: 소인수 기억을 위한 배열첨자 변수
- L: 소인수 출력을 위한 배열첨자 변수

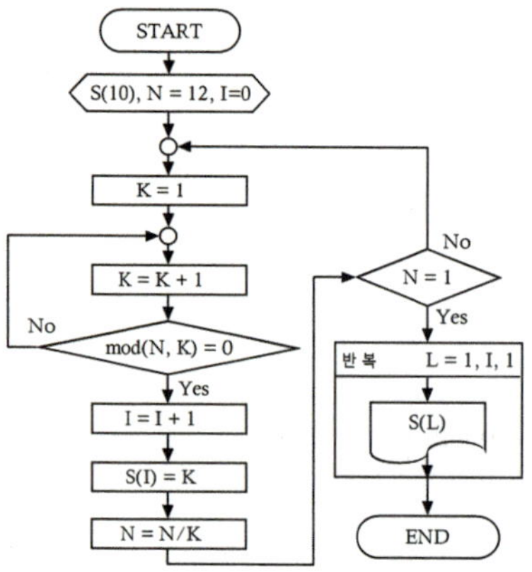

순서도 분석

1. **K=1**: N을 2부터 순차적으로 나누어 보기 위한 K변수의 초기화
2. **K=K+1**: 소인수의 확인을 위해 N을 나누는 수 K를 2부터 1씩 증가시키기 위한 처리문
3. **mod(N, K)=0**: N을 K로 나눈 나머지의 확인
4. **I=I+1**: mod(N, K)의 결과가 0이라면 K의 값은 12의 소인수이므로 K를 배열에 순차적으로 기억시키기 위한 첨자변수를 1증가시킴
5. **S(I)=K**: 12의 소인수 K를 배열에 입력
6. **N=N/K**: 다음 소인수를 구하기 위한 값을 결정
7. 판단 **N=1**: 12의 소인수 분해가 완료되면 N의 값은 1이 되므로 소인수 분해의 종료 여부를 확인
8. **L=1, I, 1**: 배열 S에 기억된 소인수를 순차적으로 출력하기 위한 반복 구문

연습문제 6.8

아래의 순서도는 자연수 N을 입력받아 소인수 분해하여 그 결과를 출력하는 순서도이다. 아래의 순서도에서 괄호에 해당하는 내용을 '답항보기'에서 찾아 순서도를 완성하고 파이썬 프로그램을 만들어라.

▶ 사용되는 변수
- S(20): 소인수 분해한 결과를 저장할 배열
- N: 단계별로 소인수 분해할 수로 첫 단계를 입력 받는 곳
- K: N을 나누어보는 수
- C: 소인수 계산처리를 위한 변수
- Y: 소인수 분해한 결과를 출력할 때 사용할 배열첨자

▶ 처리 조건
- 132는 2×2×3×11과 같이 소인수 분해된다.
- 입력받은 정수 N이 2보다 작으면 프로그램을 종료한다.
- 입력받은 정수 N이 소수이면 "소수"라고 출력하고 나머지 경우는 소인수 분해한 결과를 출력.

  〈출력예시〉 입력(132) ⇒ 출력: 2×2×3×11　입력(37) ⇒ 출력: 소수
- 입력받은 값 N은 1000 이하의 정수라고 가정한다.
- 단계별로 소인수 분해한 결과를 배열에 저장한 후 더 이상 분해할 수 없을 때 한꺼번에 출력한다.
- mod는 나누기 연산의 나머지를 구하는 함수이다.

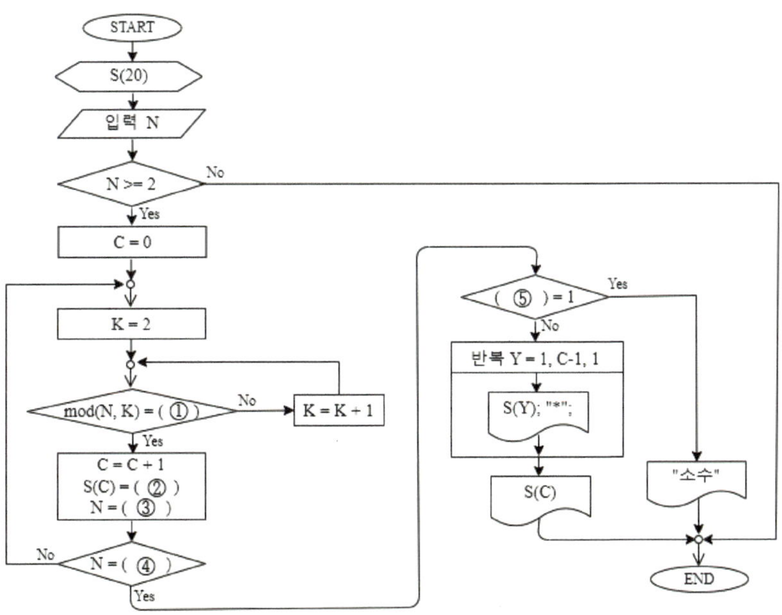

답항보기

1	2	3	4	5	6	7	8
-1	0	1	N	K	C	N/C	N/K

순서도 분석

1. 판단 **N〉=2**: N이 2보다 작으면 종료
   ※ 1은 소수가 아니며 문제의 처리 조건에도 2보다 작은 값이 입력되면 종료한다는 조건이 명시되어 있음
2. ⑤에서 배열의 첨자를 결정하는 변수 C가 1이라면 한번만 나누어떨어진 결과가 되므로 N은 소수로 판정되어 "소수"를 출력하는 문장으로 진행하고 C가 1보다 크다면 소인수 분해된 결과이므로 소인수를 출력하기 위한 로직으로 진행한다.
3. 반복 **Y=1, C-1, 1**: 소인수를 출력할 때 소인수 다음에 곱하기 연산자(×)를 출력하라는 출력예시가 처리 조건에 있으므로 1회 반복할 때 배열에 기억된 소인수를 출력한 다음 곱하기 연산자(×)도 출력한다. 단, 마지막 소인수는 곱하기 연산자(×)의 출력 이후 출력되어야 하므로 반복문의 수행횟수는 1~(N-1)까지 1씩 증가하며 수행한 후 마지막 소수를 출력하는 문장으로 진행한다.

참고 출력 문에서 세미콜론(;)은 일반적으로 다음 출력할 때 한 줄에 출력하기 위한 기호로 사용된다.

CHPATER 06 연습문제

(연습문제 6.1) ~ (연습문제 6.8)의 순서도를 완성하고 파이썬 프로그램을 작성하라.

Chapter 07

진법 알고리즘과 순서도 코딩

CHAPTER 07

진법 알고리즘과 순서도 코딩

7.1 진법의 개념과 변환

7.1.1 양의 실수의 10진수, 2진수, 8진수 개념

10진수(十進數, decimal digit)란 10개의 크기를 한 단위로 표현하는 기수법(記數法)이다. 10진수의 숫자표현은 10개의 숫자(수치 문자)인 0, 1, 2, 3, 4, 5, 6, 7, 8, 9를 쓴다. 10개 단위마다 단위가 달라진다. 예를 들어 1이 10개면 십이고 십이 10개면 백이 되는 방식으로 단위의 명칭이 달라진다.

같은 방법으로 n**진수**는 n개의 크기를 한 단위로 표현하는 기수법이다. 2진수는 2개의 숫자 0, 1로 구성되고 2의 거듭제곱 체계로 자리 올림이 발생한다. 8진수는 8개의 숫자 0, 1, 2, 3, 4, 5, 6, 7로 구성되고 8의 거듭제곱 체계로 자리 올림이 발생한다.

n진수는 표현은 n을 아래 첨자로 표기한 $(\ )_n$ 으로 하며 문맥상 n진수임을 분명히 알면 아래 첨자 n을 생략할 수 있다. 가장 많이 사용하는 10진수는 아래 첨자 10을 생략한다.

양의 실수의 십진수의 소수 표현을 $A.B$(A는 양의 정수 부분, B는 양의 소수 부분)라 할 때, 양의 정수 부분 A 의 2진수 표현은 다음과 같다.

$$\begin{aligned}(A)_{10} &= \left(a_n \cdot 2^n + a_{n-1} \cdot 2^{n-1} + \cdots + a_1 \cdot 2^1 + a_0 \cdot 2^0\right)_{10} \\ &= (a_n a_{n-1} \cdots a_1 a_0)_2, \quad \text{단, } a_i \in \{0,1\}\end{aligned}$$

이고, 양의 소수 부분 $0.B$의 2진수 표현은 다음과 같다.

$$\begin{aligned}(0.B)_{10} &= \left(b_1 \cdot \frac{1}{2^1} + b_2 \cdot \frac{1}{2^2} + \cdots + b_{n-1} \cdot \frac{1}{2^{n-1}} + b_n \cdot \frac{1}{2^n} + \cdots\right)_{10} \\ &= \left(b_1 \cdot 2^{-1} + b_2 \cdot 2^{-2} + \cdots + b_{n-1} \cdot 2^{-n+1} + b_n \cdot 2^{-n} + \cdots\right)_{10} \\ &= (0.b_1 b_2 \cdots b_{n-1} b_n \cdots)_2, \quad \text{단, } b_i \in \{0,1\}\end{aligned}$$

이므로 $(A.B)_{10} = (a_n a_{n-1} \cdots a_1 a_0 \,.\, b_1 b_2 \cdots b_{n-1} b_n \cdots)_2$이다.

같은 방법으로 8진수 표현은 다음과 같다.

$$(A)_{10} = (c_n \cdot 8^n + c_{n-1} \cdot 8^{n-1} + \cdots + c_1 \cdot 8^1 + c_0 \cdot 8^0)_{10}$$
$$= (c_n c_{n-1} \cdots c_1 c_0)_8, \quad \text{단,}\ c_i \in \{0,1,2,3,4,5,6,7\}$$

이고, 소수 부분 $0.B$의 8진수 표현은 다음과 같다.

$$(0.B)_{10} = \left(d_1 \cdot \frac{1}{8^1} + d_2 \cdot \frac{1}{8^2} + \cdots + d_{n-1} \cdot \frac{1}{8^{n-1}} + d_n \cdot \frac{1}{8^n} + \cdots \right)_{10}$$
$$= (d_1 \cdot 8^{-1} + d_2 \cdot 8^{-2} + \cdots + d_{n-1} \cdot 8^{-n+1} + d_n \cdot 8^{-n} + \cdots)_{10}$$
$$= (0.d_1 d_2 \cdots d_{n-1} d_n \cdots)_8, \quad \text{단,}\ d_i \in \{0,1,2,3,4,5,6,7\}$$

이므로 $(A.B)_{10} = (c_n c_{n-1} \cdots c_1 c_0 \cdot d_1 d_2 \cdots d_{n-1} d_n \cdots)_8$이다.

예를 들어, 10진수 20의 2진수 표현은 다음과 같다.

$$(20)_{10} = (1 \times 2^4) + (0 \times 2^3) + (1 \times 2^2) + (0 \times 2^1) + (0 \times 2^0) = (10100)_2$$

또한, 10진수 20의 8진수 표현은 다음과 같다.

$$(20)_{10} = (2 \times 8^1) + (4 \times 8^0) = (24)_8$$

7.1.2 양의 실수 10진수를 2진수, 8진수로 변환 방법

- **기본적 변환 알고리즘**: 정수 부분은 변환하고자 하는 10진수를 해당 진수(2진수는 2, 8진수는 8)로 나눈 나머지를 해당 진수의 마지막 자리의 값으로 결정하여 배열에 저장하고, 몫이 0이 아니라면 몫을 다시 해당 진수로 나누어 나머지를 두 번째 자리의 값으로 결정하여 배열에 저장하는 방식으로 몫이 0이 될 때까지 반복 수행한다.

  소수 부분은 해당 진수를 곱해 정수 부분을 첫 번째 자릿값으로 정하고, 소수 부분이 0이 아니면 소수 부분만 해당 진수를 곱해 정수 부분을 두 번째 자릿값으로 정하는 방식으로 소수 부분이 0이 될 때까지 반복 수행한다. 일반적으로 소수 부분을 기약분수로 나타냈을 때 분모가 해당 진수의 거듭제곱이 아니면 0이 아닌 자릿값이 무한 번 나타난다.

- **변환 예**:

예1 10진수 20.125를 2진수로 변환하면 다음과 같다.

10진수 20.125를 2진수로 변환하려면 정수 부분 20과 소수 부분 0.125를 다음과 같이 따로 계산하면 된다. 정수 부분 20은 2로 나눈 나머지를 구하는 것으로 시작하고, 소수 부분 0.125는 2

를 곱한 정수 부분을 구하는 것으로 시작한다.

정수 부분 계산(몫을 2로 나누기)			소수 부분 계산(소수 부분만 2를 곱하기)		
2) 20	… 0	$a_0 = 0$	2 · 0.125	… 0.25	$b_1 = 0$
2) 10	… 0	$a_1 = 0$	2 · 0.25	… 0.5	$b_2 = 0$
2) 5	… 1	$a_2 = 1$	2 · 0.5	… 1.0	$b_3 = 1$
2) 2	… 0	$a_3 = 0$	0		
2) 1	… 1	$a_4 = 1$			
0		$(20)_{10} = (10100)_2$			$(0.125)_{10} = (0.001)_2$

따라서 $(20.125)_{10} = (10100.001)_2$이고, 2진수로 유한소수이다. 유한소수인 이유는 소수 부분을 기약분수로 나타내면 $0.125 = \frac{1}{2^3}$이므로 분모가 2의 거듭제곱인 2^3이고 2를 3번 곱하면 정수(소수 부분이 0) 1이 되어 유한소수가 된다.

십진수의 소수 부분을 2진수로 나타내는 방법은 소수 부분을 기약분수로 나타냈을 때 분모가 2^n인 경우에만 유한이고 나머지는 무한으로 표현된다. 그 예는 아래와 같다. 아래 (예2)를 보면 소수 부분의 기약분수는 $0.3 = \frac{3}{10}$이므로 분모가 10이므로 2의 거듭제곱이 아니다. 2를 연속해 곱해도 소수 부분이 0이 되지 않으므로 무한히 반복하게 된다. 이것 때문에 컴퓨터는 내부에서 2진수를 사용하므로 수를 입력할 때, 정수형과 실수형은 저장 방법이 다르다.

예2 10진수 20.3를 2진수로 변환하면 다음과 같다.

정수 부분 계산(몫을 2로 나누기)			소수 부분 계산(소수 부분만 2를 곱하기)		
2) 20	… 0	$a_0 = 0$	2 · 0.3	… 0.6	$b_1 = 0$
2) 10	… 0	$a_1 = 0$	2 · 0.6	… 1.2	$b_2 = 1$
2) 5	… 1	$a_2 = 1$	2 · 0.2	… 0.4	$b_3 = 0$
2) 2	… 0	$a_3 = 0$	2 · 0.4	… 0.8	$b_4 = 0$
2) 1	… 1	$a_4 = 1$	2 · 0.8	… 1.6	$b_5 = 1$
0			2 · 0.6	… 1.2	이하 반복
$(20)_{10} = (10100)_2$			$(0.3)_{10} = \frac{3}{10} = (0.010011001\cdots)_2 = (0.0\overline{1001})_2$		

따라서 $(20.3)_{10} = (10100.0\overline{1001})_2$이고, 2진수 표현은 무한 소수이다.

예3 10진수 20.3를 8진수로 변환하면 다음과 같다.

10진수 20.3를 8진수로 변환하려면 정수 부분 20과 소수 부분 0.3를 다음과 같이 따로 계산하면 된다. 정수 부분은 8로 나눈 나머지를 구하는 것으로 시작하고, 소수 부분은 8을 곱한 정수 부분을 구하는 것으로 시작한다.

정수 부분 계산(몫을 8로 나누기)			소수 부분 계산(소수 부분만 8을 곱하기)		
8) 20	⋯ 4	↑ $c_0 = 4$	$8 \cdot 0.3$	⋯ 2.4	↓ $d_1 = 2$
8) 2	⋯ 2	$c_1 = 2$	$8 \cdot 0.4$	⋯ 3.2	$d_2 = 3$
0			$8 \cdot 0.2$	⋯ 1.6	$d_3 = 1$
	$(20)_{10} = (24)_8$		$8 \cdot 0.6$	⋯ 4.8	$d_4 = 4$
			$8 \cdot 0.8$	⋯ 6.4	$d_5 = 6$
			$8 \cdot 0.4$	⋯ 3.2	이하 반복
			$(0.3)_{10} = (0.231463146\cdots)_8 = (0.\overline{23146})_8 = (0.\dot{2}314\dot{6})_8$		

따라서 $(20.3)_{10} = (24.\overline{23146})_8$이 되어 8진수로 무한 소수가 된다. 소수 부분의 기약분수는 $0.3 = \frac{3}{10}$ 이므로 분모 10이 8의 거듭제곱이 되지 않으므로 8을 무한 번 곱해도 정수가 되지 않아(소수 부분이 0이 아님) 8진수로표현은 무한 소수가 된다.

7.2 10진 자연수의 2진수, 8진수 변환 알고리즘

먼저 10진 자연수를 입력받아 2진수로 변환하는 순서도를 작성하자.

예제 7.1

임의의 10진 자연수 N을 입력받아 2진수로 변환하여 출력하는 순서도를 작성하라.

▶ 사용되는 변수

- N: 입력되는 10진 자연수
- A(10): 단위별 2진수 기억 배열
- MOK: 2로 나눈 몫 기억
- NMG: 2로 나눈 나머지 기억
- I: 단위별 2진수 기억 배열 첨자
- L: 2진수 출력을 위한 배열 첨자

▶ 처리 조건

- 소수점 이하 절삭은 Int() 함수를 사용한다. 예 Int(17.5) = 17
- 입력되는 수는 1000 이하의 자연수로 한정한다.

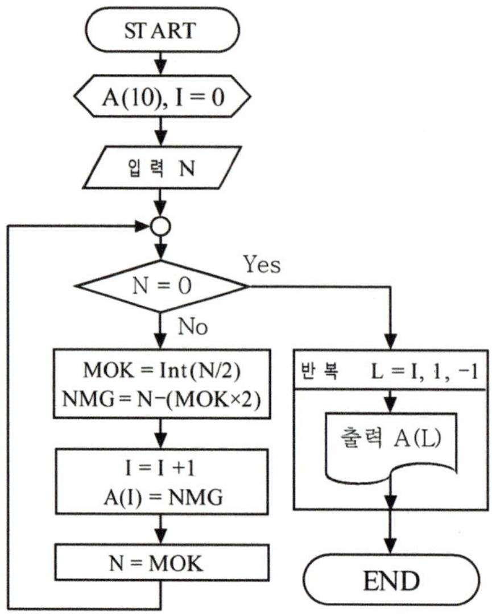

순서도 분석

1. **N=0**: 문제의 처리 조건에서 N은 자연수라는 단서가 있으므로 0이 입력될 수 없으므로 N은 2로 나누었을 때 몫이 0인 가를 판별하여 몫이 0이라면 배열에 저장된 단위별 2진수를 출력하는 로직으로 진행한다.
2. **MOK=Int(N/2), NMG=N-(MOK×2)** :N을 2로 나누어 몫과 나머지를 구한다. 만약 8진수 변환 로직이라면 2 대신에 8을 기재하면 된다.
3. **I=I+1, A(I)=NMG**: 2진수를 배열에 기억시키기 위해 I변수로 배열의 첨자를 결정한 후 구하여진 나머지를 배열에 입력한다.
4. **N=MOK**: 몫을 N으로 넘겨 이전 과정을 수행하도록 한다.
5. **반복 L=I, 1, -1**: 배열 A(10)에 기억된 값을 역순으로 출력하여야 하므로 배열 첨자 I의 값으로부터 1까지 -1씩 감소시키며 배열에 기억된 2진수를 출력한다.

연습문제 7.1

아래의 순서도는 임의의 10진 자연수 N을 입력받아 2진수로 변환하여 출력하는 순서도이다. 아래의 순서도에서 괄호에 해당하는 내용을 '답항보기'에서 찾아 순서도를 완성하고 파이썬 프로그램을 만들어라. 단, 사용되는 변수 및 처리 조건은 (예제 7.1)과 같다.

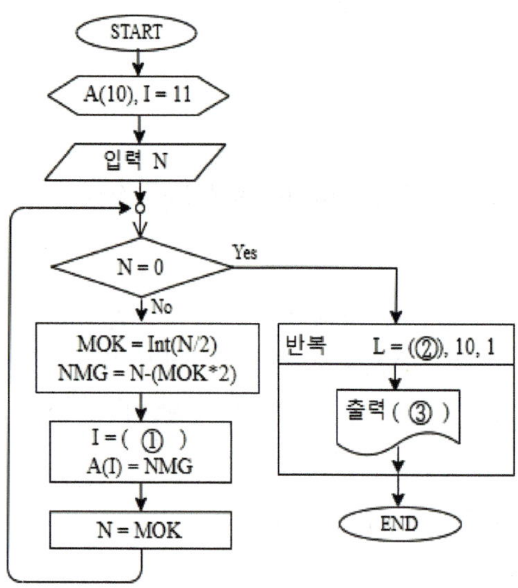

답항보기

1	2	3	4	5	6
I+1	I-1	1	I	A(I)	A(L)

힌트

변환된 2진수를 기억하는 포인터를 결정하는 배열의 첨자변수의 초기치 I가 11이다.
곧, 2진수 각 단위의 값을 배열에 입력할 때 배열의 마지막 포인트부터 입력하여 배열의 첨자변수를 1씩 감소시켜 나가는 처리 방법을 택하기 위함이다.
배열의 마지막 포인터부터 값을 입력하였으므로 2진수를 출력할 때는 I번 째 배열의 값부터 10번째 값까지 반복 수행하며 출력하면 된다.

연습문제 7.2

아래의 순서도는 임의의 10진 자연수 N을 입력받아 8진수로 변환하여 출력하는 순서도이다. 아래의 순서도에서 괄호에 해당하는 내용을 '답항보기'에서 찾아 순서도를 완성하고 파이썬 프로그램을 만들어라.

▶ 사용되는 변수
- N: 입력되는 10진 자연수
- O(10): 단위별 8진수 기억
- MOK: 8로 나눈 몫 기억
- NMG: 8로 나눈 나머지 기억
- I: 배열의 포인터를 결정하는 첨자

▶ 처리 조건
- 소수점 이하 절삭은 Int()함수를 사용한다. 예 Int(17.5) = 17
- 입력되는 수는 천만 이하의 자연수로 한정한다.

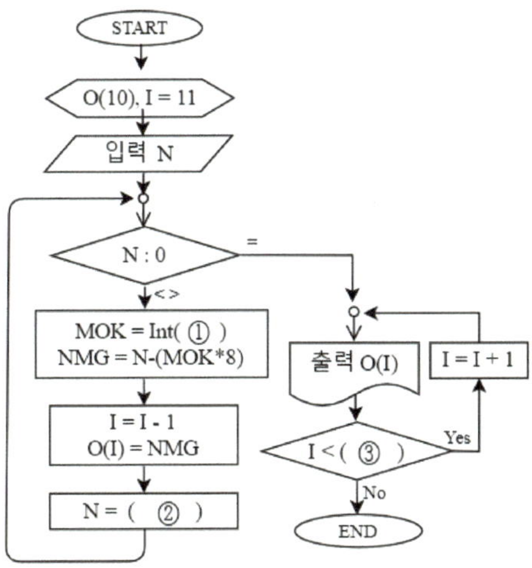

답항보기

1	2	3	4	5	6
N-8	N/8	NMG	MOK	10	11

힌트

순서도의 흐름은 (연습문제 7.1)과 같다.
단, 2진수가 아닌 8진수 변환이라는 차이와 출력 로직에서 순환형 표기를 사용하지 않았다는 차이뿐이다.

7.3 10진 자연수의 16진수 변환 알고리즘

7.3.1 양의 16진수 개념

16진수는 16개의 표현 수치 문자는 0, 1, 2, 3 ,⋯, 9, A, B, C, D, E, F로 구성되고 16의 거듭제곱 체계로 자리 올림이 발생한다.

예1 10진수 35를 16진수로 변환하면 다음과 같다.

$$(35)_{10} = (2 \times 16^1) + (3 \times 16^0) = (23)_{16}$$

16진수 표기에서 10진수 10, 11, 12, 13, 14, 15에 해당하는 수치를 하나의 **수치 문자**로 표기하여야 하는데 A, B, C, D, E, F로 표기(소문자 a, b, c, d, e, f로도 할 수 있음)한다는 것을 주의하여야 한다.

예2 10진수 43을 16진수로 변환하면 다음과 같다.

$$(43)_{10} = (2 \times 16^1) + (11 \times 16^0) = (2B)_{16}$$

위에서 십진수 11은 16진수에서 수치 문자 B에 해당한다.

7.3.2 10진 자연수의 16진수 변환 알고리즘

- **기본적인 변환 방법**: 10진수를 2진수 및 8진수로 변환하는 방법과 같다. 다만, 16진수의 경우 십진수 10에서 15에 해당하는 A에서 F까지의 수치 문자 때문에 단위 수치 문자 0에서 F까지의 수치 문자를 기억하는 배열을 설정한 후 나머지를 배열의 첨자로 활용하여 16진수를 변환한다.
- **변환 예**: 다음 (예제 7.2)에서 10진수 43을 입력했을 때 16진수로 변환 경우를 살펴보자.

배열 X(16)에 아래의 내용으로 16진수 수치 문자 입력, 16진수를 기억하는 배열은 A(10), 나머지 변수는 NMG라 하자.

X(1)	X(2)	X(3)	X(4)	X(5)	X(6)	X(7)	X(8)	X(9)	X(10)	X(11)	X(12)	X(13)	X(14)	X(15)	X(16)
0	1	2	3	4	5	6	7	8	9	A	B	C	D	E	F

정수 부분 계산(몫을 16으로 나누기)

16) 43 ··· 11 = B　　↑ $c_0 = B$　　1회 수행: NMG = 11, A(1) = X(NMG+1) ⇒ A(1)은 B를 기억

16) 2 ··· 2　　$c_1 = 2$　　2회 수행: NMG = 2, A(2) = X(NMG+1) ⇒ A(2)는 2를 기억

0

$(43)_{10} = (2B)_{16}$

※ 배열의 포인터가 NMG+1인 이유: 16진 수치 문자를 기억하는 배열 X(1)에 0, X(2)에 1, X(3)에 2 순서로 X(16)까지 기억되어 있기 때문

예제 7.2

임의의 10진 자연수 N을 입력받아 16진수로 변환하여 출력하는 순서도를 작성하라.

▸ 사용되는 변수

- N: 입력되는 10진 자연수
- MOK: 16으로 나눈 몫 기억
- I: 단위별 16진수 기억 배열 첨자
- A(10): 단위별 16진수 기억 배열
- NMG: 16으로 나눈 나머지 기억
- L: 16진수 출력을 위한 배열 첨자

▶ 처리 조건

- 소수점 이하 절삭은 Int()함수를 사용한다. 예 Int(17.5) = 17
- 입력되는 수는 10억 이하의 자연수로 한정한다.
- 16진수 단 단위 수치 문자는 배열 X(16)에 X(1)부터 순서에 따라 기억되어 있다.

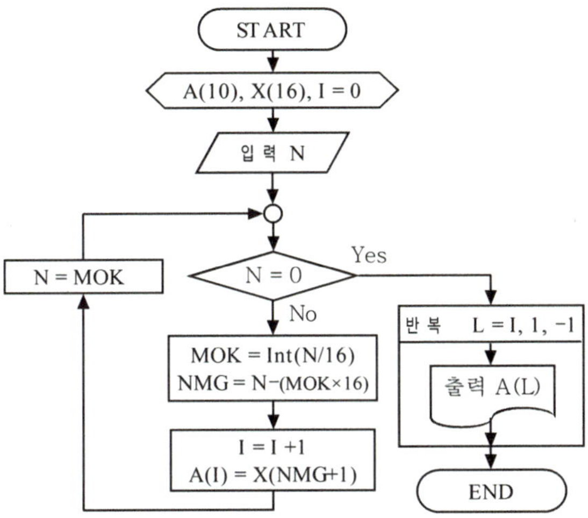

순서도의 핵심

A(I)=X(NMG+1): 10진수 10~15에 해당하는 16진수 단 단위 수치 문자 A~F의 표기가 16으로 나눈 나머지로는 직접적인 변환이 불가능하므로 16으로 나눈 나머지 값을 16진수 단 단위 수치 문자를 기억하는 배열의 포인터(첨자)로 활용하여 나머지 값에 해당하는 16진수 수치 문자를 결정한다.

이때, 나머지에 1을 더하여(NMG+1) 배열의 포인터를 결정하는 이유는 16진수 단 단위 수치 문자를 기억하는 배열 X(1)에 0, X(2)에 1, X(3)에 2가 순서에 따라 기억되어 있기 때문이다.

다른 부분의 처리 로직은 10진수를 2진수 및 8진수로 변환하는 로직과 같다.

연습문제 7.3

아래의 순서도는 임의의 10진 자연수 N을 입력받아 16진수로 변환하여 출력하는 순서도이다. 아래의 순서도에서 괄호에 해당하는 내용을 '답항보기'에서 찾아 순서도를 완성하고 파이썬 프로그램을 만들어라.

▶ 사용되는 변수

- N: 16진수 변환을 위한 10진수
- A(10): 단위별 16진수 기억 배열
- NMG: 16으로 나눈 나머지
- B: 최초 입력된 10진수를 백업
- MOK: 16으로 나눈 몫 기억
- I: 인덱스 변수

▶ 처리 조건

- 소수점 이하 절삭은 Int()함수를 사용한다. 예 Int(17.5) = 17
- 입력되는 수는 10억 이하의 자연수로 한정한다.
- 16진수 저장 배열의 모든 포인터는 0으로 초기화한 후 변환된 16진수를 저장한다.
- 16진수를 출력할 때 입력된 10진수와 16진수 배열 10자리 모두를 출력한다.

〈출력예시〉 입력 10진수가 31일 때: **"31 => 000000001F"**

- 배열의 포인터는 1부터 시작된다고 가정한다. 예 A(10) ⇒ A(1), A(2) ··· A(10)
- 16진수 단 단위 수치 문자는 배열 X(16)에 파이썬 배열인 X(0)부터 X(15)까지 순서에 따라 기억되어 있다.

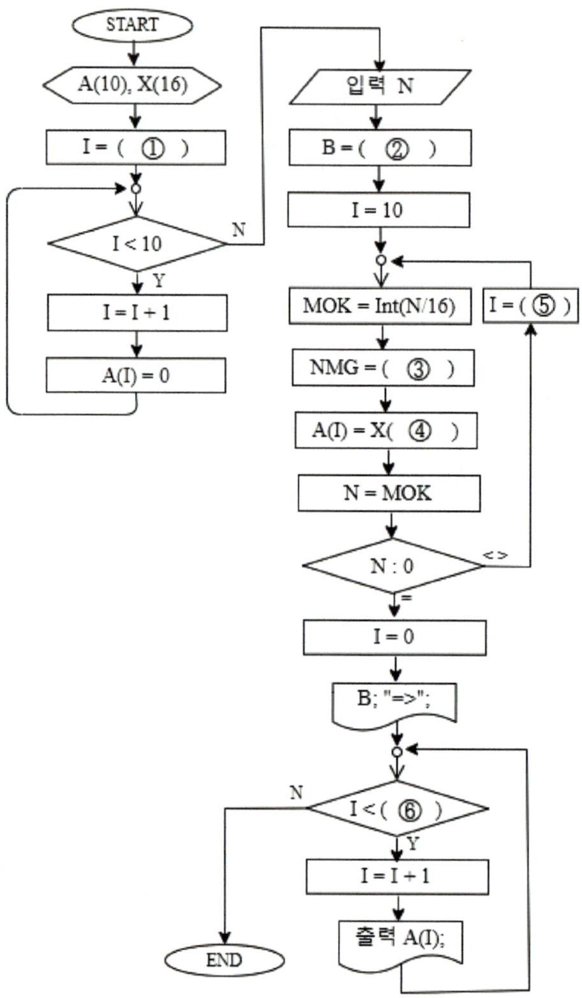

답항보기

1	2	3
0	1	MOK/NMG
4	**5**	**6**
10	11	N
7	**8**	**9**
I-1	I+1	N-MOK×16
10	**11**	**12**
NMG	MOK	NMG+1

힌트

1. ①은 배열 A(10)의 모든 배열 포인터를 0으로 초기화하기 위한 인덱스 변수의 초기화 처리이다.
2. ②는 입력받은 10진수를 출력 로직에서 출력할 수 있도록 보관하기 위해 B 변수에 백업받기 위한 처리이다.
3. ③은 나머지를 구하기 위한 문장으로 공식은 (원래 값-(몫×나눈 수))이다.
4. ④는 배열의 첨자를 줄여나가기 위한 처리이다.
5. ⑤는 출력을 위한 배열의 첨자를 초기화하기 위한 처리이다. 출력예시에서 지시된 출력 형태는 배열의 앞쪽부터임을 주의하여야 한다.
6. ⑥은 배열에 기억된 16진수를 배열 포인터 1부터 10까지 수행한 후 종료를 결정하는 판단문이다.

참고 출력문에서 세미콜론(;)은 일반적으로 다음 출력할 때 한 줄에 출력하기 위한 기호로 사용된다.

7.4 양의 2진수 및 8진수의 10진수 변환 알고리즘

7.4.1 양의 2진수의 10진수 변환

2진 정수 오른쪽에서 왼쪽으로 각 단위에 $2^0, 2^1, 2^2, \cdots$ 순서의 가중치로 곱한 값을 누적

- **변환 예**: 2진수 $(101010)_2$의 10진수 변환

(1		0		1		0		1		$0)_2$		결과 $(42)_{10}$
$2^5=32$		$2^4=16$		$2^3=8$		$2^2=4$		$2^1=2$		$2^0=1$		
(1*32)	+	(0*16)	+	(1*8)	+	(0*4)	+	(1*2)	+	(0*1)	=	32 + 8 + 2 = 42

7.4.2 양의 8진수의 10진수 변환

8진 정수 오른쪽에서 왼쪽으로 각 단위에 $8^0, 8^1, 8^2, \cdots$ 순서의 가중치로 곱한 값을 누적

- **변환 예**: 8진수 $(107)_8$의 10진수 변환

(1		0		$7)_8$		결과 $(71)_{10}$
$8^2=64$		$8^1=8$		$8^0=1$		
(1*64)	+	(0*8)	+	(7*1)	=	64 + 7 = 71

예제 7.3

2진수 6단위가 기억된 일차원 배열 P의 값을 10진수로 변환하여 출력하는 순서도를 작성하라. 단, P 배열 마지막 포인터인 P(6)의 값부터 배열의 역순으로 2진수 1단위, 2단위, 3단위, 4단위, 5단위, 6단위 값이 기억되어 있다고 가정한다.

▸ 사용되는 변수
- B(6): 2진수 배열
- DEC: 십진수
- P: 인덱스
- GA: 가중치

순서도 1.

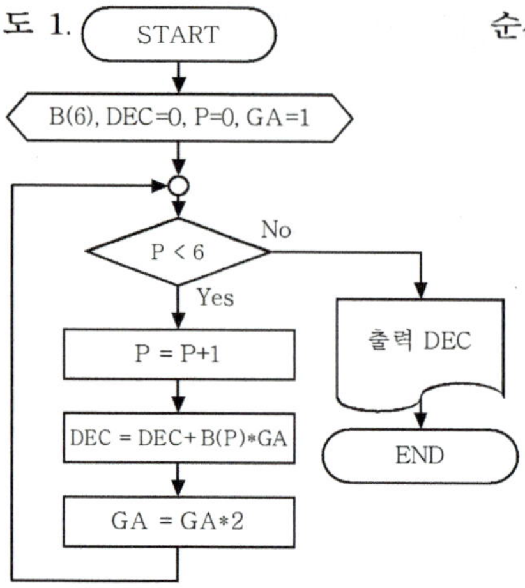

순서도 2.

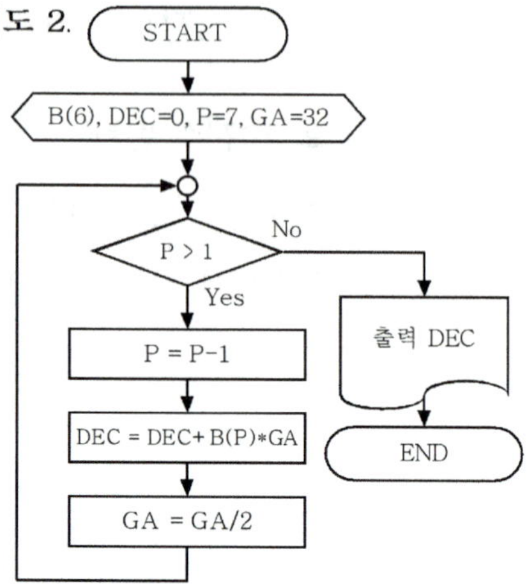

순서도 1 분석

2진 정수 배열 마지막 배열 포인터의 값부터 처음으로 진행하며 각 단위에 2^0, 2^1, 2^2, 2^3, 2^4, 2^5 순서의 가중치로 곱한 값을 누적

순서도 2 분석

2진 정수 배열 마지막 배열 포인터의 값부터 처음으로 진행하며 각 단위에 2^5, 2^4, 2^3, 2^2, 2^1, 2^0 순서의 가중치로 곱한 값을 누적

연습문제 7.4

8진수 5단위가 기억된 일차원 배열 P의 값을 10진수로 변환하여 출력하는 순서도를 작성하고 파이썬 프로그램을 만들어라. 단, P 배열 마지막 포인터인 P(5)의 값부터 배열 포인터 역순으로 8진수 1단위, 2단위, 3단위, 4단위, 5단위의 값이 기억되어 있으며 ** 연산자는 거듭제곱 연산자라고 가정한다.

▸ 사용되는 변수

- O(5): 8진수 배열 - DEC: 십진수 - P: 인덱스 - GA: 가중치

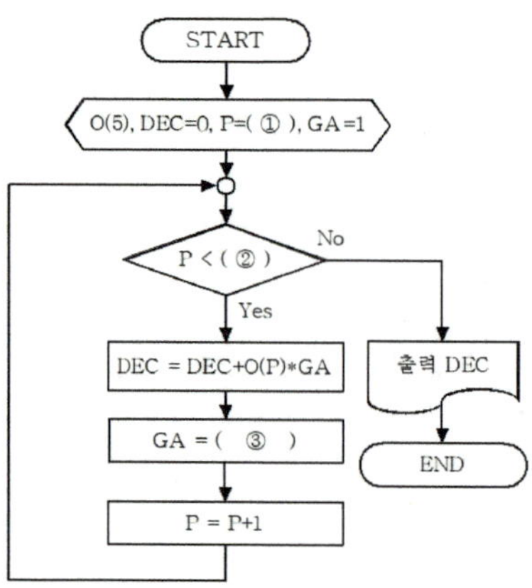

답항보기

1	2	3	4	5	6	7	8
0	1	5	6	7	P**P	GA**P	8**P

힌트

가중치는 P의 초기치를 1로 두고 8의 P제곱(8**P)으로 구하면 된다.
그리고 반복 횟수는 P의 초기치가 1이고 가중치가 계산되고 P가 증가되므로 DEC에 누적되는 값이 8의 5제곱(8**5) 가중치가 적용되어 누적되게 하려면 P가 6일 때도 처리문으로 진입하여야 하므로 ②의 값은 7이어야 한다.

7.5 양의 2진수 덧셈 알고리즘

7.5.1 2진수의 덧셈

2진수는 표현 수치 문자가 0, 1 두 개뿐이므로, 두 2진수의 덧셈은 2의 거듭제곱 체계로 자리 올림 한다.

2진수에서의 한 단위 덧셈은 $0+0$, $0+1$, $1+0$, $1+1$ 인 4가지 경우가 있는데 이중 자리 올림은 $1+1$ 인 경우에 발생하며 10진수 덧셈과 같은 방법으로 해당 자리에서 2가 자리 올림 되는 것이다.

- **8비트 2진수의 덧셈 예:** $(11001011)_2 + (11101110)_2 = (110111001)_2$

자리 올림		1	1	0	0	1	1	1	0		
2진수 A			1	1	0	0	1	0	1	1	(2)
2진수 B	+)		1	1	1	0	1	1	1	0	(2)
(결과)		1	1	0	1	1	1	0	0	1	(2)

↑ MSB(Most Significant bit; 최상위 Bit)

7.5.2 2진수의 덧셈 알고리즘

2진수의 한 단위 덧셈에서 두 2진수와 자리 올림 수를 더하였을 때 발생할 수 있는 수는 3개의 한 단위 2진수가 더해지므로 다음과 같은 4가지 경우(10진수로 0, 1, 2, 3)가 발생한다.

$$0(=0+0+0)_2,$$
$$1(=1+0+0=0+1+0=0+0+1)_2,$$
$$2(=1+1+0=0+1+1=1+0+1)_2,$$
$$3(=1+1+1)_2$$

이때 0과 1은 2진수에서도 표현되지만 10진수 2와 3은 2진수 표현이 아니므로 2진수 표현을 해야 한다. 이를 위해 다음과 같은 알고리즘을 사용한다.

한 단위 2진수 두 개와 자리 올림 수를 모두 더한 결과가 $(2)_{10}$보다 작은 0 또는 1이라면 자리 올림 수가 없으므로 자리 올림 변수를 0으로 초기화한 후 결과를 2진수를 기억하는 배열에 입력하고 만약 결과가 $(2)_{10}$ 이상인 $(2)_{10}$ 또는 $(3)_{10}$이라면 자리 올림 변수를 1로 초기화한 후 계산 결과에서 $(2)_{10}$를 뺀 값

$$2-2=0$$
$$3-2=1$$

을 2진수를 기억하는 배열에 입력하는 방법으로 계산을 수행한다.

단, 정수는 오른쪽을 기준으로 왼쪽으로 진행하며 자릿수가 높아지므로 각 배열에 입력된 2진수 배열의 마지막 포인터의 값부터 배열 포인터를 1씩 감소시키며 계산을 수행한다.

예제 7.4

배열 A(10)과 B(10)에 기억된 2진수를 더한 값을 배열 S(10)에 저장하는 순서도를 작성하라.

▶ 사용되는 변수
- A(10), B(10): 2진수 기억 배열
- S(10): 2진수를 더한 값 기억 배열
- C: 자리 올림 수 기억
- H: 단 단위의 2진수를 더한 값 기억
- I: 인덱스 변수(배열의 포인터를 결정하는 첨자 역할)

▶ 처리 조건
- 최상위 bit(MSB)에 자리 올림이 발생하더라도 무시한다.

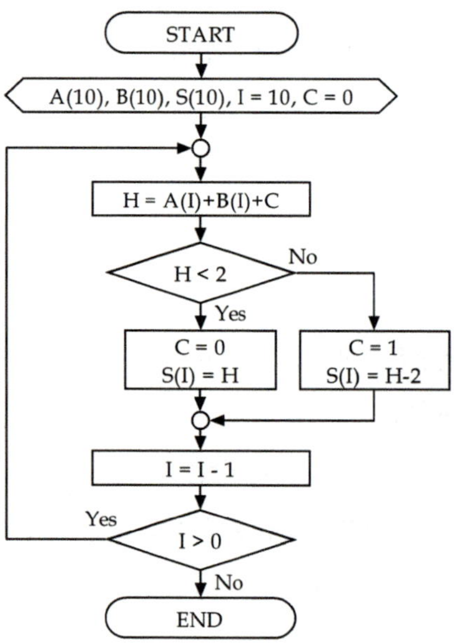

순서도 분석

1. C=0: 자리 올림 수를 기억하는 변수를 0으로 초기화
   ※ 최초 2진수의 덧셈에서 자리 올림 수는 없기 때문
2. I=10: 배열의 포인터를 결정하는 인덱스 변수 초기화
   ※ 배열의 첨자변수 I의 초기치를 10으로 주는 이유는 정수의 경우 오른쪽에서 왼쪽으로 자릿수가 커지기 때문에 오른쪽부터 왼쪽으로 계산을 진행하기 위함
3. I=I-1: 로직이 반복할 때마다 배열의 첨자를 결정하는 인덱스 변수 I를 1씩 감소시킴
4. H=A(I)+B(I)+C: 두 배열의 값과 자리 올림 수를 더함
5. 판단 H〈2: H의 값이 $(2)_{10}$보다 작으면 자리 올림 변수 C는 0으로 초기화한 후 배열에 H의 값을 입력하고 H의 값이 $(2)_{10}$ 보다 크거나 같다면 자리 올림 변수 C에 1을 대입하고 H의 값에 $(2)_{10}$를 뺀 값을 배열에 입력한다.
   ※ 자리 올림 변수 C를 1로 주었을 경우 자리 올림 된 값은 10진수로 판단하면 $(2)_{10}$가 되기 때문에 H의 값에서 2를 뺌
6. 판단 I〉0: 10개의 배열을 모두 처리할 때까지 반복

연습문제 7.5

배열 A(10)과 B(10)에 기억된 2진수를 더한 값을 배열 S(10)에 저장하는 순서도이다. 아래의 순서도에서 괄호에 해당하는 내용을 '답항보기'에서 찾아 순서도를 완성하고 파이썬 프로그램을 만들어라.

▸ 사용되는 변수

- A(10), B(10): 2진수 기억 배열
- S(10): 2진수를 더한 값 기억 배열
- C: 자리 올림 수 기억
- H: 단 단위의 2진수를 더한 값 기억
- I: 인덱스 변수(배열의 포인터를 결정하는 첨자 역할)

▸ 처리 조건

- 최상위 bit(MSB)에 자리 올림이 발생하더라도 무시한다.
- 단 나머지는 mod 연산자를 이용하여 구한다.
  Mod() 함수 사용 예: mod(14, 3) ⇒ 결과 2

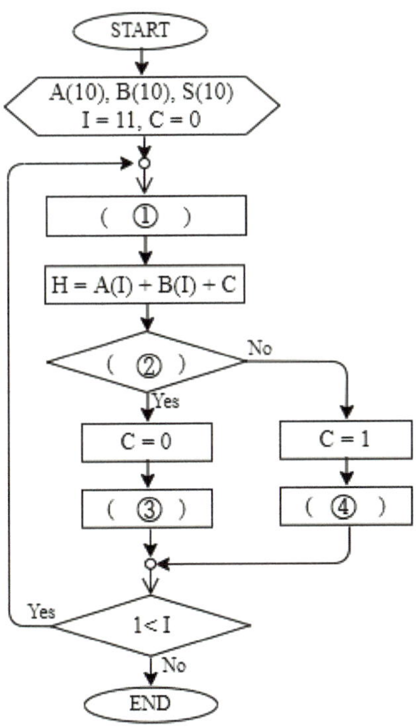

답항보기

1	2	3
I=I-1	I=I+1	H mod 2 = 0
4	**5**	**6**
H=0 or H=1	H=0 and H=1	S(I)=H
7	**8**	
S(C)=H	S(I)=H mod 2	

힌트

(예제 7.4)와 같은 문제인데 단지 자리 올림 수 C를 결정할 때 비교할 때 논리연산자를 이용한 것과 자리 올림을 결정할 때 mod 연산자를 이용한 것이 차이이다.

7.6 양의 2진수의 1의 보수, 2의 보수 구하기(음수 처리) 알고리즘

N의 보수(補數, complement)란, '두 수의 합이 N이 되게 하는 수'를 말한다. 예를 들어 10진수 6의 10의 보수는 4이고, 10진수 8의 10의 보수는 2이다. 보수는 컴퓨터에서 음의 정수를 표현하기 위해서 고안되었다. 컴퓨터 내부에서는 사칙연산을 할 때 덧셈을 담당하는 가산기(Adder)만 이용하기 때문에 뺄셈은 덧셈으로 형식을 변환하여 계산해야 한다. 즉 컴퓨터 내부에서는 A－B를 계산할 때 B의 보수(－B)를 구한 다음 A ＋ (－B)로 계산한다. [보수:개발자]

컴퓨터의 내부 연산은 2진수의 연산을 기본으로 하며, 적합한 연산은 **비트 XOR 연산**(0+0=0, 1+0=0+1=1, 1+1=0)이다. 양수 덧셈은 비트 연산으로 구현하기 쉬운데 뺄셈은 음수 처리(컴퓨터에서 기억 장치를 이용해 음수 정의를 해야 함)를 하여 덧셈 비트 연산을 활용하여 구현한다. 즉, 뺄셈은 다음과 같은 더하기

양수 － 양수 ＝ 양수 ＋ (－ 양수) ＝ 양수 ＋ 음수 양수 － 음수 ＝ 양수 ＋ 양수 음수 － 양수 ＝ (－ 양수) ＋ (－ 양수) ＝ 음수 ＋ 음수 음수 － 음수 ＝ (－ 양수) ＋ 양수 ＝ 음수 ＋ 양수

로 변환하여 음수인 경우 보수를 이용하여 덧셈 비트 연산을 이용한다.

이때 컴퓨터가 음수와 양수를 구별하고 컴퓨터 내부에서 음수가 양수와 마찬가지로 덧셈 계산될 수 있도록 표현하기 위해 고안한 '부호 절대값', '1의 보수', '2의 보수' 등의 방법을 사용한다. [보수:GitHUb]

10진수에서 보수를 사용한 예를 들어보자. 10진수의 뺄셈에서 **10의 보수**(더하여 10이 되는 수)를 활용하여 덧셈을 이용하는 방법을 보자. 6, 8의 10의 보수는 각각 4, 2이다.

8－6 ⇒ 8＋4(보수)＝12 ⇒ 8－6＝12(보수 덧셈 결과)－10 ＝ 2
6－8 ⇒ 6＋2(보수)＝8 ⇒ 6－8＝ 8(보수 덧셈 결과)－10 ＝－2
－8－6 ⇒ 2(보수)＋4(보수)＝6 ⇒ －8－6＝ 6(보수 덧셈 결과)－10・2＝－14

7.6.1 컴퓨터에서 음수 표현 방법 3가지

7.6.1.1 부호 절댓값 방법

음수를 표현하기 위한 방법으로 제일 먼저 최상위비트(MSB, Most Significant Bit: 왼쪽 첫째 자리)를 부호 비트로 사용하는 것을 생각할 수 있다. 즉, 첫 자리가 0이면 양수, 1이면 음수를 나

타내자. 이 방법을 **부호 절댓값 방법**이라 한다. 그러면 0을 표현하는 방식이 +0(2진수 4비트 표현: 0000)과 −0(2진수 4비트 표현: 1000) 두 가지가 존재하게 된다.

이 방법을 사용하면 이진수의 계산에 문제가 발생한다. 예를 들어 10진수 −1과 1의 덧셈을 2진수 4비트에서 계산하면

자리 올림			0	1			
2진수 −1		1	0	0	1	(2)	(십진수 −1)
2진수 1	+)	0	0	0	1	(2)	(십진수 1)
(2진수 결과)		1	0	1	0	(2)	(십진수 −2)
		부호	수 부분				

이 되어 덧셈 결과는 4비트 0인 0000(+0) 또는 1000(-0)이 되어야 하는데 문제가 발생(1010은 십진수로 −2)한다. 따라서 다음과 같은 1의 보수를 고안해서 사용하게 된다.

7.6.1.2 1의 보수(음수인 경우만 적용) 방법

1의 보수 방법은 주어진 이진수의 0은 1로, 1은 0으로 대체한 수로 부호 절댓값 방식과는 다르게 음수의 수 부분만 1의 보수로 나타낸 것이다. 예를 들어 10진수 3(2진수 011)을 2진수 4비트로 다음과 같이 2가지 방법으로 구할 수 있다.

십진수 −3(2진수 011)의 1의 보수	
제1방법 111−011 = 100	제2방법 Bit Not (많이 사용) (1 ⇒ 0, 0 ⇒ 1)로 변환
1 1 1 − 0 1 1 = 1 0 0 이므로 $\begin{cases} 3 = (0011)_2 \\ -3 = (1100)_2 \end{cases}$	0 1 1 ⇒ 1 0 0 이므로 $\begin{cases} 3 = (0011)_2 \\ -3 = (1100)_2 \end{cases}$

1의 보수 방법에서는 최상위비트(MSB)가 0이면 양수이고 1이면 음수라는 성질이 유지되고, 음수와 양수를 단순히 더하는 방식으로 뺄셈을 구현할 수 있게 된다.

자리 올림		0	0	0			
2진수 −1		1	1	1	0	(2)	(십진수 −1)
2진수 1	+)	0	0	0	1	(2)	(십진수 1)
(2진수 결과)		1	1	1	1	(2)	(십진수 −0)
		부호	수 부분				

(111의 1의 보수는 000이고 첫 자리가 1이므로 음수 −0)

예를 들어 2진수 4비트에서 10진수 2와 3의 덧셈과 −2와 −3의 덧셈은 다음과 같이 음수가 섞인 경우는 1의 보수로 변환하여 계산한다.

−2는 2(010)의 1의 보수(101)에 2진수 음수 표시로 최상위 1을 붙여 1101로 나타내고 −3은 3(011)의 1의 보수(100)에 2진수 음수 표시로 최상위 1을 붙여 1100으로 나타낸다.

예제 7.5

2 + 3의 연산: $(2+3)_{10} = (0010 + 0011)_2 = (0101)_2 = (5)_{10}$

자리 올림			0	1	0		
2진수 0010		0	0	1	0	(2)	(십진수 2)
2진수 0011	+)	0	0	1	1	(2)	(십진수 3)
(2진수 결과)		0	1	0	1	(2)	(십진수 5)
		부호	수 부분				

더하는 수가 양수인 경우는 부호 부분이 한자리가 되어 문제가 생기지 않는다. 하지만 음수가 섞인 경우는 비트 연산 결과 <u>부호 부분이 2자리인 경우가 발생</u>하는데, 이때 보정 해야 정확한 결과가 나온다. 아래의 예를 살펴보자.

예제 7.6

(−2) + 3의 연산:

$((-2)+3)_{10} = (1101(-2\text{에 대한 1의 보수}) + 0011)_2$

$= (10000)_2 = (0000+1)_2 = (0001)_2 = (+1)_{10}$

자리 올림		1	1	1	1			
2진수 1101			1	1	0	1	(2)	(십진수 −2)
2진수 0011	+)		0	0	1	1	(2)	(십진수 3)
(2진수 결과)		1	0	0	0	0	(2)	(십진수 ?)
			부호	수 부분				

이때, 연산 결과 10000의 부호 부분이 2자리인 10의 앞자리 1을 수 부분(000)에 더한 0000+1=0001이 되어 연산 결과는 양수 1이 된다. 이처럼 부호 부분이 2자리가 되면 앞의 1을 수 부분에 더해주는 보정 작업이 필요하다.

예제 7.7

2−3의 연산:

$$(2-3)_{10} = (0010 + 1100(-3\text{에 대한 1의 보수}))_2 = (1110)_2 = (-1)_{10}$$

자리 올림		0	0	0			
2진수 0010		0	0	1	0	(2)	(십진수 2)
2진수 1100	+)	1	1	0	0	(2)	(십진수 −3)
(2진수 결과)		1	1	1	0	(2)	(십진수 −1)
		부호	수 부분				

이때, 연산 결과 1110의 부호 부분은 1이므로 음수이고 수 부분 110의 1의 보수는 001이므로 연산 결과는 음수 −1이 된다.

예제 7.8

(−2) + (−3)의 연산:

$$((-2) + (-3))_{10} = (1101(-2\text{에 대한 1의 보수}) + 1100(-3\text{에 대한 1의 보수}))_2$$
$$= (11001)_2 = (1001+1)_2 = (1010)_2 = (-5)_{10}$$

자리 올림		1	1	0	0			
2진수 1101			1	1	0	1	(2)	(십진수 −2)
2진수 1100	+)		1	1	0	0	(2)	(십진수 −3)
(2진수 결과)		1	1	0	0	1	(2)	(십진수 ?)
			부호	수 부분				

이때, 연산 결과 11001의 부호 부분 11의 앞자리 1을 수 부분(001)에 더한 1001+1=1010이 되어 음수이고 수 부분 010의 1의 보수는 101이 되어 음수 -5가 된다. 이처럼 부호 부분이 2자리가 되면 앞의 1을 수 부분에 더해주는 보정 작업이 필요하다.

위를 좀 더 자세히 알아보면 다음과 같다.

구분	내용 (4비트 경우)	음수 −2의 1의 보수 구하기	음수 −3의 1의 보수 구하기
양수	3비트 2진수	010 (=십진수 2)	011 (=십진수 3)
	양수표현(4비트)	0010 (=십진수 2)	0011 (=십진수 3)
음수	1의 보수(3비트)	101	100
	음수표현(4비트)	1101 (=십진수 −2)	1100 (=십진수 −3)
과정 설명	덧셈	$(-2)_{10}+(-3)_{10}$[십진수 덧셈] = $(1101)_2$ [2진수 덧셈](음수는 1의 보수) + $(1100)_2$ (음수는 1의 보수) = $(1001)_2$ + $(0001)_2$(자리 올림) [11001인데 4비트라서 다음과 같이 정의함] 왼쪽 첫 자리부호는 1+1+1(뒷자리에서 올라옴)=11에서 뒤의 1(파랑:음수)을 취하고, 앞의 진한색 1은 자리 올림(001에 해당) = $(1010)_2$ [2진수] = $(-5)_{10}$ [십진수] [1010의 첫 자리는 1이므로 음수가 되고 수 부분 010의 1의 보수를 구하면 101(=$(5)_{10}$)가 되어 결과는 −5이다]	

※ 위의 예와 같이 음수를 1의 보수를 이용해 계산하는 경우 부호 부분에서 자리 올림(2자리수)이 발생하면 최하위 비트(LSB, Least Significant Bit)에 1을 더해주는 보정을 해야 한다.

음수를 1의 보수 방법을 이용하여 처리할 때, 부호 절댓값 방법과 같이 0은 두 가지 방법 +0(0000)과 −0(1111))으로 처리되며, 계산 과정에서 부호 부분에서 자리 올림이 발생하였는지 검사하는 회로를 구성해야 하는 문제가 있다. 따라서 음수 표현을 위해서는 주어진 비트 내에서 양수와 음수를 모두 표현하고, 각각의 양수 음수의 합이 0이 될 수 있어야 한다. 이를 위해 컴퓨터에서는 부호 절댓값 방법과 1의 보수의 성질을 개선한 다음의 2의 보수 방법을 사용하고 있다.

7.6.1.3 2의 보수(음수인 경우만 적용) 방법

2의 보수는 주어진 이진수보다 한 자리 높고 가장 높은 자리가 1인 2의 제곱수에서 주어진 수를 빼서 얻거나, 1의 보수에 1을 더하여 구할 수 있다. 예를 들어 3비트 011(=십진수 3)의 2의 보수는 다음과 같이 2가지 방법으로 구할 수 있다.

* 1000 − 011 = 101 (십진수 -3)
* 100(3의 1의 보수) + 1 = 101

십진수 −3(3의 2진수는 011)의 2의 보수	
제1방법 1000 - 011 = 101	제2방법 (많이 사용) 100(1의 보수) + 001 =101
1 0 0 0 - 0 1 1 (10진수 3) = 1 0 1	1 0 0 (3의 1의 보수) + 0 0 1 = 1 0 1

4개의 비트(첫자리가 0이면 양수, 1이면 음수)로 이루어진 수에 대한 부호 절댓값 방식(최상위비트 부호 방식), 1의 보수, 2의 보수 표현은 다음 표와 같다.

양수		음수			
10진 양수	2진 양수	10진 음수	부호절댓값 방식	1의 보수	2의 보수
0	0000	−0	1000	1111	0000
1	0001	−1	1001	1110	1111
2	0010	−2	1010	1101	1110
3	0011	−3	1011	1100	1101
4	0100	−4	1100	1011	1100
5	0101	−5	1101	1010	1011
6	0110	−6	1110	1001	1010
7	0111	−7	1111	1000	1001
8	-	−8	-	-	-

표에서 볼 수 있는 바와 같이, 2의 보수를 사용하면 0이 부호 절댓값 방식(+0 = 0000, -0 = 1000)과 1의 보수(+0 = 0000, -0 = 1111)에서 2가지로 표현되는 문제가 0000으로 한가지로 방법으로 표현된다. 또한, 덧셈할 때 1의 보수에서 발생하는 부호 부분에서 자리 올림 발생을 처리해야 하는 문제를 XOR 연산으로 해결(예제 7.10과 예제 7.12 참조)할 수 있으며, 음수를 −8까지 표현할 수 있다. 또한, 하드웨어적으로 뺄셈을 효율적으로 구현할 수 있기 때문에 일반적으로 컴퓨터에서는 음수를 2의 보수를 이용해 표현한다.

※ 2의 보수에서 음수가 섞인 연산의 부호 부분의 연산은 1의 보수와는 달리 자리 올림 하지 않고 **비트 XOR 연산**(0+0=0, 1+0=0+1=1, 1+1=0)을 한다.

※ 1의 보수는 부호 전환은 2의 보수보다 쉽지만 덧셈과 뺄셈은 어렵다.

예제 7.9

2 + 3의 연산: $(2 + 3)_{10}$ = $(0010 + 0011)_2$ = $(0101)_2$ = $(+5)_{10}$

자리 올림		0	1	0			
2진수 0010		0	0	1	0	(2)	(십진수 2)
2진수 0011	+)	0	0	1	1	(2)	(십진수 3)
(2진수 결과)		0	1	0	1	(2)	(십진수 5)
		부호	수 부분				

과정 설명	덧셈	$(2)_{10}+(3)_{10}$ [십진수 덧셈] = $(0010)_2$ [2진수 덧셈](양수는 2진수) + $(0011)_2$ (양수는 2진수) = $(0101)_2$ [2진수] = $(5)_{10}$ [십진수] 0101의 왼쪽 첫 자리부호가 0이므로 양수가 되고 수 부분 101의 십진수는 $(5)_{10}$가 된다.

예제 7.10

(−2) + 3의 연산:

$((-2) + 3)_{10}$ = (1110(−2에 대한 2의 보수) + $0011)_2$ = $(0001)_2$ = $(1)_{10}$

자리 올림		1	1	0			
2진수 1110		1	1	1	0	(2)	(십진수 −2)
2진수 0011	+)	0	0	1	1	(2)	(십진수 3)
(2진수 결과)		0	0	0	1	(2)	(십진수 1)
		부호	수 부분				

이처럼 2의 보수를 이용하는 경우 부호 부분에서 자리 올림 하지 않고 비트 XOR 연산을 한다.

구분	내용 (4비트 경우)	음수 −2의 2의 보수 구하기	양수 3
양수	3비트 2진수	010 (=십진수 2)	011 (=십진수 3)
	양수표현(4비트)	0010 (=십진수 2)	0011 (=십진수 3)
음수	1의 보수(3비트)	101	
	2의 보수(3비트)	110 (=101+001)	
	음수표현(4비트)	1110 (=십진수 −2)	

과정 설명	덧셈	$(-2)_{10}+(3)_{10}$ [십진수 덧셈] = $(1110)_2$ [2진수 덧셈] (음수는 2의 보수) + $(0011)_2$ (양수는 2진수) = $(0001)_2$ [2진수] 왼쪽 첫 자리는 XOR 연산 1+0+1 (뒷자리에서 올라옴)=0(양수) = $(1)_{10}$ [십진수] 0001의 왼쪽 첫 자리부호가 0이므로 양수가 되고 수 부분 001의 십진수는 양수 $(1)_{10}$이 된다.

예제 7.11

2 − 3 = 2 + (−3)의 연산:

$(2-3)_{10}$ = (0010 + 1101(−3에 대한 2의 보수))$_2$ = $(1111)_2$ = $(-1)_{10}$

자리 올림		0	0	0			
2진수 0010		0	0	1	0	(2)	(십진수 2)
2진수 1101	+)	1	1	0	1	(2)	(십진수 −3)
(2진수 결과)		1	1	1	1	(2)	(십진수 −1)
		부호	수 부분				

이때, 연산 결과 1111의 부호 부분은 1이므로 음수이고 수 부분 111의 2의 보수는 000(111의 1의 보수)+1=1이므로 연산 결과는 음수 −1이 된다.

구분	내용 (4비트 경우)	양수 2	음수 −3의 2의 보수 구하기
양수	3비트 2진수	010 (=십진수 2)	011 (=십진수 3)
	양수표현(4비트)	0010 (=십진수 2)	0011 (=십진수 3)
음수	1의 보수(3비트)		100
	2의 보수(3비트)		101 (=100+001)
	음수표현(4비트)		1101 (=십진수 −3)
과정 설명	덧셈	$(2)_{10}+(-3)_{10}$ [십진수 덧셈] = $(0010)_2$ [2진수 덧셈] (양수는 2진수) + $(1101)_2$ (음수는 2의 보수) = $(1111)_2$ [2진수] 왼쪽 첫 자리는 XOR 연산 0+1=1(음수) = $(-1)_{10}$ [십진수] 1111의 첫 자리부호가 1이므로 음수가 되고 수 부분 111의 2의 보수를 구하자. 111의 1의 보수 000이므로 2의 보수 구하면 [000 + 001 = 001 = $(1)_{10}$]이 되어 결과는 $(-1)_{10}$이다.	

예제 7.12

(−2) + (−3)의 연산:

$((-2) + (-3))_{10}$ = (1110(−2에 대한 2의 보수) + 1101(−3에 대한 2의 보수)$)_2$

= $(1011)_2 = (-5)_{10}$

자리 올림		1	0	0			
2진수 1110		1	1	1	0	(2)	(십진수 −2)
2진수 1101	+)	1	1	0	1	(2)	(십진수 −3)
(2진수 결과)		1	0	1	1	(2)	(십진수 −5)
		부호	수 부분				

이때, 연산 결과 1011의 부호 부분은 XOR 연산 결과 1이므로 음수이고 수 부분 011의 2의 보수는 100(011의 1의 보수)+1=101이므로 연산 결과는 음수 $(-5)_{10}$가 된다.

구분	내용 (4비트 경우)	음수 −2의 2의 보수 구하기	음수 −3의 2의 보수 구하기
양수	3비트 2진수	010 (=십진수 2)	011 (=십진수 3)
	양수표현(4비트)	0010 (=십진수 2)	0011 (=십진수 3)
음수	1의 보수(3비트)	101	100
	2의 보수(3비트)	110 (=101+001)	101 (=100+001)
	음수표현(4비트)	1110 (=십진수 −2)	1101 (=십진수 −3)
과정 설명	덧셈	$(-2)_{10}+(-3)_{10}$ [십진수 덧셈] = $(1110)_2$ [2진수 덧셈] (음수는 2의 보수) + $(1101)_2$ (음수는 2의 보수) = $(1011)_2$ [2진수] 왼쪽 첫 자리는 XOR 연산 1+1+1 (뒷자리에서 올라옴)=1(음수) = $(-5)_{10}$ [십진수] 1011의 첫 자리부호가 1이므로 음수가 되고 수 부분 011의 2의 보수를 구하자. 011의 1의 보수 100이고 2의 보수는 [100 + 001 = 101=$(5)_{10}$]이다. 결과는 $(-5)_{10}$이다.	

※ 4비트 연산에서는 연산의 결과가 절댓값이 8보다 크거나 같으면 mod 8(8로 나눈 나머지)의 연산결과가 된다. 따라서 절댓값이 8보다 작은 결과에서만 정확한 정보를 얻을 수 있다. 예를 들면 (−4)+(−5)의 결과를 구해보면 다음과 같이 −9를 8로 나눈 나머지 7(참조: −9 = 8*(−2) +7)이 된다. 그 이유를 아래 예제 7.13에서 자세한 설명을 한다.

예제 7.13

$(-4)+(-5)$의 연산:

$((-4)+(-5))_{10}$ = (1100(−4에 대한 2의 보수) + 1011(−5에 대한 2의 보수))$_2$

= $(0111)_2$ = $(7)_{10}$

자리 올림		0	0	0			
2진수 1100		1	1	0	0	(2)	(십진수 −4)
2진수 1011	+)	1	0	1	1	(2)	(십진수 −5)
(2진수 결과)		0	1	1	1	(2)	(십진수 7)
		부호	수 부분				

구분	내용 (4비트 경우)	음수 −4의 2의 보수 구하기	음수 −5의 2의 보수 구하기
양수	3비트 2진수	100 (=십진수 4)	101 (=십진수 5)
	양수표현(4비트)	0100 (=십진수 4)	0101 (=십진수 5)
음수	1의 보수(3비트)	011	010
	2의 보수(3비트)	100 (=011+001)	011 (=010+001)
	음수표현(4비트)	1100 (=십진수 −4)	1011 (=십진수 −5)
과정 설명	덧셈	$(-4)_{10}+(-5)_{10}$ [십진수 덧셈] = $(1100)_2$ [2진수 덧셈](음수는 2의 보수) + $(1011)_2$ (음수는 2의 보수) = $(0111)_2$ [2진수] 0111의 왼쪽 첫 자리부호는 XOR 연산 1+1=0(양수) = $(7)_{10}$ (양수로 나타남?) ※ −9(=(−4)+(−5))를 8(3비트 표현으로 가능 수 0~7)로 나누면 몫이 −2이고 나머지는 7이다. 즉, 7은 −9 = (−2)×8 +7에서 7을 의미한다.	

이상으로 음수를 나타내는 3가지 방법을 알아보았는데 정리해보면 다음과 같은 장단점이 있다.

- 부호 절댓값 형식의 경우: 사용하기에는 편리해 보이나 막상 컴퓨터에서 사용하게 되면 덧셈기와 뺄셈기를 따로 구현해야 하므로 사용되지 않는다.
- 1의 보수의 경우: 절대값 계산이 따로 필요하지 않고 음수 간의 덧셈으로 뺄셈을 할 수 있지만 0은 +0(00000000)과 −0(11111111)로 2가지 표현(8비트인 경우)이 발생한다는 단

점이 있다. 또한, 연산 결과 부호 비트가 2자리이면 보정을 해주어야 한다.

- 2의 보수의 경우: −0을 제거했기 때문에 0의 표현이 한가지며, 덧셈 연산에서 처리를 더 단순화시키게 되며 가장 단순하면서 효율적이어서 컴퓨터 시스템에서 사용되고 있다. [보수:Ho_use]

7.6.2 2진수의 1의 보수, 2의 보수 변환 알고리즘

- **1의 보수 변환 방법**: 2진수가 기억된 배열 각 포인터에 기억된 값을 1로 뺀 값을 1의 보수를 기억하는 배열에 입력한다.
- **2의 보수 변환 방법**: 1의 보수를 구하여 기억하는 배열의 값에 1을 더하는 로직을 수행한다.

※ 2의 보수를 구할 때 자리 올림 수만 고려하여 계산하면 된다. 이유는 최초 1을 자리 올림 수로 생각하고 1의 보수 마지막 자리와 덧셈을 수행하고 나면 나머지 자리부터는 자리 올림 수만 남기 때문이다.

예제 7.14

배열 A(10)에 입력된 2진수에 대한 1의 보수와 2의 보수를 구하는 순서도를 작성하라.

▸ 사용되는 변수
- A(10): 2진수 저장 배열
- A1(10): 2진수 1의 보수 저장 배열
- A2(10): 2의 보수 저장 배열
- C: 자리올림 수 저장 변수
- I: 인덱스 변수(배열의 포인터를 결정하는 첨자 역할)

▸ 처리 조건
- 최상위 bit(MSB)에 자리올림이 발생하더라도 무시한다.
- 나머지는 MOD 연산자로 구하고 소수점 절삭은 Int() 함수로 처리한다.
- MOD 연산자 예: 10 mod 3 =〉 결과 1 - Int() 함수 예: int(5.7) =〉 결과 5

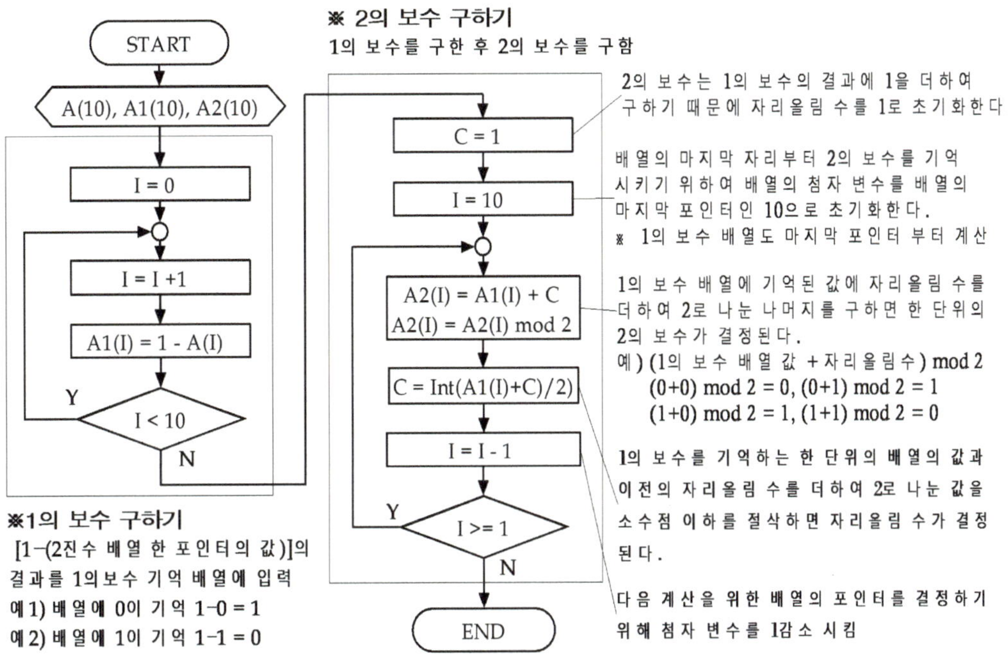

연습문제 7.6

다음의 순서도는 5자리의 이진수를 입력받아 1의 보수와 2의 보수로 변환하여 각 배열에 저장하는 순서도이다. 단, 1의 보수 및 2의 보수로 변환할 2진수는 마지막 자리부터 배열의 마지막 포인터에서 역순으로 입력되며 배열의 포인터는 (1)~(5)이다. 아래의 순서도에서 괄호에 해당하는 내용을 '답항보기'에서 찾아 순서도를 완성하고 파이썬 프로그램을 만들어라.

▶ 사용되는 변수

- A(P): 1자리씩의 2진수를 입력받는 배열
- P: 배열의 포인터
- Comp1: 1의 보수가 저장될 변수
- Comp2: 2의 보수가 저장될 변수
- C: 자리 올림수 처리 변수

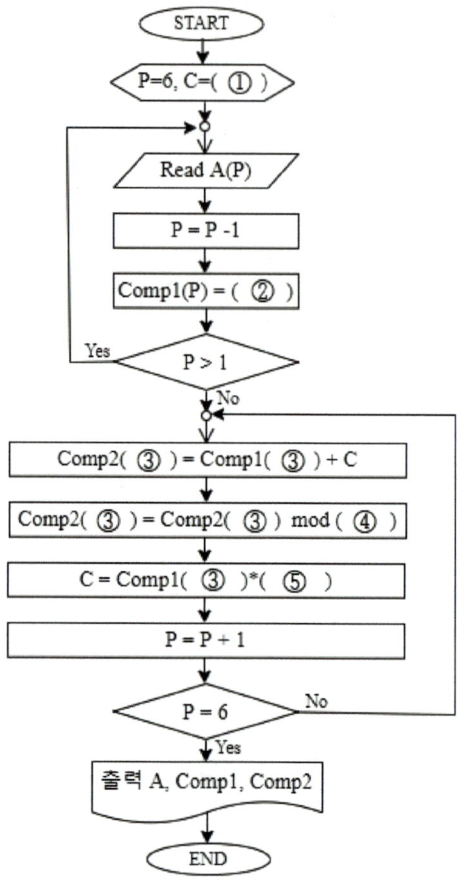

답항보기

1	2	3	4	5	6	7	8	9	10
C	0	1	2	6-P	A(P)-1	1-A(P)	A(I)	3	A(P)

CHAPTER 07 연습문제

(연습문제 7.1) ~ (연습문제 7.6)의 순서도를 완성하고 파이썬 프로그램을 작성하라.

Chapter 08

비교, 정렬, 검색 알고리즘과 순서도 코딩

CHAPTER 08

비교, 정렬, 검색 알고리즘과 순서도 코딩

8.1 최댓값, 최솟값 구하기 알고리즘

- **최댓값 구하기 알고리즘**

(방법1) 자료에서 올 수 있는 값 중에서 예상되는 가장 작은 값 이하를 최댓값 변수의 초기치로 설정한 후 모든 값과 순차적으로 비교하면서 최댓값 변수가 기억하는 값보다 큰 값이 있으면 최댓값 변수의 값을 해당 값으로 치환

(방법2) 자료의 첫 번째 값을 최댓값 변수의 초기치로 설정한 후 두 번째 자료부터 비교하며 최댓값 변수보다 큰 값이 있으면 최댓값 변수의 값을 해당 값으로 치환

- **최솟값 구하기 알고리즘**

(방법1) 자료에서 올 수 있는 값 중에서 예상되는 가장 큰 값 이상을 최솟값 변수의 초기치로 설정한 후 모든 값과 순차적으로 비교하면서 최솟값 변수가 기억하는 값보다 작은 값이 있으면 최솟값 변수의 값을 해당 값으로 치환

(방법2) 자료의 첫 번째 값을 최솟값 변수의 초기치로 설정한 후 두 번째 자료부터 비교하며 최솟값 변수보다 작은 값이 있으면 최솟값 변수의 값을 해당 값으로 치환

예제 8.1

배열 A()에 기억된 70, 60, 90, 80, 50의 5개의 수들 중에서 가장 큰 수를 구하는 순서도를 작성하라.

▶ 사용되는 변수
- A(5): 자연수 기억 배열
- MAX: 최댓값 기억
- I: 인덱스 변수

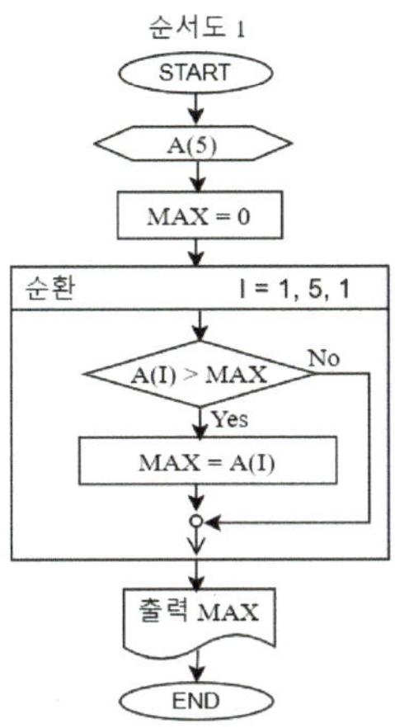

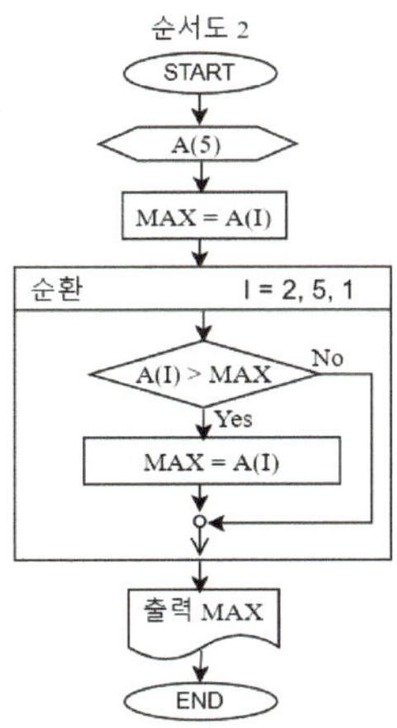

순서도 1

최댓값 변수 MAX의 초기치를 배열 A()에 기억된 5개의 자연수보다 더 작은 값 0으로 설정한 후 첫 번째 배열의 값부터 순서에 따라 비교하며 MAX보다 큰 값이 배열에 기억되어 있으면 MAX의 값을 해당 배열의 값으로 치환하는 방법으로 최댓값을 구한다.

순서도 2

순서도 1과 차이는 최댓값 변수 MAX의 초기치를 첫 번째 배열의 값으로 설정한 후 두 번째 배열부터 MAX보다 큰 값을 찾는 것이 차이이다.

연습문제 8.1

아래의 순서도는 임의의 수를 5개를 입력받아 가장 작은 값을 구하여 출력하는 순서도이다. 아래 순서도의 괄호에 해당하는 내용을 '답항보기'에서 찾아 순서도를 완성하고 파이썬 프로그램을 만들어라.

※ 파이썬에서 다중(5개) 자료 입력은 아래와 같이 .split()를 이용하여 입력한다.

n1, n2, n3, n4, n5 = input("정수 5개를 띄어쓰기로 입력 :").split()

▸ 사용되는 변수

- N: 입력되는 수　　- MIN: 최솟값　　- I: 인덱스 변수

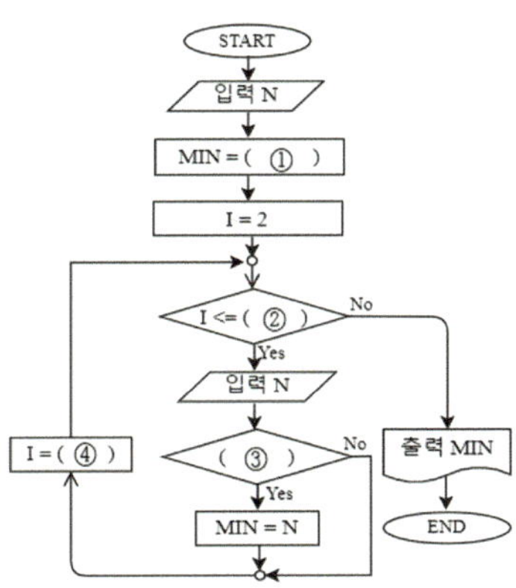

답항보기

1	2	3
0	4	5
4	**5**	**6**
I-1	MIN 〈 N	N
7	**8**	**9**
I+1	MIN 〉 N	I

연습문제 8.2

아래의 순서도는 배열 A()에 기억된 수 30, 24, 7, 41, 43, 9, 70을 읽어서 최댓값, 최솟값, 합계, 평균을 구하는 순서도이다. 괄호에 해당하는 내용을 '답항보기'에서 찾아 순서도를 완성하고 파이썬 프로그램을 만들어라.

▶ 사용되는 변수

- MAX: 최댓값 - MIN: 최솟값 - S: 합계 - AVE: 평균 - I: 배열첨자

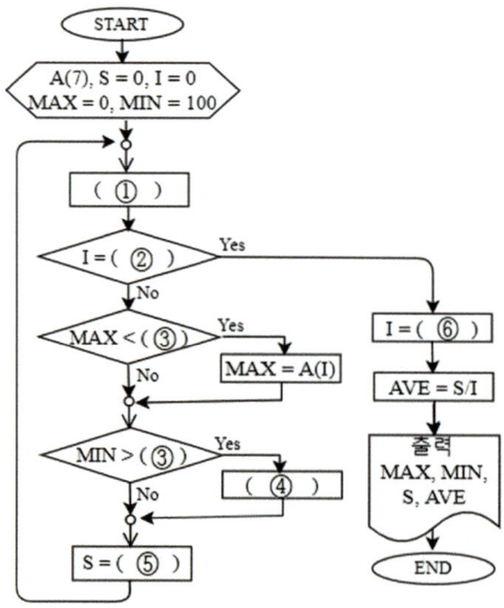

답항보기

1	2	3
7	8	I=I+1
4	**5**	**6**
I+1	MAX=A(I)	MAX+I
7	**8**	**9**
A(I)	MIN=A(I)	S+A(I)
10	**11**	**12**
I-1	S+I	MIN+I

8.2 가까운 수 구하기 알고리즘

예제 8.2

10개의 배열에 기억된 자연수 중에서 10에 가장 가까운 수를 출력하는 순서도를 작성하라. 단, 배열에 기억된 자연수는 500이하이다.

▶ 사용되는 변수

- T: 배열
- N: 배열첨자
- M: 최솟값
- C: 10과의 차
- S: 차가 최소인 자연수

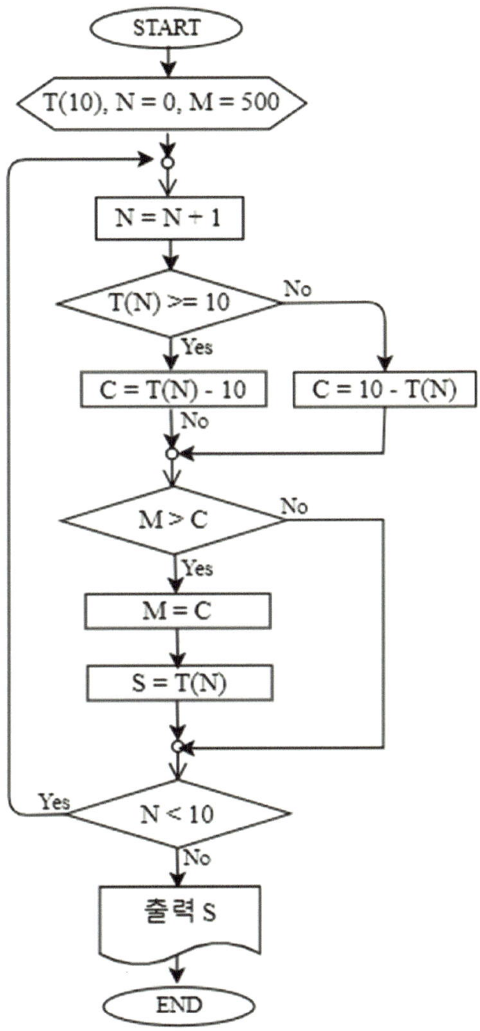

알고리즘 원리 이해

배열에 기억된 값을 10과 비교하여 10과 차이를 구한 후 차이가 가장 작은 값에 해당하는 배열에 기억된 자연수를 최종 출력하는 알고리즘이다.
곧, 최솟값을 구하는 형태의 알고리즘으로 실제 출력되는 값은 10과의 차에 대한 최솟값으로 결정된 원래의 수를 출력하는 알고리즘이다.

순서도 수행 순서 이해

1. 배열의 자연수와 10을 비교하여 배열의 자연수가 10보다 크거나 같으면 배열의 자연수에서 10을 뺀 값을 C에 기억시키고 만약 10이 작다면 10에서 배열에 입력된 자연수를 뺀 값을 C에 기억시킨다.
2. 최솟값 변수 M과 C를 비교하여 C가 작다면 최솟값 변수 M에 C를 기억시킨 후 배열에 기억된 자연수를 S에 기억시킨다.
3. 위 1, 2의 순서를 10회 반복 수행 한 후 최종적으로 S를 출력한다.

연습문제 8.3

아래의 순서도는 (예제 8.2)와 같은 내용을 처리하기 위한 순서도이다. 아래 순서도의 괄호에 해당하는 내용을 '답항보기'에서 찾아 순서도를 완성하고 파이썬 프로그램을 만들어라.

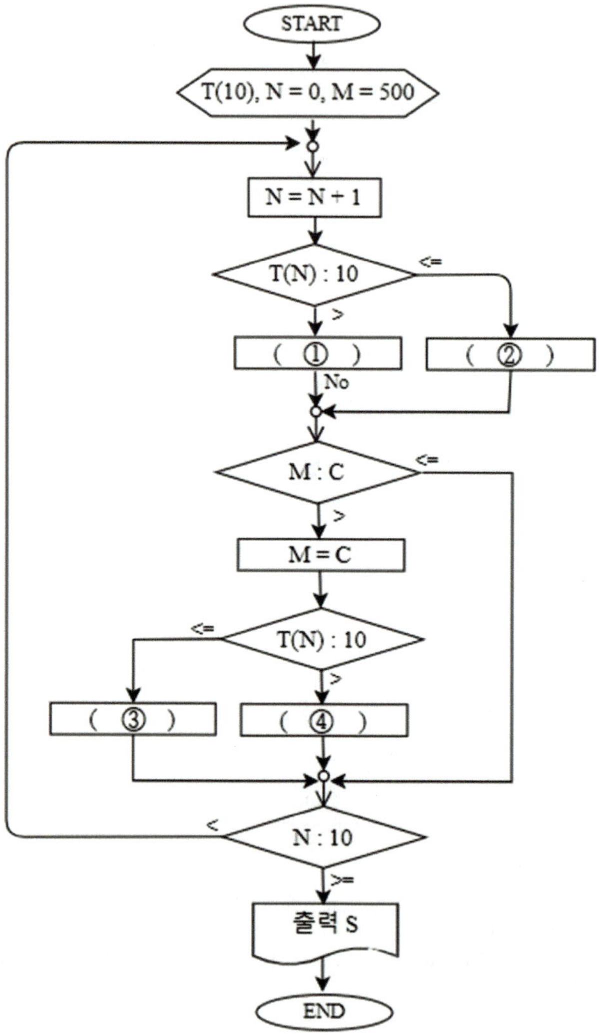

답항보기

1	2	3	4	5	6
C=T(N)-10	C=10-T(N)	S=T(C)	S=T(M)	S=10-M	S=10+M

8.3 석차 구하기(모두 비교) 알고리즘

예제 8.3

배열 K(5)에 5명의 학생에 대한 국어점수가 기억되어 있을 때 국어점수가 높은 순서로 석차를 구하여 배열 S(5)에 입력하는 순서도를 작성하라.

▶ 사용되는 변수
- K(5): 국어점수 배열
- S(5): 석차 배열
- I, J: 배열 첨자

▶ 처리 조건
- 석차는 국어점수에 대한 내림차순 순서로 1, 2, 3… 등을 부여한다.
- 같은 점수가 발생하면 같은 등수가 부여되고 이후 등수는 원래의 등수를 부여한다.

순 서 도 1.

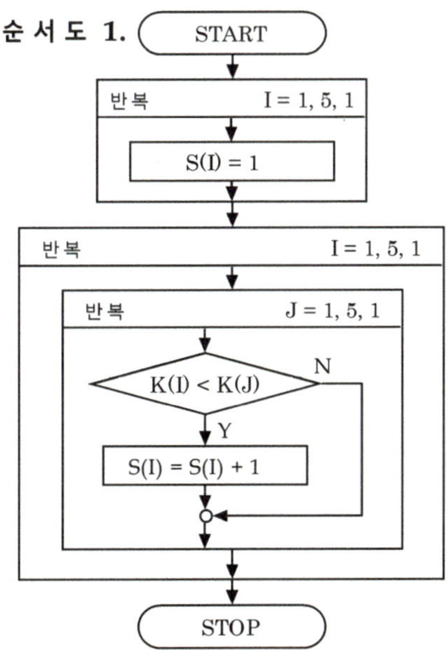

순 서 도 2.

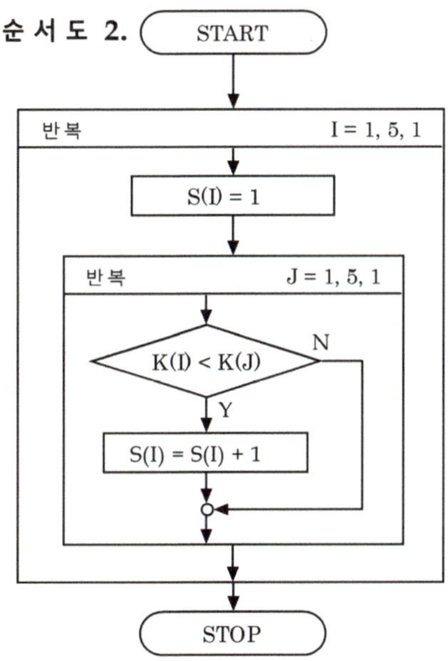

위의 순서도 및 소스 기본 구조

하나의 점수를 기준으로 해당 점수에 대한 석차 초기치를 1로 두고 나머지 점수 모두와 순차적으로 비교하며 높은 점수가 있으면 석차 초기치를 1씩 증가시켜 가는 방식으로 석차를 결정한다.
위의 순서도 1은 석차 초기치 1을 모든 점수에 대하여 일괄적으로 부여한 후 석차를 구하는 방식이고 순서도 2는 각 점수에 대한 석차 초기치를 매번 시작할 때 1을 부여하는 방식으로 처리한다.

연습문제 8.4

아래의 순서도는 1차원 배열에 저장된 학생 10명의 성명, 국어점수, 국사점수를 입력받아 총점을 계산하고 계산된 총점으로 석차를 구하여 성명과 석차를 출력하는 순서도이다. 아래 순서도의 괄호에 해당하는 내용을 '답항보기'에서 찾아 순서도를 완성하고 파이썬 프로그램을 만들어라.

▶ 사용되는 변수

- N(10): 성명 배열
- K(10): 국어점수 배열
- H(10): 국사점수 배열
- S(10): 총점 배열
- R: 석차
- I, J, K: 배열 첨자

▶ 처리 조건

- 석차는 학생의 총점에 대하여 내림차순으로 1, 2, 3 … 등을 부여한다.
- 같은 총점이 발생하면 같은 등수가 부여되고 이후 등수는 원래의 등수를 부여한다.

예 가장 높은 총점이 3건이면 1등은 3명이며 2, 3등은 없고 4등부터 등수가 부여된다.

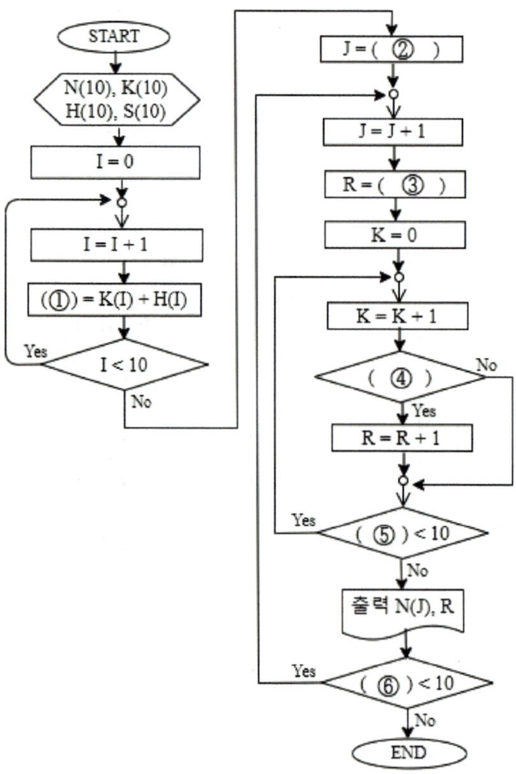

답항보기

1	2	3
I	J	K
4	**5**	**6**
S(I)	S(I)〈S(J)	S(J)〈S(K)
7	**8**	**9**
0	1	2

8.4 석차 구하기(최소 선택 비교) 알고리즘

예제 8.4

배열 K(5)에 5명의 학생에 대한 국어점수가 기억되어 있을 때 국어점수가 높은 순서로 석차를 구하여 배열 R(5)에 입력하는 순서도를 작성하라.

▶ 사용되는 변수

- K(5): 국어점수 배열　- R(5): 석차 배열　- I, J: 배열 첨자

▶ 처리 조건

- 석차는 반드시 1등이 있어야 하며 같은 등수는 존재할 수 없다.
- 같은 점수가 있으면 순번이 낮은 배열에 입력된 점수에 높은 등수를 부여한다.
- 석차는 국어점수에 대한 내림차순으로 1, 2, 3, 4, 5등으로 부여한다.

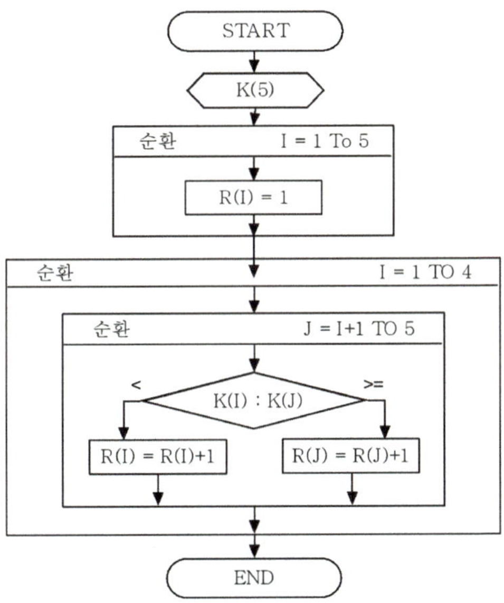

위 순서도를 이용한 석차 구하기(최소 선택 비교) 이해

1. 5건의 점수에 해당하는 석차 배열포인터의 값들을 1로 초기화한다.
2. 석차를 구하기 위한 로직을 처음 수행할 때 외부순환구조에서 K(1) 배열포인터의 값을 지정한 후 내부순환구조에서 K(1) 배열포인터의 값을 K(2)부터 K(5)까지의 배열포인터 값과 순차적으로 비교하며 작은 값에 대한 석차 배열포인터의 값을 1증가시킨다.
3. 2회 수행 때는 외부순환구조에서 K(2) 배열포인터의 값을 지정한 후 내부순환구조에서 K(2) 배열포인터의 값을 K(3)에서 K(5)까지의 배열포인터의 값과 순차적으로 비교하며 작은 값에 대한 석차 배열포인터의 값을 1증가시킨다.
4. 위 2, 3의 순서로 외부순환구조가 K(4)로 정의되고 내부순환구조는 K(5)로 정의되어 각 배열포인터의 값을 비교하여 작은 값에 대한 석차 배열포인터의 값을 1증가시킬 때까지 수행한다.

연습문제 8.5

아래의 순서도는 성명, 중간고사점수, 기말고사점수로 구성된 10건의 자료를 입력받아 각 학생별 총점과 석차를 구하는 순서도이다. 아래 순서도의 괄호에 해당하는 내용을 '답항보기'에서 찾아 순서도를 완성하고 파이썬 프로그램을 만들어라. 단, 석차는 1등부터 10등까지 총점이 높은 순서로 구하고 같은 총점은 발생하지 않는 것으로 가정한다.

▶ 사용되는 변수

- NAME, M, F: 성명, 중간고사, 기말고사 배열
- T, R: 총점, 석차 배열
- P, Q: 순환변수
- CNT: 인원수

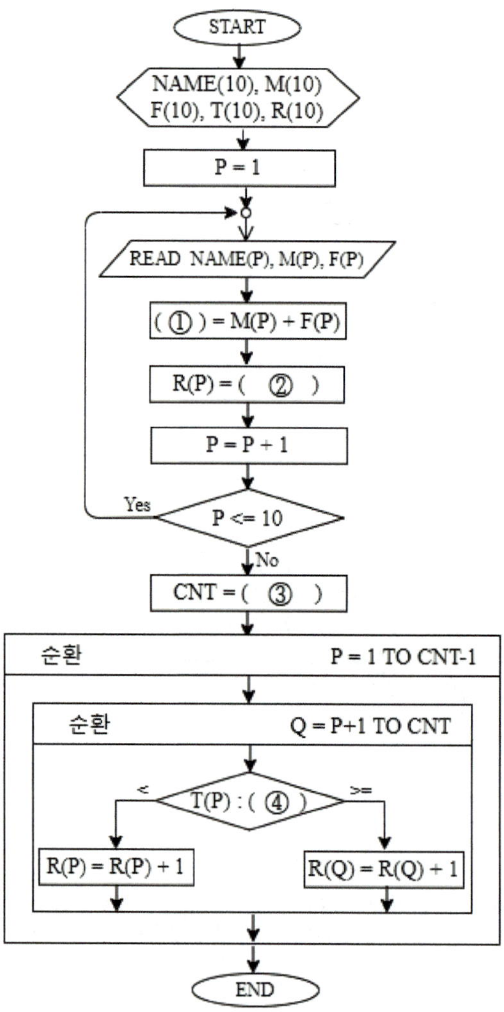

답항보기

1	2	3
0	1	2
4	**5**	**6**
1-P	P-1	P+1
7	**8**	**9**
T(P)	T(Q)	R(Q)

8.5 정렬, 정보 검색과 복잡도

8.5.1 정렬(整列, sorting)

항목들을 번호순이나 사전 순서와 같이 일정한 순서대로 열거하는 것을 말한다. 정렬은 순서를 정하는 것과 분류하는 것의 서로 다른 의미의 두 가지 특성이 있다. [정렬:위키나무] [정렬:위키백과] [정렬:Harry]

정렬 알고리즘(sorting algorithm)에서 효율인 정렬은 탐색이나 병합 알고리즘처럼 (정렬된 리스트에서 바르게 동작하는) 다른 알고리즘을 최적화하는 데 중요하다. 또 정렬 알고리즘은 데이터의 정규화나 의미 있는 결과물을 생성하는 데 흔히 유용하게 쓰인다.

컴퓨터 분야에서 중요시되는 문제 가운데 하나로 어떤 데이터들이 주어졌을 때, 이를 정해진 순서대로 나열하는 문제이다. 실제 컴퓨터 분야에서 사용하는 데이터의 경우 숫자의 순서나 어휘의 순서대로 정렬한 다음 사용해야 하는 경우가 거의 항상 발생하는데 이걸 얼마나 효과적으로 해결할 수 있느냐가 정렬 문제의 핵심이다.

데이터를 정렬해야 하는 이유는 탐색(검색: 8.7절 참조)을 위해서이다. 사람은 수십에서 수백 개의 데이터를 다루는 데 그치지만 컴퓨터가 다뤄야 할 데이터는 보통이 백만 개 단위이며 데이터베이스 같은 경우 이론상 무한개의 데이터를 다룰 수 있어야 한다. 탐색할 대상 데이터가 정렬되어 있지 않다면 순차 탐색(8.7.1) 이외에 다른 알고리즘을 사용할 수 없지만 데이터가 정렬되어 있다면 이진 탐색(8.7.2)이라는 강력한 알고리즘을 사용할 수 있다. 삽입과 삭제가 자주 되는 자료의 경우 정렬에 더 많은 시간이 들어가므로 순차 탐색을 하는 경우도 있지만 대부분의 경우 삽입/삭제보다는 데이터를 조회하는 것이 압도적으로 많고 조회에 필요한 것이 바로 검색(8.7절 참조)이다.

8.5.2 정보 검색(情報檢索, Information Search)

집합적인 정보로부터 어떤 조건을 만족하는 데이터를 찾아내는 행위를 말한다.

8.5.3 복잡도(Complexity)

알고리즘의 성능을 평가하는 기준으로 실행하는 데 필요한 시간을 평가하는 **시간 복잡도**

(Time Complexity)와 메모리와 파일 공간이 얼마나 필요한지 평가하는 **공간 복잡도(Space Complexity)**가 있다. [복잡도:MadPlay]

(1) 시간 복잡도(Time complexity)

알고리즘의 시간 복잡도는 최선의 경우(Best Case), 평균적인 경우(Average Case), 최악의 경우(Worst Case)의 3가지로 나누어 구한다. 평균적인 경우를 가장 많이 사용할 것 같지만 알고리즘이 복잡해질수록 평균적인 경우는 구하기가 매우 어려워지기 때문에 최악의 경우로 알고리즘의 성능을 파악한다. 단, n은 연산 회수이다.

복잡도	최선의 경우 (Best Case)	평균적인 경우 (Average Case)	최악의 경우 (Worst Case)
내용	최선의 시나리오로 최소 이만한 시간이 걸림	평균 시간을 나타냄	최악의 시나리오로 아무리 오래 걸려도 이 시간보다 덜 걸림
기호	$\Omega(n)$	$\Theta(n)$	$O(n)$

다음 예를 통해서 시간 복잡도에 대한 이해를 높이자.

예제 8.5

자연수 n을 n번 더하는 알고리즘으로 다음 3가지의 경우를 생각해 보자.
(Case 1) $n \times n$을 계산하는 방법(수학의 성질 사용하면 간단해진다)
(Case 2) n을 n번 더하는 계산을 하는 방법
(Case 3) 양의 정수 1을 n번 더하는 계산을 n번 반복하는 방법

위 3개의 알고리즘의 파이썬 알고리즘과 연산 횟수를 비교해보면 아래와 같이 나타낼 수 있다. (간단하게 확인하기 위해 루프 제어 연산은 제외한다.)

구분	Case 1	Case 2	Case 3

프로그램	sum = n * n	sum = 0
		for i in range(n) :
		    sum = sum + n
			sum = 0
			for i in range(n) :
			    for j in range(n) :
			        sum = sum + 1

대입 연산	1	$n+1$	$n \cdot n+1$
덧셈 연산	0	n	$n \cdot n$
곱셈 연산	1	0	0
전체 연산 횟수	2	$2n+1$	$2n^2+1$

일반적으로 곱셈 연산은 덧셈 연산보다 시간이 더 소요되지만 같다고 가정할 경우라도 위 3개의 알고리즘의 수행 시간을 비교할 수 있다.

하나의 연산이 t 만큼의 시간이 필요하다고 가정한다면 (Case 1)의 경우는 $2t$ 만큼의 시간이 필요하고 (Case 2)의 경우는 $(2n+1)t$ 만큼의 시간, 마지막으로 (Case 3)의 경우에는 $(2n^2+1)t$ 만큼의 시간이 필요하다.

시간 복잡도는 최악의 경우로 가정하여 다음과 같은 빅오 표기법으로 나타낸다.

빅오 표기법(big-oh notation): 시간 복잡도 함수에서 상대적으로 불필요한 연산을 제거하여 알고리즘의 분석을 조금 더 간편하게 할 목적으로 대문자 O를 사용하여 시간 복잡도를 표기하는 방법이다.

위 (Case 2)의 루프 제어문은 전체적으로 보면 $2n+1$ 번의 연산을 하게 된다. 중요한 것은 정확한 연산의 횟수가 아니라 알고리즘의 일반적인 증가 추세가 필요하다. 예를 들어, 연산 회수가 $2n+1$ 인 알고리즘과 $4n+3$ 인 알고리즘이 있다고 하면, 수식에 포함된 n 이 커지게 되면 $2n+1$ 인 알고리즘과 $4n+3$ 인 알고리즘의 차이는 미미해지고, 프로그램 실행 시간이 n 에 정비례하므로 n 이 수행시간을 결정하는 중요한 요소가 된다.

알고리즘이 n 에 정비례하는 실행 시간을 가진다는 의미로 **알고리즘의 시간 복잡도**가 $O(n)$이라고 한다. 읽을 때는 "빅오 of n"이라고 읽는다. 간단하게 "빅오엔" 이라고 읽는다. $O(n)$은 검색할 때 입력 크기가 n 일 때, 최악의 경우 n 번 실행하는 시간이다. 따라서 위 예의 빅오 표기법을 보면, (Case 1)의 시간 복잡도는 $O(1)$, (Case 2)의 시간 복잡도는 $O(n)$, (Case 3)의 시간 복잡도는 $O(n^2)$이다.

일반적으로 시간 복잡도 함수가 $f(n)$과 $g(n)$일 때, 동시에 수행할 때 시간 복잡도는 다음과 같다.

$$O(f(n))+O(g(n))=O(\max(f(n),g(n)))$$

시간 복잡도 함수에 대한 관계는 다음 표에서 비교할 수 있다. 단, $\log n=\log_2 n$ 이다.

빅오 표기법	$n=1$	$n=4$	$n=8$	$n=32$
$O(1)$	1	1	1	1
$O(\log n)$	0	2	3	5
$O(n)$	1	4	8	32

빅오 표기법	$n=1$	$n=4$	$n=8$	$n=32$
$O(n\log n)$	0	8	24	160
$O(n^2)$	1	16	64	1,024
$O(n^3)$	1	64	512	32,768
$O(2^n)$	2	16	256	4,294,967,296
$O(n!)$	1	24	40,326	$26,313\times 10^{33}$

| 그림 8-1 | 시간 복잡도와 증가율(n 이 충분히 큰 경우)

작다 ⟷ 크다

$O(1)$ $O(\log n)$ $O(n)$ $O(n\log n)$ $O(n^2)$ $O(n^k)$ $O(2^n)$ $O(n!)$

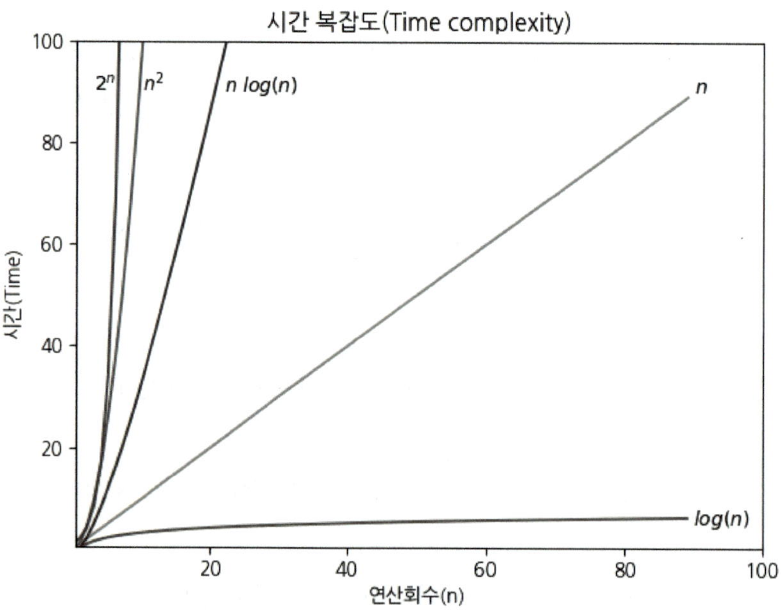

(2) 공간 복잡도(Space Complexity)

프로그램을 실행시킨 후 완료하는 데 필요로 하는 자원 공간의 양을 말한다.

'총 공간 요구 = 고정 공간 요구 + 가변 공간 요구'

로 나타낼 수 있으며 수식으로는 $S(P)=c+Sp(n)$으로 표기한다.

여기서 **고정 공간(fixed space)**은 고정되어있는 변수나 상수들을 위한 메모리 공간을 말한다.

가변 공간(variable space)은 매개변수[30](parameter), 지역변수[31](local variable), 전역변수[32](global variable) 그리고 함수가 호출될 경우 그 명령어 위치인 회귀 주소 등을 말한다. 고정 공간은 상수이므로 공간 복잡도는 가변 공간에 좌우된다.

시간 복잡도는 "얼마나 빠르게 실행되느냐" 그리고 공간 복잡도는 "얼마나 많은 자원이 필요한가?"를 의미한다. 좋은 알고리즘이란, "시간도 적게 걸리고 자원의 사용도 적어야 하는 것"이다.

하지만, 시간 복잡도와 공간 복잡도는 반비례하는 경향이 있기 때문에 알고리즘의 척도는 시간 복잡도를 위주로 판단한다. 그러므로 시간 복잡도만 괜찮다면 공간 복잡도는 어느 정도 무시할 수 있다. 특히나 요즘과 같은 대용량 시대에는 공간 복잡도에 크게 영향을 받지 않는다.

8.6 정렬 알고리즘

여러 알고리즘 중에서 탐색(검색) 및 정렬이 가장 많이 사용된다. 먼저 정렬 알고리즘에 대해 알아보자. [정렬:위키백과] [정렬:Evans]

컴퓨팅이 시작할 때부터 정렬 알고리즘은 단순하고 친숙한 단어이지만 효율적으로 이를 해결하기는 쉽지 않아 상당히 연구가 진행되어 왔다. 1951년 에니악[33]과 유니박[34]을 다루던 베티 홀버튼(Betty Holberton)을 중심으로 초기 정렬 알고리즘이 개발되었고, 1956년 초에 거품 정렬이 분석되었다. 비교 정렬 알고리즘은 대부분 시간 복잡도가 $O(n \log n)$이다. 비교에 기반을 두지 않는 알고리즘(계수 정렬 등)은 비교에 기반을 둔 정렬 알고리즘보다 더 나은 성능을 보일 수 있다. 20세기 중반부터 입력되는 데이터의 크기에 따라 수행 시간과 공간을 얼마나 차지하는 지를 측정하여 효율적인 알고리즘인지를 판단하는 점근 최적 알고리즘(Asymptotically optimal algorithm)들이 연구되고 있다. 유용하고 새로운 알고리즘들은 여전히 발명되고 있으며 그중 현재 널리 쓰이는 **팀 정렬(Timsort)**는 2002년 소프트웨어 엔지니어 Tim Peters에 의하여 발명되었으며, 라이브러리 소트(Library sort)는 2004년 마이클 A. 벤더, Martin Farach-Colton, 미구엘

30) **매개변수(parameter)**: 변수의 특별한 한 종류로서, 함수 등과 같은 서브루틴의 인풋으로 제공되는 여러 데이터 중 하나를 가리키기 위해 사용된다.
31) **지역변수**: '블록' 내에서 선언된 변수를 의미하며, 변수가 선언된 블록 내에서만 유효하며, 블록이 종료되면 메모리에서 사라진다.
32) **전역변수**: 함수의 외부에서 선언된 변수를 의미하며, 프로그램의 어디에서나 접근할 수 있으며, 프로그램이 종료되어야만 메모리에서 사라진다.
33) **에니악(ENIAC)**: ENIAC(Electronic Numerical Integrator And Computer)은 1943년에서 3년에 걸쳐서 1946년 2월 14일에 펜실베이니아 대학의 모클리와 에커트가 제작한 전자 컴퓨터이다.
34) **유니박(UNIVAC)**: UNIVAC(UNIVersal Automatic Computer)은 EMCC(Eckert-Mauchly Computer Corporation)의 제품을 기점으로, 전자 디지털로 저장되는 프로그램 컴퓨터 계열의 이름이다.

모스테이로에 의해 제안되었으며 2006년 출판되었다. 2022년 1월 현재 위키백과에 의하면 다음과 같은 많은 종류의 정렬 알고리즘이 개발되어 있다.

다음은 값을 비교하는 것에 기반한 **비교 정렬 알고리즘**이다. 모든 비교 기반 정렬 알고리즘은 최소 $O(n\log n)$으로 실행되는 것이 알려져 있다.

이름	복잡도 평균	이름	복잡도 평균
퀵 정렬	$n\log n$	라이브러리 소트	$n\log n$
합병 정렬	$n\log n$	페이션스 소팅	$n\log n$
제자리 합병 정렬	$n\log n$	스무스소트	$n\log n$
힙 정렬	$n\log n$	스트랜드 소트	n^2
삽입 정렬	n^2	토너먼트 정렬	$n\log n$
인트로소트	$n\log n$	칵테일 정렬	n^2
선택 정렬	n^2	빗질 정렬	n^2
팀 소트	$n\log n$	그놈 정렬	n^2
큐브소트	$n\log n$	언셔플 소트	kn
셸 정렬	$n\log n$	Franceschini's method	$n\log n$
거품 정렬	n^2	블록 정렬	$n\log n$
이진 트리 정렬	$n\log n$	홀짝 정렬	n^2
사이클 정렬	n^2	커브 정렬	n^2

비교 기반이 아닌 정렬 알고리즘은 정수 정렬 알고리즘들과 비교 정렬 알고리즘에 비해 대체로 효율이 높으며 다음과 같다. 단, n : 연산 회수, k : 버킷 수, d : 최대 원소의 크기(자리수), r : 정렬될 수의 범위이다.

이름	복잡도 평균	이름	복잡도 평균
비둘기집 정렬	$n+2^k$	MSD 기수 정렬 (제자리)	$n\cdot\frac{k}{d}$
버킷 정렬 (uniform keys)	$n+k$	스프레드소트	$n\cdot\frac{k}{d}$
버킷 정렬 (integer keys)	$n+r$	버스트소트	$n\cdot\frac{k}{d}$
계수 정렬	$n+r$	플래시소트	$n+r$

이름	복잡도 평균	이름	복잡도 평균
LSD 기수 정렬	$n \cdot \frac{k}{d}$	포스트맨 정렬	$n \cdot \frac{k}{d}$
MSD 기수 정렬	$n \cdot \frac{k}{d}$		

기타 일부 알고리즘들은 위에 논의된 것들에 비해 속도가 느린 편인데, 이 정렬들은 알고리즘의 실행 시간이 어떻게 예측되는지를 증명하기 위해 교육용으로 사용되는 것이 보통이다. 다음의 표는 매우 낮은 성능 또는 특수 하드웨어 요구사항으로 인해 전통적인 소프트웨어 환경에서 실제 사용에는 실용적이지 못한 일부 정렬 알고리즘들을 기술하고 있다.

이름	복잡도 평균	이름	복잡도 평균
주판 정렬	n	바이토닉 정렬	$\log^2 n$
단순 팬케이크 정렬	n	보고정렬	$n \cdot n!$
스파게티(풀) 정렬	n	꼭두각시 정렬	$n^{\log 3/\log 1.5}$
정렬망	$\log^2 n$		

정렬 알고리즘은 그 특징에 따라 다음과 같이 분류할 수 있다.

표 8-1 정렬 알고리즘의 종류

분 류	각 정렬의 종류
이론	계산 복잡도 이론/점근 표기법/전순서/비교 정렬/리스트/제자리 정렬/안정성/적응형 정렬/정렬 네트워크/정수 정렬/X + Y 정렬/트랜스이분형 모델/양자 정렬
교환 정렬	버블 정렬/칵테일 정렬/홀짝 정렬/빗질 정렬/난쟁이 정렬퀵/ 정렬/느린 정렬/꼭두각시 정렬/보고 정렬
선택 정렬	선택 정렬/힙 정렬/매끄러운 정렬/데카르트 트리 정렬/토너먼트 정렬/주기 정렬/약한 힙 정렬
삽입 정렬	삽입 정렬/셸 정렬/스플레이 정렬/트리 정렬/라이브러리 정렬/페이션스 정렬
병합 정렬	병합 정렬/케스케이드 병합 정렬/진동 병합 정렬/다상 병합 정렬
분배 정렬	미국 국기 정렬/주판 정렬/버킷 정렬/버스트 정렬/계수 정렬/비둘기집 정렬/프록스맵 정렬/기수 정렬/플래시 정렬
동시성 정렬	바이토닉 정렬자/배처 홀짝 병합 정렬/쌍 정렬 네트워크
하이브리드 정렬	블럭 병합 정렬/팀 정렬/인트로 정렬/스프레드 정렬
기타	위상정렬(전 위상 순서)/팬케이크 정렬/스파게티 정렬

8.6.1 순차 정렬 (Sequential Sort) 알고리즘

순차 정렬(Sequential Sort)은 정렬되지 않은 전체 자료를 오름차순으로 배열하는 경우 맨 처음 자료부터 두 개씩 비교하여 작은 원소를 왼쪽에 교환 배치하는 알고리즘이다. 내림차순인 경우에는 기준이 되는 숫자와 나머지 숫자를 비교해서 제일 큰 숫자가 왼쪽으로 오게 한다. [순차:Flatinum] [순차:언제나 휴일]

예제 8.6

배열 A에 기억된 N건의 자료를 순차 정렬을 이용하여 오름차순 정렬하는 순서도를 작성하라.

▸ 사용되는 변수 - A: 배열 - I, J: 배열 첨자 - N: 자료 건수 - TMP: 임시 변수

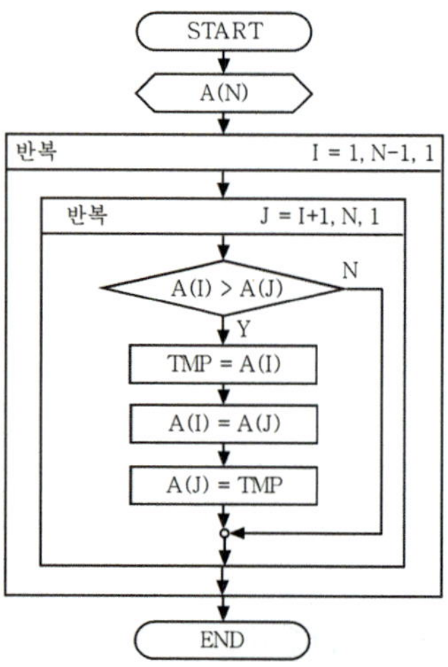


```
For I = 1 To N-1
  For J = I+1 To J
    If A(I)〉A(J) Then
      TMP = A(I)
      A(I) = A(J)
      A(J) = TMP
    End If
  Next J
Next I
```

※ 만약 내림차순 정렬이라면
If A(I)〈A(J) Then

위 순서도를 이용한 순차 정렬(오름차순)의 이해

배열 A(1)~A(4)에 7, 3, 5, 2가 기억되어 있다고 가정하였을 때 아래의 순서로 오름차순 정렬이 진행된다.

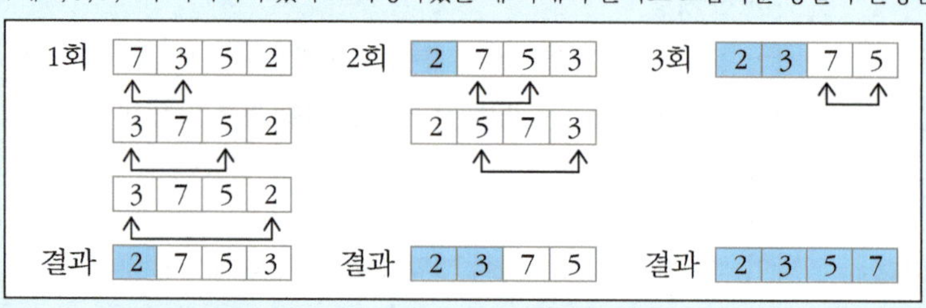

1회: A(1) 배열포인터의 값을 나머지 배열포인터 A(2), A(3), A(4)의 값과 순차적으로 비교하며 A(1) 배열포인터의 값보다 작은 값이 있다면 A(1) 배열포인터가 가진 값과 교환한다. 만약 A(1)과 A(2) 배열포인터의 값을 상호

교환한다면 A(1) 배열 포인터에 A(2) 배열포인터의 값을 바로 대입하였을 때 A(1) 배열포인터의 값은 소실되고 A(1)과 A(2) 배열포인터 모두에 A(2) 배열포인터의 값만 남게 되므로 A(1) 배열포인터의 값을 임시변수 TMP에 기억시킨 후 A(1) 배열포인터에 A(2) 배열포인터의 값을 입력하고 A(2) 배열포인터에는 임시변수 TMP가 기억하고 있는 값을 입력한다.

2회: 1회 수행을 마치면 A(1) 배열포인터의 값은 배열에 기억된 값들 중 가장 작은 값이 기억되므로 2회 수행 때는 A(2) 배열 포인터의 값을 나머지 A(3), A(4) 배열포인터의 값과 순차적으로 비교하며 A(2) 배열포인터의 값보다 작은 값이 있다면 A(2) 배열포인터의 값과 상호 교환한다.

3회: 2회 수행을 마치면 A(1)과 A(2) 배열포인터의 값은 이미 정렬이 된 상태이므로 A(3) 배열포인터의 값과 A(4) 배열포인터의 값을 비교하여 A(4) 배열포인터의 값이 작다면 상호 교환한다.

연습문제 8.6

[순차 정렬] 아래의 순서도는 배열 A에 기억된 N건의 자료를 내림차순 정렬하는 순차 정렬 순서도이다. 오른쪽의 순서도에서 괄호에 해당하는 내용을 '답항보기'에서 찾아 순서도를 완성하고 파이썬 프로그램을 만들어라.

▸ 사용되는 변수

- A: 배열 - I, J: 배열 첨자 - N: 자료 건수 - TMP: 임시 변수

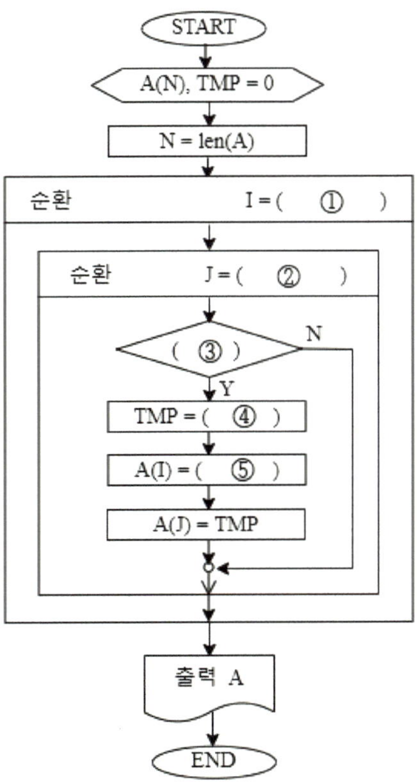

답항보기

1	2	3
A(I)〉A(J)	A(I)〈A(J)	1,N
4	**5**	**6**
1, N-1	I+1, N-1	I+1, N
7	**8**	**9**
I, N-1	A(I)	A(J)

힌트

배열에 입력된 값을 순차 정렬을 이용하여 내림차순 정렬한다.

예제 8.7

[순차 정렬] 5개의 데이터 6, 5, 8, 9, 2를 오름차순으로 정렬하는 과정을 살펴보고 순차 정렬 함수를 정의하는 파이썬 프로그램을 작성하자.

단계	데이터 위치	설명
1단계	5, 6, 8, 9, 2	데이터 6(1번칸)과 5(2번칸)를 비교하여 교환
2단계	5, 6, 8, 9, 2	위 5(1번칸)와 8(3번칸)를 비교하여 그대로 둠
3단계	5, 6, 8, 9, 2	위 5(1번칸)와 9(4번칸)를 비교하여 그대로 둠
4단계	2, 6, 8, 9, 5	위 5(1번칸)과 2(5번칸)를 비교하여 교환(1번칸 최소수 결정)== 1회전 완료
5단계	2, 6, 8, 9, 5	위 6(2번칸)과 8(3번칸)를 비교하여 그대로 둠
6단계	2, 6, 8, 9, 5	위 6(2번칸)과 9(3번칸)을 비교하여 그대로 둠
7단계	2, 5, 8, 9, 6	위 6(2번칸)과 5(5번칸)를 비교하여 교환(2번칸 결정)== 2회전 완료
8단계	2, 5, 8, 9, 6	위 8(3번칸)과 9(4번칸)를 비교하여 그대로 둠
9단계	2, 5, 6, 9, 8	위 8(3번칸)과 6(5번칸)을 비교하여 교환(3번칸 결정)== 3회전 완료
10단계	2, 5, 6, 8, 9	위 9(4번칸)과 8(5번칸)을 비교하여 교환== 4회전 완료
최종결과	2, 5, 6, 8, 9	오름차순으로 정렬됨

이처럼 기준이 되는 숫자와 나머지를 모두 비교함으로 반복 횟수가 가장 많다.

5개의 데이터 [6, 5, 8, 9, 2]를 오름차순 정렬하는 순차 정렬 함수를 정의하고, 주어진 데이터를 대입하여 중간 과정이 출력되는 파이썬 프로그램은 다음과 같다.

(예제 8.7의 파이썬 프로그램) 파이썬 프로그램(순차 정렬 알고리즘) [순차:Book]

```
## 순차정렬 알고리즘
def selsort(data): # 순차정렬 알고리즘 함수
    n = len(data)
    for i in range(0, n-1) :
        for j in range(i+1, n) :
            if data[i] 〉 data[j]: # i번째 최솟값 판단
                minidx = j
                data[i], data[minidx] = data[minidx], data[i] # 자료교환
            print("중간 과정", i+1, "번칸 최솟값 구하기(",i+1,"과",j+1,"비교)", data)
                                                # 중간 정렬 과정 출력하기

        print("==",i+1,"번칸 최솟값 :",data[i])  # 최솟값 출력

data = [6, 5, 8, 9, 2]                # 데이터 입력
print("=순차정렬 데이터", data)   # 입력 데이터 출력
selsort(data)                         # 순차정렬 실행
print("=순차정렬 결과", data)     # 순차정렬된 데이터 출력
```

(위 (예제 8.7의 파이썬 프로그램)의 순차 정렬 알고리즘의 실행 결과)

```
=순차정렬 데이터 [6, 5, 8, 9, 2]
중간 과정 1 번칸 최솟값 구하기( 1 과 2 비교) [5, 6, 8, 9, 2]
중간 과정 1 번칸 최솟값 구하기( 1 과 3 비교) [5, 6, 8, 9, 2]
중간 과정 1 번칸 최솟값 구하기( 1 과 4 비교) [5, 6, 8, 9, 2]
중간 과정 1 번칸 최솟값 구하기( 1 과 5 비교) [2, 6, 8, 9, 5]
== 1 번칸 최솟값: 2
중간 과정 2 번칸 최솟값 구하기( 2 과 3 비교) [2, 6, 8, 9, 5]
중간 과정 2 번칸 최솟값 구하기( 2 과 4 비교) [2, 6, 8, 9, 5]
중간 과정 2 번칸 최솟값 구하기( 2 과 5 비교) [2, 5, 8, 9, 6]
== 2 번칸 최솟값: 5
중간 과정 3 번칸 최솟값 구하기( 3 과 4 비교) [2, 5, 8, 9, 6]
중간 과정 3 번칸 최솟값 구하기( 3 과 5 비교) [2, 5, 6, 9, 8]
== 3 번칸 최솟값: 6
중간 과정 4 번칸 최솟값 구하기( 4 과 5 비교) [2, 5, 6, 8, 9]
== 4 번칸 최솟값: 8
=순차정렬 결과 [2, 5, 6, 8, 9]
```

8.6.2 선택정렬(Selection Sort) 알고리즘

선택 정렬(Selection Sort)은 정렬되지 않은 전체 자료 중에서 해당 위치에 맞는 자료를 선택하여 위치를 교환(예: 오름차순 정렬시 순차 정렬을 이용하여 최솟값을 선택하고 비교 대상과 교환)하는 정렬 방식이다. 결론적으로 순차 정렬과 거의 같은 방법이다.

선택 정렬의 개념을 아래의 예시를 통해 알아보자. 오름차순 정렬의 경우 가장 작은 값부터 하나씩 선택하여 올바른 자리로 이동해 나간다. [선택:네이버 지식백과] [선택:CODEHELPER]

예제 8.8

[선택 정렬] 비 정렬된 6개의 데이터 5, 1, 3, 7, 9, 2를 오름차순으로 정렬하는 과정을 살펴보고 선택 정렬 함수를 정의하는 파이썬 프로그램을 작성하자.

단계	데이터 위치	설명
1단계	1, 5, 3, 7, 9, 2	처음 데이터 5(1번칸)를 최솟값 1(2번칸)과 교환
2단계	1, 2, 3, 7, 9, 5	위 5(2번칸)를 그다음 최솟값 위 2(6번칸)와 교환
3단계	1, 2, 3, 7, 9, 5	위 3(3번칸)은 그다음 최솟값이 3이므로 그대로 둠
4단계	1, 2, 3, 5, 9, 7	위 7(4번칸)을 그다음 최솟값 위 5(6번칸)와 교환
5단계	1, 2, 3, 5, 7, 9	위 9(5번칸)를 그다음 최솟값 위 7(6번칸)과 교환
최종결과	1, 2, 3, 5, 7, 9	오름차순으로 정렬됨

데이터 [5, 1, 3, 7, 9, 2]를 오름차순 정렬하는 선택 정렬 함수를 정의하고, 주어진 데이터를 대입하여 중간 과정이 출력되는 파이썬 프로그램은 다음과 같다. [선택:이야기]

(예제 8.8의 파이썬 프로그램) 파이썬 프로그램(선택 정렬 알고리즘)[선택:TheBook]

```
## 선택정렬 알고리즘

def selsort(data): # 선택정렬 알고리즘 함수
    n = len(data)
    for i in range(0, n-1) :
        minidx = i
        for j in range(i+1, n) :
            if data[j] < data[minidx]: # 최솟값 판단
                minidx = j
        print("==",i+1,"번째 최솟값 :",data[minidx])  # i번째 최솟값 출력

        data[i], data[minidx] = data[minidx], data[i]    # 자료교환
        print("중간 과정", i+1, "번칸 최솟값", data)  # 중간 정렬 과정 출력하기


data = [5, 1, 3, 7, 9, 2]                     # 데이터 입력
print("선택정렬 데이터 입력", data)  # 입력 데이터 출력
selsort(data)                                       # 선택정렬 실행
print("선택정렬 결과", data)              # 선택정렬된 데이터 출력
```

(위 (예제 8.8의 파이썬 프로그램)의 선택 정렬 알고리즘의 실행 결과)

```
선택정렬 데이터 입력 [5, 1, 3, 7, 9, 2]
== 1 번째 최솟값: 1
중간 과정 1 번칸 최솟값 [1, 5, 3, 7, 9, 2]
== 2 번째 최솟값: 2
중간 과정 2 번칸 최솟값 [1, 2, 3, 7, 9, 5]
== 3 번째 최솟값: 3
중간 과정 3 번칸 최솟값 [1, 2, 3, 7, 9, 5]
== 4 번째 최솟값: 5
중간 과정 4 번칸 최솟값 [1, 2, 3, 5, 9, 7]
== 5 번째 최솟값: 7
중간 과정 5 번칸 최솟값 [1, 2, 3, 5, 7, 9]
선택정렬 결과 [1, 2, 3, 5, 7, 9]
```

- 선택 정렬의 특성

선택 정렬의 효율성은 앞의 비교 연산과 이동 연산을 동시에 실행하기 때문에 시간복잡도는 $O(n^2)$이며 선택 정렬은 무척 느린 알고리즘에 속한다. 다만, 자료의 이동 연산 횟수가 $O(n)$이

므로 자료의 크기가 큰 정렬에 있어서 유리하다.

또한, 최악의 경우에도 평균일 때와 마찬가지로 효율성은 $O(n^2)$이 된다. 반면, 전체 효율성을 볼 때 느린 정렬 알고리즘이라는 점과 정렬의 안정성을 만족하지 않는다는 단점을 가진다.

8.6.3 삽입 정렬 (Insertion Sort) 알고리즘

삽입 정렬(insert sort)은 손안의 카드를 정렬하는 방법과 유사한 방법으로 새로운 카드를 기존의 정렬된 카드 사이의 올바른 자리를 찾아 삽입하는 방식과 비슷하다. 자료 배열의 모든 요소를 앞에서부터 차례대로 이미 정렬된 배열 부분과 비교하여, 자신의 위치를 찾아 삽입함으로써 정렬을 완성하는 알고리즘이다. 리스트가 작은 경우와 대부분 정렬된 리스트 자료인 경우에 상대적으로 효율적인 단순한 정렬 알고리즘이며 더 복잡한 알고리즘의 일부분으로 사용되기도 한다. [삽입:Kwon]

삽입 정렬은 두 번째 원소부터 시작하여 자기 아래(왼쪽)와 비교(오름차순이면 그대로 두고, 아니면 교환), 그다음 배열 세 번째는 두 번째와 비교한 다음 두 번째와 첫 번째를 차례로 비교한다. 비교하는 부분의 왼쪽을 모두 오름차순으로 정리한 후 다음 단계로 진행한다. 왼쪽의 원소와 비교하는데 교환이 되면 계속 왼쪽 원소와 비교하고, 교환이 되지 않거나 첫 번째 위치가 되면 반복을 중단하고 그다음 단계적으로 선택했던 위치의 오른쪽 원소를 선택하여 왼쪽 원소와 비교하는 과정을 교환이 없을 때까지 반복한다.

예제 8.9

[삽입 정렬] 5개의 데이터 6, 8, 5, 9, 2를 오름차순으로 정렬하는 과정을 살펴보고 삽입 정렬 함수를 정의하는 파이썬 프로그램을 작성하자.

단 계	데이터 위치	설 명
1단계	6, 8, 5, 9, 2	위 8(2번칸)를 6(1번칸)과 비교하여 그대로 둠
2단계	6, 5, 8, 9, 2	위 5(3번칸)를 8(2번칸)와 비교하여 교환(삽입)
3단계	5, 6, 8, 9, 2	위 5(2번칸)를 6(1번칸)와 비교하여 교환
4단계	5, 6, 8, 9, 2	위 9(4번칸)를 8(3번칸)과 비교하여 그대로 둠
5단계	5, 6, 8, 2, 9	위 2(5번칸)를 9(4번칸)과 비교하여 교환(5번칸 최대수 결정)
6단계	5, 6, 2, 8, 9	위 2(4번칸)을 8(3번칸)과 비교하여 교환(4번칸 결정)
7단계	5, 2, 6, 8, 9	위 2(3번칸)를 6(2번칸)과 비교하여 교환(3번칸 결정)
8단계	2, 5, 6, 8, 9	위 2(2번칸)를 5(1번칸)과 비교하여 교환
최종결과	2, 5, 6, 8, 9	오름차순으로 정렬됨

데이터 [6, 8, 5, 9, 2]를 오름차순 정렬하는 삽입 정렬 함수를 정의하고, 주어진 데이터를 대입하여 중간 과정이 출력되는 파이썬 프로그램은 다음과 같다.

(예제 8.9의 파이썬 프로그램) 파이썬 프로그램(삽입 정렬 알고리즘) [삽입:HAN]

```
## 삽입 정렬 알고리즘
def insertionSort(data): # 삽입 정렬 함수
    for i in range(1, len(data)):
        for j in range(i-1, -1, -1): # i-1값부터 0까지 1씩 작은 값을 j에 대입
            if data[i]<data[j]:
                data[i], data[j] = data[j], data[i] # 데이터 교환
                i -= 1
                print("중간 결과1(", j+1, j+2, ")번칸 교환", data)
                          # 중간 정렬 과정 출력하기
            else:
                break
        print("=중간 결과2(", j+1, j+2, ")번칸 교환 없음", data)
                          # 중간 정렬 과정 출력하기

data = [6, 8, 5, 9, 2]                    # 데이터 입력
print("삽입 정렬 데이터 입력",data)  # 입력 데이터 출력
insertionSort(data)                       # 삽입정렬 실행
print("삽입 정렬 결과",data)            # 삽입정렬된 데이터 출력
```

(위 (예제 8.9의 파이썬 프로그램)의 삽입 정렬 알고리즘의 실행 결과)

```
삽입정렬 데이터 입력 [6, 8, 5, 9, 2]
=중간 결과2( 1 2 )번칸 교환 없음 [6, 8, 5, 9, 2]
중간 결과1( 2 3 )번칸 교환 [6, 5, 8, 9, 2]
중간 결과1( 1 2 )번칸 교환 [5, 6, 8, 9, 2]
=중간 결과2( 1 2 )번칸 교환 없음 [5, 6, 8, 9, 2]
=중간 결과2( 3 4 )번칸 교환 없음 [5, 6, 8, 9, 2]
중간 결과1( 4 5 )번칸 교환 [5, 6, 8, 2, 9]
중간 결과1( 3 4 )번칸 교환 [5, 6, 2, 8, 9]
중간 결과1( 2 3 )번칸 교환 [5, 2, 6, 8, 9]
중간 결과1( 1 2 )번칸 교환 [2, 5, 6, 8, 9]
=중간 결과2( 1 2 )번칸 교환 없음 [2, 5, 6, 8, 9]
삽입정렬 결과 [2, 5, 6, 8, 9]
```

8.6.4 버블 정렬 (Bubble Sort) 알고리즘

버블 정렬(bubble sort, sinking sort: 거품 정렬)은 옆에 있는 값과 비교하여 더 작은 값을 반복적으로 앞으로 보내는 정렬 방법이다. 버블 정렬은 정렬 알고리즘 중에서 구현이 가장 쉽지만 가장 비효율적인 알고리즘이다. 시간 복잡도가 $O(n^2)$로 상당히 느리지만, 코드가 단순하기 때

문에 자주 사용된다. 원소의 이동이 버블이 수면으로 올라오는 듯한 모습을 보이기 때문에 지어진 이름이다

- **동작 방식** [버블:DeV]

1. 배열의 첫 번째 원소부터 마지막까지 인접 원소 간 대소 비교를 반복하는데, 더 큰 값을 가진 원소가 왼쪽에 있다면 서로 자리바꿈
2. 위 과정을 반복하여 한 단계가 끝나면 가장 큰 값을 가진 원소가 배열의 마지막 자리로 정렬되어 있음
3. 한 단계가 끝날 때마다 맨 끝에 있는 원소는 정렬된 상태이므로 다음 단계에서는 정렬된 원소를 제외하고 대소 비교를 실행

예제 8.10

배열 A에 기억된 N건의 자료를 버블정렬을 이용하여 오름차순 정렬하는 순서도를 작성하라.

▶ 사용되는 변수

- A: 배열
- N: 자료 건수
- TMP: 임시 변수
- I: 반복 회수
- J: 배열 첨자 및 반복 회수

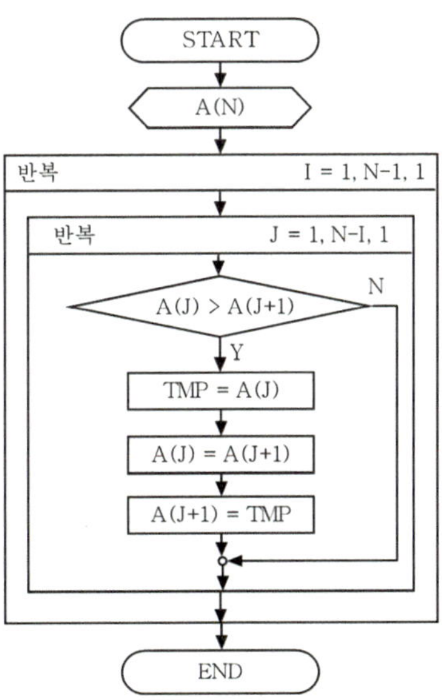


```
For I = 1 To N-1
  For J = 1 To N-I
    If A(J)〉A(J+1) Then
      TMP = A(J)
      A(J) = A(J+1)
      A(J+1) = TMP
    End If
  Next J
Next I
```

※ 만약 내림차순 정렬이라면
If A(J)〈A(J+1) Then

위 순서도를 이용한 버블정렬(오름차순)의 이해

배열 A(1)~A(4)에 7, 5, 3, 2가 기억되어 있다고 가정하였을 때 아래의 순서로 오름차순 정렬이 진행된다.
위 순서도에서 변수 I는 외부 및 내부 순환구조의 반복 회수를 결정하는 역할만 수행하고 배열포인터의 결정은 내부 순환구조를 정의하는 J변수가 담당한다.

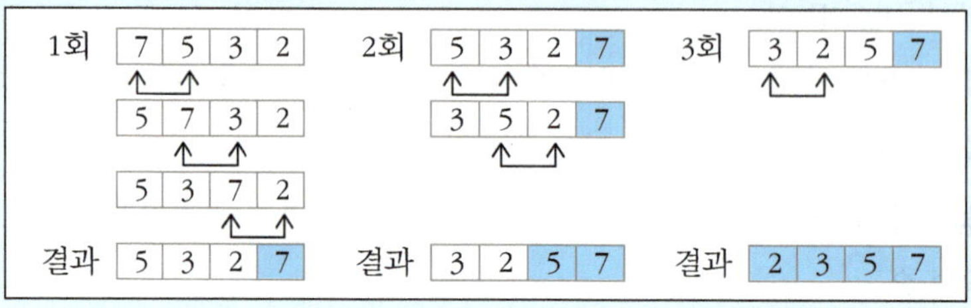

1회: A(1)과 A(2), A(2)와 A(3), A(3)과 A(4) 순서로 배열포인터가 가진 값을 비교하여 앞쪽 배열포인터의 값이 뒤쪽 배열포인터 값보다 크다면 상호 교환한다.
2회: 1회 수행을 마치면 A(4) 배열포인터의 값은 배열에 기억된 값 중 가장 큰 값이 기억되므로 2회 수행 때는 A(1)과 A(2), A(2)와 A(3)만 비교하며 앞쪽 배열포인터의 값이 뒤쪽 배열포인터의 값보다 크다면 상호 교환한다.
3회: 2회 수행을 마치면 A(3)과 A(4) 배열포인터의 값은 이미 뒤쪽부터 정렬이 완료되므로 A(1)과 A(2) 배열포인터가 가진 값을 비교하여 A(1) 배열포인터의 값이 크다면 상호 교환한다.

연습문제 8.7

아래의 순서도는 배열 A에 기억된 N건의 자료를 내림차순 정렬하는 버블 정렬 순서도이다. 아래의 순서도에서 괄호에 해당하는 내용을 '답항보기'에서 찾아 순서도를 완성하고 파이썬 프로그램을 만들어라.

▸ 사용되는 변수

- A: 배열 - I: 반복 회수 - N: 자료 건수 - J: 배열 첨자 및 반복 회수 - TMP: 임시 변수

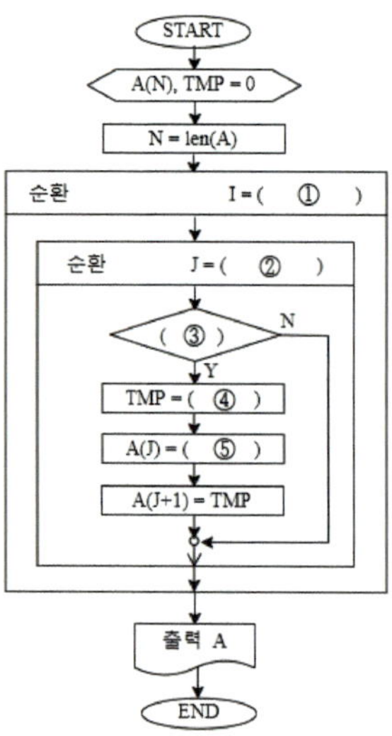

답항보기

1	2	3
A(J)〉A(J+1)	A(J)〈A(J+1)	1,N,1
4	**5**	**6**
N,1,-1	1,I	1, I+1
7	**8**	**9**
I, N-1	A(J)	A(J+1)

힌트

배열에 입력된 값을 버블 정렬을 이용하여 내림차순 정렬한다.

예제 8.11

[버블 정렬] 5개의 데이터 6, 5, 8, 9, 2를 오름차순으로 정렬하는 과정을 살펴보고 버블 정렬 함수를 정의하는 파이썬 프로그램을 작성하자.

단계	데이터 위치	설명
1단계	5, 6, 8, 9, 2	데이터 6(1번칸)과 5(2번칸)를 비교하여 교환
2단계	5, 6, 8, 9, 2	위 6(2번칸)과 8(3번칸)를 비교하여 그대로 둠
3단계	5, 6, 8, 9, 2	위 8(3번칸)과 9(4번칸)를 비교하여 그대로 둠
4단계	5, 6, 8, 2, 9	위 9(4번칸)와 2(5번칸)를 비교하여 교환(5번칸 최대수 결정)
5단계	5, 6, 8, 2, 9	위 5(1번칸)과 6(2번칸)를 비교하여 그대로 둠
6단계	5, 6, 8, 2, 9	위 6(2번칸)과 8(3번칸)을 비교하여 그대로 둠
7단계	5, 6, 2, 8, 9	위 8(3번칸)과 2(4번칸)를 비교하여 교환(4번칸 결정)
8단계	5, 6, 2, 8, 9	위 5(1번칸)과 6(2번칸)을 비교하여 그대로 둠
9단계	5, 2, 6, 8, 9	위 6(2번칸)과 2(3번칸)를 비교하여 교환(3번칸 결정)
10단계	2, 5, 6, 8, 9	위 5(1번칸)과 2(2번칸)를 비교하여 교환
최종결과	2, 5, 6, 8, 9	오름차순으로 정렬됨

- **버블 정렬의 비교 횟수**

항목이 5개인 배열을 오름차순으로 정렬하면 총 비교 횟수는 4회 + 3회 + 2회 + 1회 = 10회이다. 즉, 항목의 개수가 n 이면 $(n-1)+(n-2)+\cdots+1=\dfrac{n(n-1)}{2}=\dfrac{n^2-n}{2}$ 이 므로, 시간 복잡도는 $O(n^2)$이다. 또한, $n=5$ 이면 $\dfrac{5(5-1)}{2}=\dfrac{20}{2}=10$ 이 된다.

데이터 [6, 5, 8, 9, 2]를 오름차순 정렬하는 버블 정렬 함수를 정의하고, 주어진 데이터를 대입하여 중간 과정이 출력되는 (예제 8.11)의 파이썬 프로그램은 다음과 같다.

(예제 8.11의 파이썬 프로그램) 파이썬 프로그램(버블 정렬 알고리즘)[버블:DaleSeo]

```
8## 버블정렬 알고리즘
def bubble_sort(data): # 버블정렬 함수
    for i in range(len(data) - 1, 0, -1) :
        for j in range(i) :
            if data[j] > data[j + 1] :
                data[j], data[j + 1] = data[j + 1], data[j] # 데이터 교환
            print("중간 결과1:(", j+1, j+2, ")번칸 비교", data)
```

```
                    # 중간 정렬 과정 출력하기
        print("중간 결과2:(", j+1, j+2, ")번칸 비교", data)
                    # 중간 정렬 과정 출력하기
data = [6, 5, 8, 9, 2]              # 데이터 입력
print("버블정렬 데이터 입력",data)  # 입력 데이터 출력
bubble_sort(data)                   # 버블 정렬 실행
print("버블정렬 결과",data)         # 버블 정렬된 데이터 출력
```

(위 (예제 8.11의 파이썬 프로그램)의 버블 정렬 알고리즘의 실행 결과)

```
버블정렬 데이터 입력 [6, 5, 8, 9, 2]
중간 결과1:( 1 2 )번칸 비교 [5, 6, 8, 9, 2]
중간 결과1:( 2 3 )번칸 비교 [5, 6, 8, 9, 2]
중간 결과1:( 3 4 )번칸 비교 [5, 6, 8, 9, 2]
중간 결과1:( 4 5 )번칸 비교 [5, 6, 8, 2, 9]
중간 결과2:( 4 5 )번칸 비교 [5, 6, 8, 2, 9]
중간 결과1:( 1 2 )번칸 비교 [5, 6, 8, 2, 9]
중간 결과1:( 2 3 )번칸 비교 [5, 6, 8, 2, 9]
중간 결과1:( 3 4 )번칸 비교 [5, 6, 2, 8, 9]
중간 결과2:( 3 4 )번칸 비교 [5, 6, 2, 8, 9]
중간 결과1:( 1 2 )번칸 비교 [5, 6, 2, 8, 9]
중간 결과1:( 2 3 )번칸 비교 [5, 2, 6, 8, 9]
중간 결과2:( 2 3 )번칸 비교 [5, 2, 6, 8, 9]
중간 결과1:( 1 2 )번칸 비교 [2, 5, 6, 8, 9]
중간 결과2:( 1 2 )번칸 비교 [2, 5, 6, 8, 9]
버블정렬 결과 [2, 5, 6, 8, 9]
```

8.6.5 개선된(플래그 이용) 버블 정렬(Bubble Sort) 알고리즘

버블 정렬(bubble sort)은 인접한 원소와 비교하여 정렬 순서가 바뀌었으면 서로 교환하여 정렬하는 방법이다.

n 개의 원소를 오름차순으로 정렬할 때, 첫 번째 원소부터 비교를 시작하면 가장 큰 값이 마지막 n 번째에 위치하게 되고, 다음 회전으로 나머지 $n-1$ 개의 원소에 대해서 이 과정을 실시하면 두 번째로 큰 원소가 $n-1$ 번째에 위치하게 된다.

개선된 버블 정렬은 버블 정렬에서 각 단계에서 자료의 교환이 더이상 발생하지 않으면 정렬이 끝난 것을 의미한다. 이를 효과적으로 활용하기 위해 중간에 flag를 두어 flag 값이 변하지 않으면 진행을 중단하고 결과 출력한다. 버블 정렬에서 각 단계에서 자료의 교환이 더이상 발생하지 않으면(flag 값 불변) 정렬이 끝난 것을 의미하므로 다음 단계를 실행하지 않고 정렬을 종료할 수 있다. 이렇게 하면 정렬 실행 시간이 단축된다.

예제 8.12

배열 A에 기억된 N건의 자료를 개선된 버블정렬을 이용하여 오름차순 정렬하는 순서도를 작성하라. 단, 정렬 수행 도중 정렬이 완료되었을 때 수행을 끝낼 수 있도록 작성하라.

▶ 사용되는 변수

- A: 배열 - I, J: 배열 첨자 - N: 자료 건수 - TMP: 임시 변수 - F: 플래그 변수

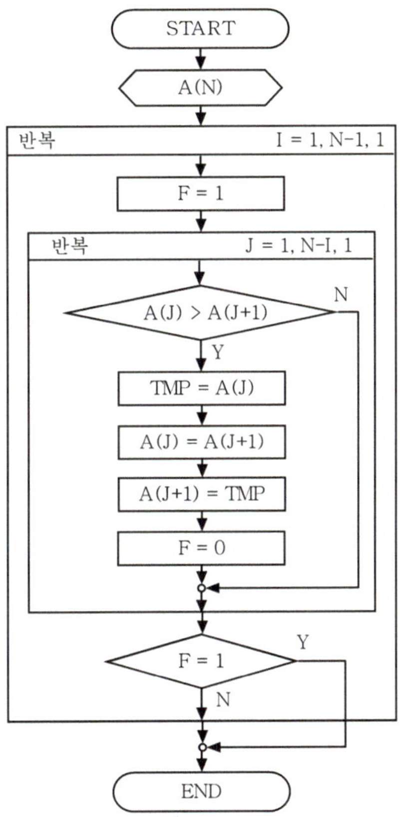

왼쪽 순서도를 이용한 플래그를 이용한 버블 정렬의 이해

왼쪽 순서도에서 변수 F의 초기치는 내부순환구조로 진행하기 전 값이 1로 바뀌는데 내부순환구조에서 변수 F의 값은 교환이 일어나지 않았을 때 값이 변하지 않는다.
곧, F변수의 값이 바뀌지 않았다는 것은 내부순환구조에서 한 번도 교환이 일어나지 않았다는 것을 의미하고 이는 교환을 할 필요가 없었기 때문이며 교환이 필요 없다는 것은 이미 정렬이 되어 있기 때문이다.
가령 배열에 입력된 값이 이미 오름차순 되어있다면 1회전 수행할 때 한 번도 교환이 발생하지 않는다.
이 경우라면 1회전을 수행한 후 F의 값이 바뀌지 않았으므로 더 이상 정렬작업을 수행할 필요가 없다.
만약 1회전 수행 때 교환이 있었다면 F의 값은 0으로 바뀌지만 2회전 시작할 때 F의 값은 다시 1로 초기화 되며 2회전 수행 때 교환이 없었다면 2회전 수행을 마친 후 더 이상 정렬작업을 수행할 필요가 없다.

연습문제 8.8

아래의 순서도는 (예제 8.12)와 동일한 내용을 처리하는 개선된 버블 정렬 알고리즘 순서도이다. 아래의 순서도에서 괄호에 해당하는 내용을 '답항보기'에서 찾아 순서도를 완성하고 파이썬 프로그램을 만들어라.

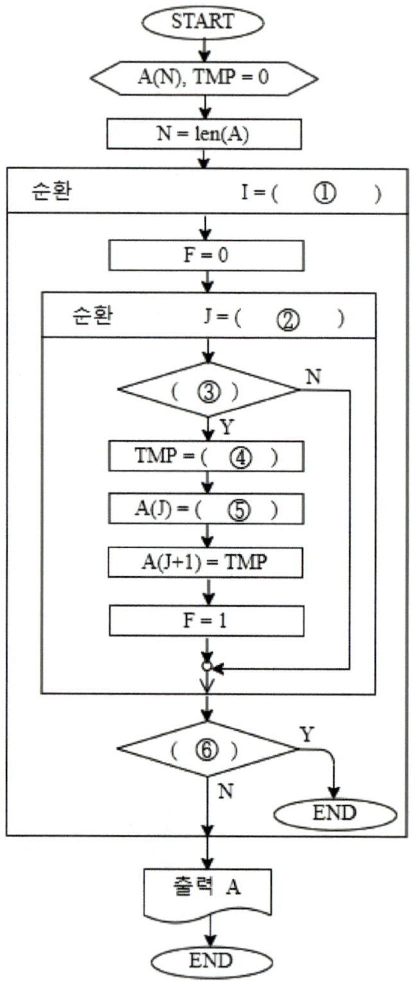

답항보기

1	2	3	4	5	6	7	8	9
A(J)〉A(J+1)	A(J)〈A(J+1)	1,N,1	N,1,-1	1,I	1, I+1	F = 0	A(J)	A(J+1)

힌트

내부순환에서 교환이 발생하면 F가 1로 바뀌므로 F의 초기치는 1이외의 값이어야 한다.

예제 8.13

[버블 정렬] 아래 표는 처음부터 정렬된 데이터 [1, 2, 3, 4, 5]에 대한 버블 정렬(10번의 이웃 자료 비교)과 개선된 버블 정렬(4번의 이웃 자료 비교: 교환이 없으므로 정렬 종료)을 했을 때 회수 차이를 알 수 있는 예시이다.

단 계	버블 정렬	설 명	개선된 버블 정렬	설 명
1단계	1, 2, 3, 4, 5	1-2번 비교	1, 2, 3, 4, 5	변화 없음
2단계	1, 2, 3, 4, 5	2-3번 비교	1, 2, 3, 4, 5	변화 없음
3단계	1, 2, 3, 4, 5	3-4번 비교	1, 2, 3, 4, 5	변화 없음
4단계	1, 2, 3, 4, 5	4-5번 비교	1, 2, 3, 4, 5	변화 없음
5단계	1, 2, 3, 4, 5	1-2번 비교		
6단계	1, 2, 3, 4, 5	2-3번 비교		
7단계	1, 2, 3, 4, 5	3-4번 비교		
8단계	1, 2, 3, 4, 5	1-2번 비교		
9단계	1, 2, 3, 4, 5	2-3번 비교		
10단계	1, 2, 3, 4, 5	1-2번 비교		
최종결과	1, 2, 3, 4, 5	변화 없어도 계속 수행	1, 2, 3, 4, 5	변화 없으면 수행 종료

데이터 [1, 2, 3, 4, 5]를 오름차순 정렬하는 개선된 버블 정렬 함수를 정의하고, 주어진 데이터를 대입하여 중간 과정이 출력되는 파이썬 프로그램은 다음과 같다.

(예제 8.13의 파이썬 프로그램) 파이썬 프로그램(개선된 버블 정렬 알고리즘) [버블개선:moonz]

```
# 개선된 버블 정렬 알고리즘
def bubble_modified(data): # 개선된 버블정렬 함수
    length = len(data) - 1

    for i in range(length):
        isSort = False # 교환자료 판정
        for j in range(length-i) :
            if data[j] > data[j+1]: # 이웃자료 비교
                data[j], data[j+1] = data[j+1], data[j]
                isSort = True
            print("중간과정1:(", j, j+1, ")번칸 비교", data) # 중간과정 출력

        if isSort == False: # 교환자료 없으면 중지
            break

data = [1, 2, 3, 4, 5]                          # 데이터 입력
print("개선된 버블정렬 데이터 입력",data)      # 입력 데이터 출력
bubble_modified(data)                           # 개선된 버블 정렬 실행
print("개선된 버블정렬 결과",data)             # 개선된 버블 정렬된 데이터 출력
```

(위 (예제 8.13의 파이썬 프로그램)의 개선된 버블 정렬 알고리즘의 실행 결과)

```
개선된 버블정렬 데이터 입력 [1, 2, 3, 4, 5]
중간과정1:( 1 2 )번칸 비교 [1, 2, 3, 4, 5]
중간과정1:( 2 3 )번칸 비교 [1, 2, 3, 4, 5]
중간과정1:( 3 4 )번칸 비교 [1, 2, 3, 4, 5]
중간과정1:( 4 5 )번칸 비교 [1, 2, 3, 4, 5]
개선된 버블정렬 결과 [1, 2, 3, 4, 5]
```

(위 (예제 8.11의 파이썬 프로그램)의 버블 정렬 알고리즘의 실행 결과)

```
버블정렬 데이터 입력 [1, 2, 3, 4, 5]
중간 결과1:( 1 2 )번칸 비교 [1, 2, 3, 4, 5]
중간 결과1:( 2 3 )번칸 비교 [1, 2, 3, 4, 5]
중간 결과1:( 3 4 )번칸 비교 [1, 2, 3, 4, 5]
중간 결과1:( 4 5 )번칸 비교 [1, 2, 3, 4, 5]
중간 결과2:( 4 5 )번칸 비교 [1, 2, 3, 4, 5]
중간 결과1:( 1 2 )번칸 비교 [1, 2, 3, 4, 5]
중간 결과1:( 2 3 )번칸 비교 [1, 2, 3, 4, 5]
중간 결과1:( 3 4 )번칸 비교 [1, 2, 3, 4, 5]
중간 결과2:( 3 4 )번칸 비교 [1, 2, 3, 4, 5]
중간 결과1:( 1 2 )번칸 비교 [1, 2, 3, 4, 5]
중간 결과1:( 2 3 )번칸 비교 [1, 2, 3, 4, 5]
중간 결과2:( 2 3 )번칸 비교 [1, 2, 3, 4, 5]
중간 결과1:( 1 2 )번칸 비교 [1, 2, 3, 4, 5]
중간 결과2:( 1 2 )번칸 비교 [1, 2, 3, 4, 5]
버블정렬 결과 [1, 2, 3, 4, 5]
```

순차 정렬, 버블 정렬, 선택 정렬 세 정렬은 코드는 단순하나 컴퓨터 입장에서 비효율적이어서 잘 활용되지 않는 정렬이다. 비교 대상이 30개 미만일 경우 사용하기에 좋다.

8.6.6 병합 정렬(Merge Sort) 알고리즘

병합 정렬(Merge Sort)은 하나의 큰 문제를 두 개의 작은 문제로 분할한 뒤에 각자 계산하고 나중에 합치는 방법을 채택한다. 즉 기본 아이디어는 일단 정확히 반으로 나누고 나중에 정렬하는 것이다.

병합 정렬은 퀵 정렬과 다르게 임의의 기준값인 피벗[35](pivot) 값이 없고 항상 반으로 나눈다는 특징이 있다. 바로 이 특징이 단계의 크기가 $\log n$ 이 되도록 만들어준다.

병합 정렬은 분할 정복[36](Divide and Conquer) 기법과 재귀 알고리즘[37](recursive algorithm)

35) **피벗(pivot)**: 특정 계산을 수행하기 위한 임의의 알고리즘이나 요소

36) **분할 정복 알고리즘(Divide and conquer algorithm)**: 그대로 해결할 수 없는 문제를 작은 문제로 분할하여 문제를 해결하는 방법이나 알고리즘.

을 이용해서 정렬하는 알고리즘이다. 즉, 주어진 배열을 원소가 하나밖에 남지 않을 때까지 계속 둘로 쪼갠 후에 다시 크기순으로 재배열하면서 원래 크기의 배열로 합친다. [병합: DaleSeo]

병합 정렬은 분해했다가 합치면서 정렬을 수행한다. 예를 들어, 데이터가 8개이면 합치는 단계는 오직 3단계면 된다. 합치는 개수가 2배씩 증가한다는 점에서 $2^3 = 8$이므로 3단계만 필요하다. 그러므로 단계의 크기는 데이터의 개수가 n 개일 때 실행 횟수는 $\log n$ 이 된다. 그리고 정렬 자체에 필요한 수행회수는 n 이다. 데이터의 개수만큼만 연산하면 되기 때문이다. 결과적으로 총 시간 복잡도는 $O(n \log n)$ 이다. [병합: 안경]

예제 8.14

오름차순 정렬된 N건과 M건의 자료를 가진 두 배열의 자료를 새로운 배열에 오름차순 병합 정렬하며 입력하는 순서도를 작성하라.

▶ 사용되는 변수

- A, B, C: 배열 - I, J, K: 각 배열의 첨자 - N: A배열의 자료 건수 - M: B배열의 자료 건수

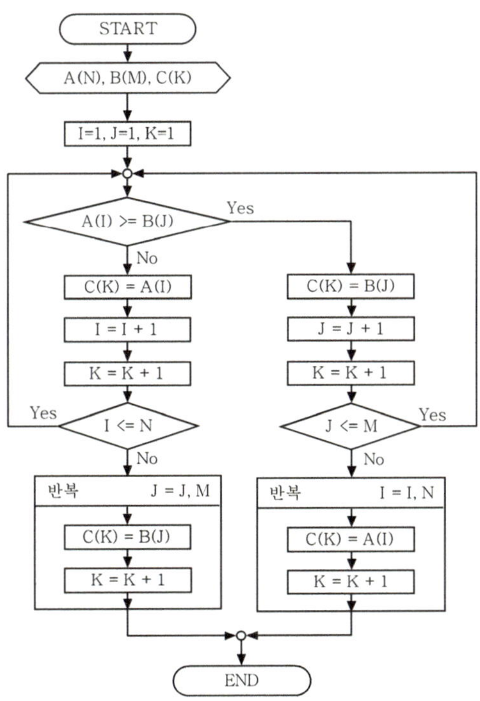

37) **재귀 함수**(Recursive Function): 어떤 함수에서 자신을 다시 호출하여 작업을 수행하는 방식의 함수를 의미.

(예제 8.14)에 대한 왼쪽 순서도를 이용한 이진검색의 이해

A(1)	5
A(2)	20
A(3)	35

B(1)	10
B(2)	15
B(3)	30
B(4)	40
B(5)	50

C(1)	5
C(2)	10
C(3)	15
C(4)	20
C(5)	30
C(6)	35
C(7)	40
C(8)	50

예제에 제시된 A, B 배열의 값이 위와 같다고 가정하였을 때 배열 C는 아래 순서로 값이 기억된다.

① 배열 A(1)과 B(1)에 기억된 값을 비교하면 A(1) 배열의 값 5가 작으므로 A(1)의 값을 C(1)에 입력한 후 A배열의 포인터와 C배열의 포인터를 1 증가시킨다.
② 배열 A(2)과 B(1)에 기억된 값을 비교하면 B(1) 배열의 값 10이 작으므로 B(1)의 값을 C(2)에 입력한 후 B배열의 포인터와 C배열의 포인터를 1 증가시킨다.
③ 배열 A(2)과 B(2)에 기억된 값을 비교하면 B(2) 배열의 값 15가 작으므로 B(2)의 값을 C(3)에 입력한 후 B배열의 포인터와 C배열의 포인터를 1 증가시킨다.
④ 위 ①~③의 순서로 배열 A, B에 기억된 나머지 값들을 비교하여 작은 값을 배열 C에 입력하다 보면 A배열의 값이 C에 모두 입력된 후 B,배열은 B(4)의 40과 B(5)의 50이 C배열에 입력되지 않고 남게 되는데 이후부터는 B 배열의 값을 C배열의 남은 포인터에 순차적으로 입력한다.

※ 병합정렬은 정렬되어질 각 배열의 값들이 오름차순 또는 내림차순으로 정렬된 상태이어야 수행할 수 있다.

연습문제 8.9

아래의 순서도는 배열 A(10)과 배열 B(15)의 값을 C(25)에 오름차순으로 병합정렬하는 순서도이다. 아래의 순서도에서 괄호에 해당하는 내용을 '답항보기'에서 찾아 순서도를 완성하고 파이썬 프로그램을 만들어라.

▶ 사용되는 변수
- A(10), B(15): 병합정렬의 대상이 되는 자료 저장 배열
- C(25): 병합정렬 결과를 저장하는 배열 - I, J, K: 인덱스 변수(배열 첨자)

▶ 처리 조건
- 두 배열 A(10)와 배열 B(15)에 기억된 자료는 오름차순으로 정렬되어 있다.
- 배열 A와 B의 값 중에서 동일한 값이 발생하여도 동일 값 모두를 배열 C에 기억시킨다.

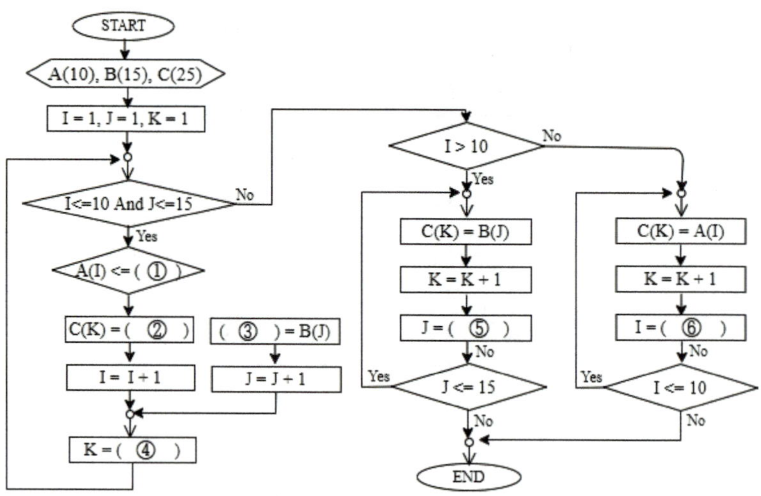

답항보기

1	2	3	4	5	6	7	8	9	10
A(I)	B(I)	C(I)	A(J)	B(J)	C(K)	C(J)	I+1	J+1	K+1

예제 8.15

데이터 [6, 8, 3, 1, 2, 4, 7, 5]를 오름차순으로 병합 정렬하는 과정을 살펴보고 병합 정렬 함수를 정의하는 파이썬 프로그램을 작성하자.

단 계	데 이 터 위치	설 명
1단계	[6, 8, 3, 1, 2, 4, 7, 5]	주어진 데이터
2단계	[6, 8, 3, 1][2, 4, 7, 5]	하나의 배열을 2개로 분할
3단계	[6, 8][3, 1][2, 4][7, 5]	2개의 배열을 4개로 분할
4단계	[6][8][3][1][2][4][7][5]	4개의 배열을 8개로 분할(모두 분할됨)
5단계	[6, 8][1, 3][2, 4][5, 7]	8개의 분할을 2개씩 4개로 병합 정렬. 합칠 때는 작은 숫자가 앞에 큰 숫자를 뒤에 위치시킴
6단계	[1, 3, 6, 8][2, 4, 5, 7]	4개의 분할을 4개씩 2개로 병합 정렬. 합칠 때는 작은 숫자가 앞에 큰 숫자를 뒤에 위치시킴
7단계	[1, 2, 3, 4, 5, 6, 7, 8]	4개의 분할을 크기순으로 선택하면서 하나로 합치면 정렬된 배열을 얻을 수 있음
최종결과	1, 2, 3, 4, 5, 6, 7, 8	오름차순으로 정렬됨

데이터 [6, 8, 3, 1, 2, 4, 7, 5]를 오름차순 정렬하는 병합 정렬 함수를 정의하고, 주어진 데이터를 대입하여 중간 과정이 출력되는 파이썬 프로그램은 다음과 같다.

(예제 8.15의 파이썬 프로그램) 파이썬 프로그램(병합 정렬 알고리즘)[병합:슈퍼짱짱]

```
# 병합 정렬 알고리즘
def merge_sort(v):                    # 병합 정렬 함수
    if len(v) <= 1: return v          # 1개 자료인 경우 정렬 종료
    m = len(v)//2                     # 중앙 위치 구하기(2개로 분할)
    left = merge_sort(v[0:m])         # 중앙 왼쪽 자료로 분할(재귀함수)
    right = merge_sort(v[m:len(v)])   # 중앙 오른쪽 자료로 분할(재귀함수)
    return merge(left, right)

def merge(left, right): # 데이터 분할한 것 정렬하기
    v=list()            # 데이터 추가 정렬
    i=0;j=0
    while(i<len(left) and j<len(right)) :
        if left[i]<=right[j] :
```

```
            v.append(left[i])  # 데이터 추가
            i+=1
            print("중간 결과1:(좌", i, ")번칸 비교", v)
                                # 중간 정렬 과정 출력하기
        else :
            v.append(right[j]) #데이터 추가
            j+=1
            print("중간 결과2:(우", j,  ")번칸 비교", v)
                                # 중간 정렬 과정 출력하기
    if i==len(left):
        v = v + right[j:len(right)]  # 데이터 추가
        print("중간 결과3:(우", len(left), ")번칸 비교", v)
                                # 중간 정렬 과정 출력하기
    if j==len(right):
        v = v + left[i:len(left)]    # 데이터 추가
        print("중간 결과4:(좌", len(right), ")번칸 비교", v)
                                # 중간 정렬 과정 출력하기
    return v

data = [6, 8, 3, 1, 2, 4, 7, 5]
print("병합정렬 데이터 입력",data)  # 입력 데이터 출력
merge_sort(data)                   # 데이터 병합정렬 하기
print("병합정렬 결과",data)         # 병합정렬 결과
```

(위 (예제 8.15의 파이썬 프로그램)의 병합 정렬 알고리즘의 실행 결과)

```
병합정렬 데이터 입력 [6, 8, 3, 1, 2, 4, 7, 5]
중간 결과1:(좌 1 )번칸 비교 [6]              # [6, 8] 비교 시작
중간 결과3:(우 1 )번칸 비교 [6, 8]           # [6, 8] 비교 결과
중간 결과2:(우 1 )번칸 비교 [1]              # [3, 1] 비교 시작
중간 결과4:(좌 1 )번칸 비교 [1, 3]           # [3, 1] 비교 결과
중간 결과2:(우 1 )번칸 비교 [1]              # [6, 8] [1, 3] 비교 시작
중간 결과2:(우 2 )번칸 비교 [1, 3]           # [6, 8] [1, 3] 비교 중 2개 결과
중간 결과4:(좌 2 )번칸 비교 [1, 3, 6, 8]     # [6, 8] [1, 3] 비교 결과
중간 결과1:(좌 1 )번칸 비교 [2]              # [2, 4] 비교 시작
중간 결과3:(우 1 )번칸 비교 [2, 4]           # [2, 4] 비교 결과
중간 결과2:(우 1 )번칸 비교 [5]              # [7, 5] 비교 시작
중간 결과4:(좌 1 )번칸 비교 [5, 7]           # [7, 5] 비교 결과
중간 결과1:(좌 1 )번칸 비교 [2]              # [2, 4] [5, 7] 비교 시작
중간 결과1:(좌 2 )번칸 비교 [2, 4]           # [2, 4] [5, 7] 비교 주 2개 결과
중간 결과3:(우 2 )번칸 비교 [2, 4, 5, 7]     # [2, 4] [5, 7] 비교 결과
중간 결과1:(좌 1 )번칸 비교 [1]              # [1, 3, 6, 8] [2, 4, 5, 7] 비교 시작
중간 결과2:(우 1 )번칸 비교 [1, 2]           # [1, 3, 6, 8] [2, 4, 5, 7] 비교 중 2개
중간 결과1:(좌 2 )번칸 비교 [1, 2, 3]
중간 결과2:(우 2 )번칸 비교 [1, 2, 3, 4]
```

```
중간 결과2:(우 3 )번칸 비교 [1, 2, 3, 4, 5]
중간 결과1:(좌 3 )번칸 비교 [1, 2, 3, 4, 5, 6]
중간 결과2:(우 4 )번칸 비교 [1, 2, 3, 4, 5, 6, 7]
중간 결과4:(좌 4 )번칸 비교 [1, 2, 3, 4, 5, 6, 7, 8] # 최종결과
병합정렬 결과 [1, 2, 3, 4, 5, 6, 7, 8]
```

8.6.7 팀 정렬(Tim Sort) 알고리즘

팀 정렬(Tim Sort)은 Python에서의 정렬 함수 sorted()와 list.sort()에 사용된 정렬 알고리즘이다.[팀:수학과] [팀:questionet]

팀 정렬은 파이썬 핵심 개발자인 팀 피터스(Tim Peter)에 의해서 2001년 만들어진 알고리즘으로 파이썬을 위해 C 언어로 구현되었다. 2009년 이후 Python뿐만 아니라 Java SE 7, Android, Google Chrome (V8), Swift 등에서 표준 정렬 알고리즘으로 채택되었다.

이는 '실제 데이터는 대부분 이미 정렬돼 있을 것이다'라는 가정에 기반한 정렬 알고리즘으로 삽입 정렬과 병합 정렬을 적절히 조합한 알고리즘이다. 두 정렬 방법을 결합했기에 안정적이며, 추가 메모리는 사용하지만 기존의 병합 정렬에 비해 적은 추가 메모리를 사용하여 시간 복잡도 $O(n\log n)$ 인 다른 정렬 알고리즘의 단점을 최대한 극복한 알고리즘이다.

팀 정렬(Tim Sort)은 **mini-run**이란 딥러닝[38](Deep Learning)의 mini-batch[39]와 비슷하게, 작은 단위로 나누어 정렬한다. (주로 $2^5 = 32$ 또는 $2^6 = 64$ 단위로 나누어 시작한다.)

예를 들어, 길이가 140인 배열이 있으면 길이가 32인 4개의 배열(32 · 4 = 128)과 길이가 12인 배열로 5개의 작은 조각으로 나누어 삽입 정렬을 시행한다, 그리고 부분 정렬된 5개의 조각을 병합 정렬을 실행하여 전체 정렬을 한다. 이때, 5번째 조각인 길이가 12인 배열에 20개의 적당한 원소를 추가해서 길이 32인 배열을 만든다. 그러면 길이가 32인 5개의 조각으로 되어 쉽게 정렬을 실행할 수 있다.

---

38) **딥러닝(Deep Learning)**: 여러 층을 가진 인공신경망(Artificial Neural Network, ANN)을 사용하여 머신러닝(Machine Learning) 학습을 수행하는 것으로 심층학습이라고도 한다. 딥러닝에서는 기계가 자동으로 학습하려는 데이터에서 특징을 추출하여 자가 학습하게 된다. 머신러닝은 기계가 자가 학습할 수 없다.

39) **미니배치(Mini-Batch)**: 데이터를 하나 하나씩 신경망에 넣어 학습을 시키는 방법으로 신경망을 한번 학습시키는데 소요되는 시간이 매우 짧다.

예제 8.16

[팀 정렬] 10개의 데이터 [8, 7, 4, 3, 9, 2, 1, 0, 5, 6]을 5개씩 나누어 각각 삽입 정렬로 정렬한 다음 10개를 병합 정렬하여 팀 정렬하는 과정을 살펴보자.

단 계	데 이 터 위치	설 명
1단계	[7, 8, 4, 3, 9, 2, 1, 0, 5, 6]	5개씩 나누어 좌측 5개 삽입 정렬
2단계	[4, 7, 8, 3, 9, 2, 1, 0, 5, 6]	
3단계	[3, 4, 7, 8, 9, 2, 1, 0, 5, 6]	
4단계	[3, 4, 7, 8, 9, 2, 1, 0, 5, 6]	
5단계	[3, 4, 7, 8, 9, 1, 2, 0, 5, 6]	5개씩 나누어 우측 5개 삽입 정렬
6단계	[3, 4, 7, 8, 9, 0, 1, 2, 5, 6]	
7단계	[3, 4, 7, 8, 9, 0, 1, 2, 5, 6]	
8단계	[3, 4, 7, 8, 9, 0, 1, 2, 5, 6]	
9단계	[3, 4, 7, 8, 9, 0, 1, 2, 5, 6]	10개를 병합 정렬
최종결과	[0, 1, 2, 3, 4, 5, 6, 7, 8, 9]	오름차순으로 정렬됨

예제 8.17

[팀 정렬] 10개의 데이터 [8, 7, 4, 3, 9, 2, 1, 0, 5, 6]을 5개씩 나누어 각각 삽입 정렬로 정렬한 다음 10개를 병합 정렬하는 팀 정렬 함수를 정의하고, 주어진 데이터를 대입하여 중간 과정이 출력되는 파이썬 프로그램은 다음과 같다.

(예제 8.17의 파이썬 프로그램) 파이썬 프로그램(Tim정렬 알고리즘)[팀:program]

```
# Tim 정렬 알고리즘
MIN_MERGE = 8 # 숫자가 크면 병합 정렬은 작동하지 않음
def timSort(arr) :
    def calcMinRun(n) :
        """minrun: 임의의 run이 구성될 수 있는 최소 길이
        Tim sort는 run 생성시 run 크기를 동적으로 구한다.
        run을 만들 때 이미 정렬된 subsequence 기준으로 생성하며
        만약 minrun보다 작게되면 삽입 정렬을 사용한다.
        """
        r = 0
        while n >= MIN_MERGE :
            r |= n & 1
            n >>= 1
```

```
        return n + r

    n = len(arr)
    minRun = calcMinRun(n)

    # min run 만큼 건너뛰면서 삽입 정렬 실행
    for start in range(0, n, minRun) :
        end = min(start + minRun - 1, n - 1)
        arr = insertSort(arr, start, end)
        print("중간 결과1:(", ")번칸 비교", arr) # 중간 정렬 과정 출력하기
    currentSize = minRun

    # minRun이 배열 길이보다 작을 때까지만 minRun*2를 한다.
    while currentSize < n:
        for start in range(0, n, currentSize * 2) :
            mid = min(n - 1, start + currentSize - 1)
            right = min(start + 2*currentSize - 1, n - 1)
            merged = fastmerge(array1=arr[start:mid + 1],
                               array2=arr[mid + 1:right + 1])
            arr[start:start + len(merged)] = merged
            print("중간 결과2:(", ")번칸 비교", arr) # 중간 정렬 과정 출력하기
        currentSize *= 2
    return arr

def insertSort(array, left, right): # 삽입 정렬
    for i in range(left + 1, right + 1):
        temp = array[i]
        j = i - 1
        while j >= left and array[j] > temp:
            array[j+1] = array[j]
            j -= 1
        array[j+1] = temp
        print("중간 결과3:(", ")번칸 비교", array) # 중간 정렬 과정 출력하기
    return array

# 최적화된 Merge Sort(병합 정렬)
def fastmerge(array1, array2): # 내림차순 정렬 함수
    merged_array = []
    while array1 or array2 :
        if not array1 :
            merged_array.append(array2.pop())
                        # array2의 오른쪽 원소 삭제후 merged_array에 추가
            print("중간 결과4:(", ")번칸 비교", merged_array)
                        # 중간 정렬 과정 출력하기
        elif (not array2) or array1[-1] > array2[-1] :
            merged_array.append(array1.pop())
```

```
                # array1의 오른쪽 원소 삭제후 merged_array에 추가
        print("중간 결과5:(",  ")번칸 비교", merged_array)
                # 중간 정렬 과정 출력하기
      else:
        merged_array.append(array2.pop())
                # array2의 오른쪽 원소 삭제후 merged_array에 추가
        print("중간 결과6:(",  ")번칸 비교", merged_array)
                # 중간 정렬 과정 출력하기
    merged_array.reverse()   # 오름차순 정렬
    print("중간 결과7:(",  ")번칸 비교", merged_array)
                # 중간 정렬 과정 출력하기
    return merged_array

data = [8, 7, 4, 3, 9, 2, 1, 0, 5, 6]
print("Tim정렬 데이터 입력",data)  # 입력 데이터 출력
timSort(data)                     # 데이터 Tim정렬 하기
print("Tim정렬 결과",data)         # Tim정렬 결과
```

위 (예제 8.17의 파이썬 프로그램)의 Tim 정렬 알고리즘에서 MIN_MERGE = 8인 경우 실행 결과: 삽입 정렬과 병합 정렬이 작용됨

```
Tim정렬 데이터 입력 [8, 7, 4, 3, 9, 2, 1, 0, 5, 6]
중간 결과3:( )번칸 비교 [7, 8, 4, 3, 9, 2, 1, 0, 5, 6]
중간 결과3:( )번칸 비교 [4, 7, 8, 3, 9, 2, 1, 0, 5, 6]
중간 결과3:( )번칸 비교 [3, 4, 7, 8, 9, 2, 1, 0, 5, 6]
중간 결과3:( )번칸 비교 [3, 4, 7, 8, 9, 2, 1, 0, 5, 6]
중간 결과1:( )번칸 비교 [3, 4, 7, 8, 9, 2, 1, 0, 5, 6]
중간 결과3:( )번칸 비교 [3, 4, 7, 8, 9, 1, 2, 0, 5, 6]
중간 결과3:( )번칸 비교 [3, 4, 7, 8, 9, 0, 1, 2, 5, 6]
중간 결과3:( )번칸 비교 [3, 4, 7, 8, 9, 0, 1, 2, 5, 6]
중간 결과3:( )번칸 비교 [3, 4, 7, 8, 9, 0, 1, 2, 5, 6]
중간 결과1:( )번칸 비교 [3, 4, 7, 8, 9, 0, 1, 2, 5, 6]
중간 결과5:( )번칸 비교 [9] # fastmerge(,) 내림차순 정렬 함수 적용
중간 결과5:( )번칸 비교 [9, 8]
중간 결과5:( )번칸 비교 [9, 8, 7]
중간 결과6:( )번칸 비교 [9, 8, 7, 6]
중간 결과6:( )번칸 비교 [9, 8, 7, 6, 5]
중간 결과5:( )번칸 비교 [9, 8, 7, 6, 5, 4]
중간 결과5:( )번칸 비교 [9, 8, 7, 6, 5, 4, 3]
중간 결과4:( )번칸 비교 [9, 8, 7, 6, 5, 4, 3, 2]
중간 결과4:( )번칸 비교 [9, 8, 7, 6, 5, 4, 3, 2, 1]
중간 결과4:( )번칸 비교 [9, 8, 7, 6, 5, 4, 3, 2, 1, 0]
중간 결과7:( )번칸 비교 [0, 1, 2, 3, 4, 5, 6, 7, 8, 9] # 역순 출력
중간 결과2:( )번칸 비교 [0, 1, 2, 3, 4, 5, 6, 7, 8, 9]
Tim정렬 결과 [0, 1, 2, 3, 4, 5, 6, 7, 8, 9]
```

위 (예제 8.17의 파이썬 프로그램)의 Tim 정렬 알고리즘에서 MIN_MERGE = 16인 경우 실행 결과: 삽입 정렬만 실행됨
Tim정렬 데이터 입력 [8, 7, 4, 3, 9, 2, 1, 0, 5, 6] 중간 결과3:( )번칸 비교 [7, 8, 4, 3, 9, 2, 1, 0, 5, 6] 중간 결과3:( )번칸 비교 [4, 7, 8, 3, 9, 2, 1, 0, 5, 6] 중간 결과3:( )번칸 비교 [3, 4, 7, 8, 9, 2, 1, 0, 5, 6] 중간 결과3:( )번칸 비교 [3, 4, 7, 8, 9, 2, 1, 0, 5, 6] 중간 결과3:( )번칸 비교 [2, 3, 4, 7, 8, 9, 1, 0, 5, 6] 중간 결과3:( )번칸 비교 [1, 2, 3, 4, 7, 8, 9, 0, 5, 6] 중간 결과3:( )번칸 비교 [0, 1, 2, 3, 4, 7, 8, 9, 5, 6] 중간 결과3:( )번칸 비교 [0, 1, 2, 3, 4, 5, 7, 8, 9, 6] 중간 결과3:( )번칸 비교 [0, 1, 2, 3, 4, 5, 6, 7, 8, 9] 중간 결과1:( )번칸 비교 [0, 1, 2, 3, 4, 5, 6, 7, 8, 9] Tim정렬 결과 [0, 1, 2, 3, 4, 5, 6, 7, 8, 9]

8.6.8 퀵 정렬(Merge Sort) 알고리즘

퀵 정렬(Merge Sort)은 병합 정렬과 마찬가지로 퀵 정렬도 분할 정복(Divide and Conquer) 기법과 재귀 알고리즘을 이용한 정렬 알고리즘이다. [퀵:DaleSeo]

항상 정 가운데를 기준으로 분할을 하는 병합 정렬과 달리, 퀵 정렬은 흔히 **피벗(pivot)**이라고 불리는 임의의 기준값을 사용한다. 퀵 정렬은 배열을 pivot 값 기준으로 더 작은 값과 큰 값으로 반복적으로 분할하여 정렬해나가는 방식을 취하고 있다.

프로그래밍 언어 차원에서 기본적으로 지원되는 내장 정렬 함수는 대부분은 퀵 정렬을 기본으로 한다. 일반적으로 원소의 개수가 적어질수록 나쁜 중간값이 선택될 확률이 높아지기 때문에, 원소의 개수에 따라 퀵 정렬에 다른 정렬을 혼합해서 쓰는 경우가 많다.

병합 정렬과 퀵 정렬은 분할 정복과 재귀 알고리즘을 사용한다는 측면에서는 유사해 보이지만, 내부적으로 정렬을 하는 방식에서는 큰 차이가 있다. 병합 정렬은 항상 정 중앙을 기준으로 단순 분할 후 병합 시점에서 값의 비교 연산이 발생하는 반면, 퀵 정렬은 분할 시점부터 비교 연산이 일어나기 때문에 그 이후 병합에 들어가는 비용이 매우 적거나 구현 방법에 따라서 아예 병합을 하지 않을 수도 있다.

퀵 정렬의 성능은 어떻게 pivot 값을 선택 선택하느냐에 크게 달라질 수 있다. 이상적인 경우에는 pivot 값을 기준으로 동일한 개수의 작은 값들과 큰 값들이 분할되면 병합 정렬과 마찬가지로 $O(n \log n)$ 의 시간 복잡도를 가지게 된다.

예제 8.18

[퀵 정렬] 7개의 데이터 [6, 5, 1, 4, 7, 2, 9]을 퀵 정렬로 정렬한 다음 10개를 병합 정렬하는 팀 정렬 함수를 정의하고, 주어진 데이터를 대입하여 중간 과정이 출력되는 파이썬 프로그램은 다음과 같다. [퀵:DaleSeo]

먼저 코드가 이해를 돕기 위해 퀵 알고리즘에 대한 설명을 한다. 메인 함수인 quick_sort()는 크게 sort()와 partition() 2개의 내부 함수로 나눠진다. sort() 함수는 재귀 함수이며 정렬 범위를 시작 인덱스와 끝 인덱스로 인자로 받는다. (둘 다 inclusive) partition() 함수는 정렬 범위를 인자로 받으며 다음 로직을 따라서 좌우측의 값들을 정렬하고 분할 기준점의 인덱스를 리턴한다. 이 분할 기준점(mid)는 sort()를 재귀적으로 호출할 때 우측 리스트의 시작 인덱스로 사용된다.

- 리스트의 정 가운데 있는 값을 pivot 값을 선택한다.
- 시작 인덱스(low)는 계속 증가시키고, 끝 인덱스(high)는 계속 감소시키기 위한 while 루프를 두 인덱스가 서로 교차해서 지나칠 때까지 반복시킨다.
- 시작 인덱스(low)가 가리키는 값과 pivot 값을 비교해서 더 작은 경우 반복해서 시작 인덱스 값을 증가시킨다. (pivot 값보다 큰데 좌측에 있는 값을 찾으면 교환을 위해 대기)
- 끝 인덱스(high)가 가리키는 값과 pivot 값을 비교해서 더 작은 경우 반복해서 끝 인덱스 값을 감소시킨다. (pivot 값보다 작은데 우측에 있는 값을 찾으면 교환을 위해 대기)
- 두 인덱스가 아직 서로 교차해서 지나치지 않았다면 시작 인덱스(low)가 가리키는 값과 끝 인덱스(high)가 가리키는 값을 상호 교대(swap)시킨다. (잘못된 위치에 있는 두 값의 위치를 바꾸기 위해)
- 상호 교대 후, 다음 값을 가리키기 위해 두 인덱스를 각자 진행 방향으로 한 칸씩 이동시킨다.
- 두 인덱스가 서로 교차해서 지나치게 되어 while 루프를 빠져나왔다면 다음 재귀 호출의 분할 기준점이 될 시작 인덱스를 반환한다.

(예제 8.18의 파이썬 프로그램) 파이썬 프로그램(퀵 정렬 알고리즘)[퀵:DaleSeo]

```
# 퀵 정렬 알고리즘
def quick_sort(arr):      # 정렬 함수

    def sort(low, high): # 피벗방 정하는 함수
```

```
        if high <= low:
            return
        mid = partition(low, high)

        sort(low, mid - 1)   # (재귀함수)
        sort(mid, high)      # (재귀함수)

    def partition(low, high):              # 피벗 기준으로 좌우 분리 함수
        pivot = arr[(low + high) // 2]     # 중간방 값 피벗 정하기
        print("==중간 결과0:(피벗:",low,high,"번방 중간/data["\
            +str((low +high)//2)+"] =", pivot,")")
                                           # 중간 정렬 과정 출력하기
        while low <= high:                 # pivot 값보다 작은 값들은 모두 왼편
                                           # pivot 값보다 큰 값들은 모두 오른편
            while arr[low] < pivot:
                                           # 왼쪽방 pivot 값보다 작으면 한칸 우측방 비교
                print("중간 결과1:좌(", arr[low], ") 제자리", arr)
                low += 1                   # 왼쪽방보다 한칸 우측
            while arr[high] > pivot:
                                           # 오른쪽방 pivot 값보다 크면 한칸 좌측방 비교
                print("중간 결과2:우(", arr[high], ") 제자리", arr)
                high -= 1                  # 오른쪽 쪽방보다 한칸 좌측
            if low <= high:                # 피벗 기준 대소 바뀐방 값 교환
                arr[low], arr[high] = arr[high], arr[low]
                print("중간 결과3:(",arr[low], arr[high], ") 비교  ", arr)
                                           # 중간 정렬 과정 출력하기
                low, high = low + 1, high - 1
                                           # 방범위 피벗 중심으로 1칸씩 좁힘
        return low                         # 피벗의 왼쪽방 번호 반환

    return sort(0, len(arr) - 1)

data = [6, 5, 1, 4, 7, 2, 9]
print("퀵 정렬 데이터 입력 data =",data) # 입력 데이터 출력
quick_sort(data)                        # 데이터 퀵 정렬하기
print("퀵 정렬 결과",data)               # 퀵 정렬 결과
```

(위 (예제 8.18의 파이썬 프로그램)의 퀵 정렬 알고리즘의 실행 결과)

```
퀵 정렬 데이터 입력 data = [6, 5, 1, 4, 7, 2, 9]
==중간 결과0:(피벗: 0 6번방 중간/data[3] = 4) # 처음 중간방 피벗값 선택
중간 결과2:우( 9 ) 제자리 [6, 5, 1, 4, 7, 2, 9]
 # 우측6번방 9가 피벗 4보다 크므로 제자리
중간 결과3:( 2 6 ) 비교   [2, 5, 1, 4, 7, 6, 9]
 # 우측5번방 2가 피벗보다 작고/좌측0번방 6이 피벗보다 커 2와 6을 교환
```

```
중간 결과2:우( 7 ) 제자리 [2, 5, 1, 4, 7, 6, 9]
 # 우측4번방 7가 피벗보다 크고/좌측1번방 5도 피벗보다 크므로 교환 불가
중간 결과3:( 4 5 ) 비교   [2, 4, 1, 5, 7, 6, 9]
 # 우측3번방 4가 피벗이고/좌측1번방 5도 피벗보다 크므로 4와 5를 교환
중간 결과1:좌( 1 ) 제자리 [2, 4, 1, 5, 7, 6, 9]
 # 우측2번방 4가 피벗이고/좌측2번방 1 피벗보다 작으므로 새로운 피벗 찾기
==중간 결과0:(피벗: 0 2번방 중간/data[1] = 4)
 #  우측방만 계속 2번방까지 이동되어 0번, 2번방 중간 1번방 값 4를 피벗 지정
중간 결과1:좌( 2 ) 제자리 [2, 4, 1, 5, 7, 6, 9]
 #  우측2번방 1이 피벗보다 작고/좌측0번방 2도 작으므로 1과 4를 교환
중간 결과3:( 1 4 ) 비교   [2, 1, 4, 5, 7, 6, 9]
 # 우측2번방 1이 피벗보다 작고/좌측0번방 2도 피벗보다 작으므로 새 피벗 찾기
==중간 결과0:(피벗: 0 1번방 중간/data[0] = 2)
 # 우측방 한칸 좌측 이동, 0번, 1번방 중간 0번방 값 2가 피벗
중간 결과3:( 1 2 ) 비교   [1, 2, 4, 5, 7, 6, 9]
 # 우측1번방 1이 피벗 2보다 작으므로 1과 2를 교환/새 피벗 찾기
==중간 결과0:(피벗: 3 6번방 중간/data[4] = 7) # 새 피벗 7 찾기
중간 결과1:좌( 5 ) 제자리 [1, 2, 4, 5, 7, 6, 9]
 # 좌측3번방 5가 피벗 7보다 작으므로 제자리
중간 결과2:우( 9 ) 제자리 [1, 2, 4, 5, 7, 6, 9]
 # 우측6번방 9가 피벗 7보다 크므로 제자리
중간 결과3:( 6 7 ) 비교   [1, 2, 4, 5, 6, 7, 9]
 # 우측5번방 6이 피벗 7보다 작으므로 6과 7을를 교환
==중간 결과0:(피벗: 3 4번방 중간/data[3] = 5 ) # 새 피벗 5 찾기
중간 결과2:우( 6 ) 제자리 [1, 2, 4, 5, 6, 7, 9]
 # 우측4번방 6이 피벗 5보다 크므로 제자리
중간 결과3:( 5 5 ) 비교   [1, 2, 4, 5, 6, 7, 9]
 # 우측3번방 5가 피벗 5이므로 제자리
==중간 결과0:(피벗: 5 6번방 중간/data[5] = 7 ) # 새 피벗 7 찾기
중간 결과2:우( 9 ) 제자리 [1, 2, 4, 5, 6, 7, 9]
 # 우측6번방 9가 피벗 7 보다 크므로 제자리
중간 결과3:( 7 7 ) 비교   [1, 2, 4, 5, 6, 7, 9]
 # 우측5번방 7이 피벗 7이므로 제자리
퀵 정렬 결과 [1, 2, 4, 5, 6, 7, 9]
```

8.7 검색 알고리즘

컴퓨터 과학에서 **검색 알고리즘**(search algorithm)은 이름 그대로 검색 문제를 해결하는 어떠한 알고리즘이라도 해당되며, 연속 변수나 이산 변수를 사용하여, 일부 데이터 구조 안에 저장된 정보를 검색하거나 문제 도메인의 검색 공간에서 계산을 하기 위해 사용된다. [검색:위키백과]

검색 알고리즘은 또한 검색 구조에 따라 크게 순차(선형) 검색, 이진 검색, 해싱 검색 등으로

분류한다. 순차 검색 알고리즘은 대상 키와 관련된 대상에 대해 모든 자료를 선형 방식으로 검사한다. 이진 검색 알고리즘은 정렬된 자료를 검색하는 방법으로 검색 구조의 중심을 대상으로 하고 검색 공간을 절반으로 나누어 검색한다. 해싱(hashing)은 해시 함수에 기반하여 키를 자료에 직접 대응시킨다. 검색 시간을 줄인다.

8.7.1 선형 검색 알고리즘(Linear Search Algorithm)

선형 검색 알고리즘(Linear Search Algorithm)은 정렬이 안 된 자료에서 맨 앞이나, 맨 뒤부터 순차적으로 모든 자료를 비교하면서 검색하는 알고리즘이다. **순차검색 알고리즘**(sequential search algorithm)이라고도 불린다. 가장 단순하고 간단한 검색 알고리즘이다. 처음부터 하나하나 원하는 값을 찾아본다. 원하는 값을 찾으면 검색을 종료한다. 선형 검색은 원소의 값이 정렬되지 않은 배열에서의 유일한 검색법이다. 구현은 쉽지만, 정렬되어 있지 않은 데이터 배열에서 평균적으로 $(n+1)/2$ 번의 비교를 하며, 최악의 경우 n 번의 비교를 하므로 시간 복잡도가 $O(n)$이다. 이진 검색 및 해시 테이블과 같은 다른 검색 알고리즘이 훨씬 빠르기 때문에 실제로 거의 사용하지 않는다. 선형 검색에서 검색 값이 주어진 자료에 없는 경우에는 없다는 것을 확인해야 하므로 검색 시간이 늘어나는데 검색 값을 보초(Sentinel) 값으로 자료의 가장 마지막에 추가하면 항상 검색 값을 찾을 수 있으므로 없다는 확인을 하지 않아도 되어 검색 시간을 줄일 수 있다. 이를 **보초법**(Sentinel method)이라 한다.

예제 8.19

[선형 검색] 주어진 자료 data = ['s','t','u','d','y']에서 찾고자 하는 자료를 입력하여 데이터를 찾으면 찾는 자료와 위치를 출력하고, 데이터를 찾지 못하면 "존재하지 않는다."를 출력하는 선형 검색 파이썬 프로그램을 작성하라.

d를 검색하는 것을 그림으로 살펴보면 다음과 같이 4번째에서 존재한다.

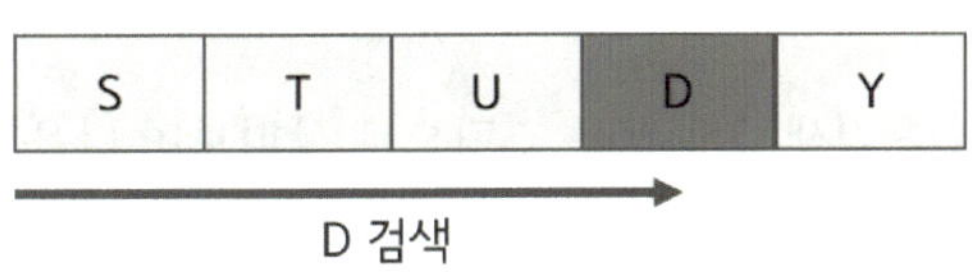

(예제 8.19의 파이썬 프로그램) 파이썬 프로그램(선형 검색 알고리즘)

```
# 선형 검색 알고리즘
lst = ['s','t','u','d','y'] # 주어진 데이터
key = input('검색할 알파벳을 입력하시오 :')
i = 0
while True :
    if i == len(lst): # 끝까지 탐색하여 검색 값이 없으면 중지
        idx = -1
        break
    print("중간 결과1:(", i+1, ")번칸 비교") # 중간 정렬 과정 출력하기
    if lst[i] == key: # 검색 값이 있으면 출력
        idx = i
        break
    print("중간 결과2:(", i+1, ")번칸 비교") # 중간 정렬 과정 출력하기
    i += 1
if idx == -1 :
    print('찾는 알파벳', key, '이(가) 존재하지 않는다.')
else :
    print('검색한 알파벳', key, f'은(는) {idx+1}번째에 있다.')
```

(위 (예제 8.19의 파이썬 프로그램)의 선형 검색 알고리즘의 실행 결과)

실행 결과 1	실행 결과 2
검색할 알파벳을 입력하시오 :d 중간 결과1:(1)번칸 비교 중간 결과2:(1)번칸 비교 중간 결과1:(2)번칸 비교 중간 결과2:(2)번칸 비교 중간 결과1:(3)번칸 비교 중간 결과2:(3)번칸 비교 중간 결과1:(4)번칸 비교 검색한 알파벳 d 은(는) 4번째에 있다.	검색할 알파벳을 입력하시오 :a 중간 결과1:(1)번칸 비교 중간 결과2:(1)번칸 비교 중간 결과1:(2)번칸 비교 중간 결과2:(2)번칸 비교 중간 결과1:(3)번칸 비교 중간 결과2:(3)번칸 비교 중간 결과1:(4)번칸 비교 중간 결과2:(4)번칸 비교 중간 결과1:(5)번칸 비교 중간 결과2:(5)번칸 비교 찾는 알파벳 a 이(가) 존재하지 않는다.

보초값 활용하여 D와 A를 검색하는 것을 그림으로 살펴보면 다음과 같이 D는 4번째에서 처음 존재(6번째에 보초값으로도 존재)하고 A는 6번째에서 처음 존재(마지막 자료)한다. 그러므로 A는 앞의 5개의 자료에 없으므로 "존재하지 않는다"고 판정한다.

6번째 방에 검색값인 보초값(D 또는 A) 추가	검색된 방 번호
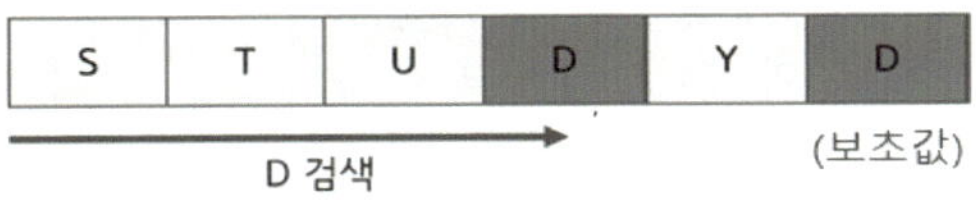	보초값(검색값)으로 6번째 방에 D를 추가하고 D를 검색하면 4번째 방에서 검색됨
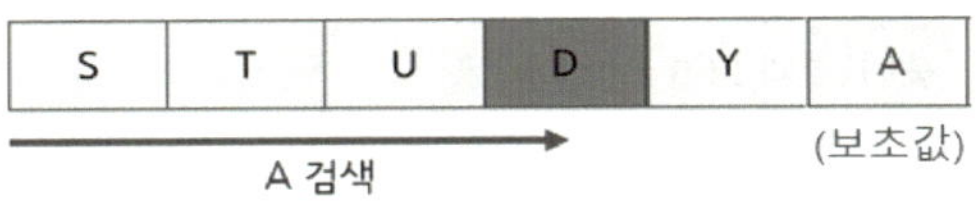	보초값(검색값)으로 6번째 방에 A를 추가하고 A를 검색하면 6번째 방에서 검색됨

예제 8.20

[보초값 이용 선형검색] 주어진 자료 data = ['s','t','u','d','y']에서 찾고자 하는 자료를 입력하여 데이터를 찾으면 찾는 자료와 위치를 출력하고, 데이터를 찾지 못하면 "존재하지 않는다."를 출력하는 보초값 이용 선형검색 파이썬 프로그램을 작성하라.

(예제 8.20의 파이썬 프로그램) 파이썬 프로그램(보초값 이용 선형 검색 알고리즘)

```
# 보초값 알고리즘
lst = ['s','t','u','d','y'] # 주어진 데이터
key = input('검색할 알파벳을 입력하시오 :')
i = 0
lst += key              # 보초값(key)을 마지막 자료로 추가

while True :            # 아래3줄은 보초법으로 생략하여 판단횟수 절반으로 줄임
#   if i == len(lst):
#       idx = -1
#       break
    if lst[i] == key:   # 검색 값이 있으면 출력
        idx = i
        break
    print("중간 결과2:(", i+1, ")번칸 비교") # 중간 정렬 과정 출력하기
    i += 1

if i == len(lst)-1:     # i가 보초값이 있는 마지막 방 번호이면 자료없음
    idx = -1

if idx == -1 :
    print('찾는 알파벳', key, '이(가) 존재하지 않는다.')
else :
    print('검색한 알파벳', key, f'은(는) {idx+1}번째에 있다.')
```

(위 (예제 8.20의 파이썬 프로그램)의 보초값 알고리즘의 실행 결과)	
검색할 알파벳을 입력하시오 :d 중간 결과2:(1)번칸 비교 중간 결과2:(2)번칸 비교 중간 결과2:(3)번칸 비교 검색한 알파벳 d 은(는) 4번째에 있다.	검색할 알파벳을 입력하시오 :a 중간 결과2:(1)번칸 비교 중간 결과2:(2)번칸 비교 중간 결과2:(3)번칸 비교 중간 결과2:(4)번칸 비교 중간 결과2:(5)번칸 비교 찾는 알파벳 a 이(가) 존재하지 않는다.

연습문제 8.10

[선형 검색] 주어진 자료 data = ['s','t','u','d','y']에서 찾고자 하는 자료를 입력하여 데이터를 찾으면 찾는 숫자와 위치를 출력하고, 데이터를 찾지 못하면 "데이터를 찾지 못했다"를 출력하는 선형 검색 파이썬 프로그램을 작성하라. 단, for 문을 사용하여 작성할 것.

8.7.2 이진 검색 알고리즘(Binary Search Algorithm)

이진 검색 알고리즘 (Binary Search Algorithm)은 제어 검색 방법으로 오름 차순(또는 내림 차순)으로 정렬된 자료에서만 검색할 수 있다. 중간지점을 기준으로 데이터를 반씩 나눠서 검색하는 알고리즘이다. 중간지점을 선택한 뒤, 중간지점 값보다 검색 값이 크면 오른쪽(내림차순 자료이면 왼쪽) 부분을 선택한다. 선택한 부분 중에서 다시 중간지점을 선택한 뒤, 같은 방법으로 왼쪽 혹은 오른쪽만 선택한다. 위 과정을 원하는 값을 찾을 때까지 반복한다. 이진 검색은 중앙값이 검색 값과 일치할 때와 검색범위가 더 이상 없는 경우에 종료된다. 시간 복잡도는 $O(\log n)$ 으로 좋은 편이다.

예를 들어, 가나다순으로 정렬되어 있는 전화번호부에서 임의의 사람에 대한 전화번호를 찾는 경우에 이진 검색으로 찾을 수 있다. 이진 검색이 얼마나 빠른 알고리즘이냐면, 70억 명 중에서 특정한 정보를 검색하려 할 때, 선형 검색은 평균적으로 35억 번을 비교하고, 이진 검색은 최대 33번의 비교로 데이터를 찾을 수 있다.

예제 8.21

[이진 검색] 정렬된 데이터 2, 3, 5, 7, 8, 9, 10에서 이진 검색으로 8을 찾는 방법은 아래와 같이 진행된다.

단 계	데이터 위치	설명
1단계	2, 3, 5, 7, 8, 9, 10	중앙 데이터 7과 검색 값 8을 비교 8이 크므로 7의 오른쪽 8, 9, 10 선택
2단계	2, 3, 5, 7, 8, 9, 10	오른쪽 8, 9, 10에서 중앙 데이터 9와 검색 값 8을 비교 8이 작으므로 9의 왼쪽 8 선택
3단계	2, 3, 5, 7, 8, 9, 10	원하는 검색 값 8을 찾음

예제 8.22

[이진 검색] 자료 data = [1, 2, 3, 4, 5, 6, 7, 8, 9]에서 찾고자 하는 자료를 입력하여 데이터를 찾으면 찾는 자료와 위치를 출력하고, 데이터를 찾지 못하면 "존재하지 않는다."를 출력하는 이진 검색 파이썬 프로그램을 작성하라.

(예제 8.22의 파이썬 프로그램) 파이썬 프로그램(이진 검색 알고리즘)

```
# 이진 검색 알고리즘
data = [1, 2, 3, 4, 5, 6, 7, 8, 9]  # 데이터
key = int(input('검색할 숫자를 입력하시오 :'))
pl = 0                  # 초기치 좌측방 번호
pr = len(data) - 1      # 초기치 우측방 번호
while True :
    pc = (pl + pr) // 2   # 중앙방 번호
    if data[pc] == key:   # 중앙방에 있는 값과 검색할 숫자와 비교하여 같으면 출력
        idx = pc
        print("중간 결과1:(", pc+1, ")번칸 비교") # 중간 정렬 과정 출력하기
        break
    elif data[pc] < key: # 검색값 아니면 데이터 절반 나눠 이진 검색
        pl = pc + 1        # 중앙방 값보다 검색값이 크면 우측 방들 선택
        print("중간 결과2:(", pc+1, ")번칸 비교") # 중간 정렬 과정 출력하기
    else:
        pr = pc - 1        # 중앙방 값보다 검색값이 작으면 좌측 방들 선택
    if pl > pr:            # 검색 값이 없으면 중지
        idx = -1
        print("중간 결과4:(", pc+1, ")번칸 비교") # 중간 정렬 과정 출력하기
        break
if idx == -1 :
    print('검색한 숫자',key,'가 존재하지 않는다.')
else :
    print('검색한 숫자',key,f'는 {idx+1}번째에 있다.')
```

(위 (예제 8.22의 파이썬 프로그램)의 이진 검색 알고리즘의 실행 결과)	
검색할 숫자를 입력하시오 :4 중간 결과2:(2)번칸 비교 중간 결과2:(3)번칸 비교 중간 결과1:(4)번칸 비교 검색한 숫자 4 는 4번째에 있다.	검색할 숫자를 입력하시오 :11 중간 결과2:(5)번칸 비교 중간 결과2:(7)번칸 비교 중간 결과2:(8)번칸 비교 중간 결과2:(9)번칸 비교 중간 결과3:(9)번칸 비교 검색한 숫자 11 가 존재하지 않는다.

예제 8.23

오름차순 정렬된 데이터에 대한 이진 검색(Binary Search)을 수행하는 순서도를 작성하라. 단, 나눗셈의 결과 소수점 이하는 자동으로 절삭된다.

▶ 사용되는 변수

- K: 찾고자 하는 키
- N: 전체 레코드 수
- L: 시작 키 값 인덱스
- H: 마지막 키 값 인덱스
- M: 중간 키 값 인덱스
- KM: M번째 키 값

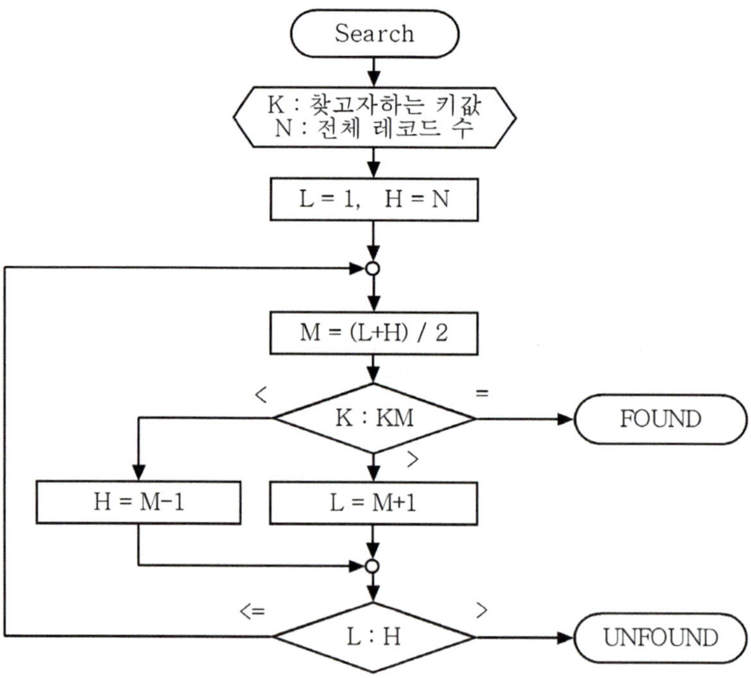

위 순서도를 이용한 이진 검색의 이해

위 순서도에 해당하는 N건의 레코드(자료)는 아래와 같이 오름차순 정렬된 키 값 1~14에 의해 정의되어 있고 찾고자 하는 자료의 키 값은 5라고 가정했을 때 아래의 ①~③ 순서에 의해 5가 검색된다.

검색순서			②		③		①							
			↓		↓		↓							
검색 키	1	2	3	4	5	6	7	8	9	10	11	12	13	14

이진 검색 포인터 = (시작 키 값 + 마지막 키 값) / 2 -소수점 이하 버림

① (1+14)/2 = 7(소수점 이하 버림): 처음 검색포인터는 시작 키 값은 1, 마지막 키 값은 14이므로 이진 검색 포인터 공식에 의해 결과는 7이 된다. 이때 처음 검색포인터 7은 찾고자 하는 자료의 키 값 5와 다르다. 그런데 7은 5보다 크며 전체 키 값은 오름차순 정렬되어 있으므로 키 값 7이후에는 찾고자 하는 키 값 5가 올 수 없으므로 마지막 키 값은 7보다 하나 작은 6으로 결정한다.
② (1+6)/2 = 3(소수점 이하 버림): 두 번째 이진 검색 포인터는 3인데 찾고자 하는 키 값 5와 다르며 3은 5보다 작으므로 3 이전에는 5가 올 수 없다. 따라서 시작 키 값을 3보다 1이 큰 4로 결정한다.
③ (4+6)/2 = 5: 세 번째 이진 검색 포인터는 찾고자 하는 키 값 5와 같으므로 검색이 이루어졌다.
※ 만약 시작 키 값이 마지막 키 값 보다 커지는 경우가 발생하였다면 찾고자 하는 키가 없기 때문이다.

연습문제 8.11

아래의 순서도는 배열 Kor(10)에 국어점수가 내림차순으로 정렬되어 저장되어 있을 때 이진 검색을 이용하여 국어점수 K를 입력하면 배열 인덱스와 국어점수를 출력하는 순서도이다. 아래 순서도의 괄호에 해당하는 내용을 '답항보기'에서 찾아 순서도를 완성하고 파이썬 프로그램을 만들어라.

▶ 사용되는 변수
- K: 찾을 키 값 변수
- L: 검색 시작 위치 변수
- H: 검색 끝 위치 변수
- M: 검색의 중간 위치 변수
- Kor(10): 국어점수 기억 배열

▶ 처리 조건: 중간 값은 (L+H)/2로 처리하고 소수점이하는 절삭하는 것으로 가정한다.

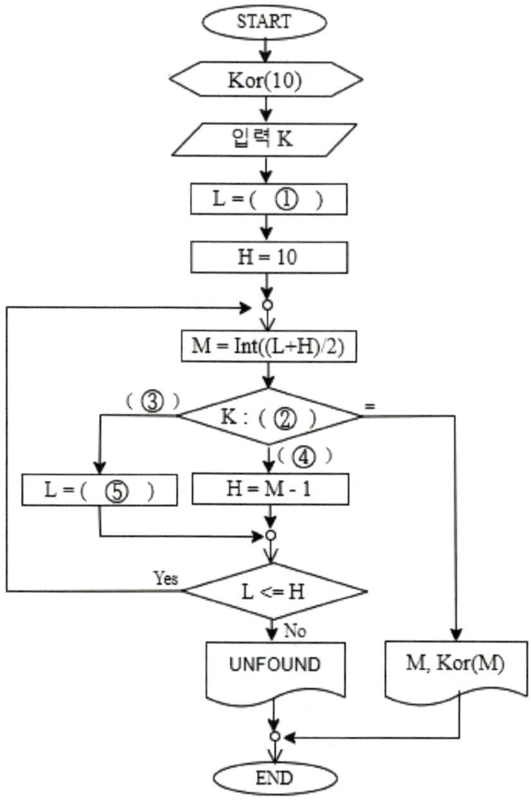

답항보기

1	2	3	4
0	1	2	M+1
5	**6**	**7**	**8**
M-1	Kor(M)	<	>

힌트

배열에 입력된 자료는 내림차순 정렬되어 있다.

8.7.3 해시 검색 알고리즘(Hash Search Algorithm)

해시(hash) 검색 알고리즘: 데이터를 저장할 위치인 '인덱스(index)'를 간단한 연산(**해시함수**: Hashing function이라 함)으로 구하여 인덱스로 활용하기 때문에 자료의 배열(정렬)이 필요하지 않아 시간이 많이 절약된다. 이렇게 구한 인덱스(index)를 '**해시값(hash value)**'이라고 한다. 해시값을 저장 방 번호(인덱스)처럼 데이터를 다룰 수 있게 된다. 해시 검색 알고리즘은 정렬이 안 된 자료를 검색할 때 사용하는 선형 검색과 정렬된 자료를 검색하는 이진 검색과 비교해 다음과 같은 장점이 있다.

- 선형 검색과 이진 검색은 어떤 값이 어떤 index에 들어있는지에 대한 정보가 없는 상태에서 검색하지만 해시 검색 알고리즘 (Hash Search Algorithm)은 값과 index를 미리 연결해 둠으로써 짧은 시간에 검색할 수 있다.
- 정렬되지 않은 자료의 해시값으로 데이터를 검색할 때 사용한다.

- 데이터 검색, 추가, 삭제할 때 자료를 따로 재배열하지 않아 효율성이 좋다.

일반적으로 자료를 재배열(재정렬)할 때는 요소 이동(추가, 삭제)에 필요한 시간 복잡도(Time Complexity)가 $O(n)$이므로 시간이 걸린다. 이유는 배열 요소를 추가, 삭제할 때마다 하나씩 앞으로(뒤로) 쭉 밀어서 자리를 만들기 때문이다.

해시 검색에서는 요소가 이동(추가, 삭제)하더라도 다른 배열 요소들을 앞뒤로 옮기지 않아도 된다. 해시 검색에서 재정렬하지 않아도 되는 원리에 대해 알아보자.

다른 배열과 달리 인덱스가 '해시값'이기 때문이다. 일반적인 정렬 방법은 앞에서부터 차례차례 인덱스 번호 0, 1, 2, … 를 부여한다. 하지만 해시 검색에서는 저장된 키(key)값에 따라서 특정 해시값을 만들어내어 그것을 인덱스로 사용하는 것이다. 그리고 값을 추가, 삭제할 때도 해당 해시값을 통해 접근하게 된다. 이로써 데이터를 삭제할 때는 그 해시값에 해당하는 키(key)만 쏙 제거하면 그만이고, 데이터를 추가할 때는 그 해시값에 그 키값을 해당시키면 된다. 배열 요소 순서에 맞춰 인덱스를 다시 쭉 부여할 필요가 없다는 것이다. 하지만 단점으로 연산을 통해 키값에 따라 해시값을 만들어낼 때, 키값과 해시값이 1:1 대응 관계가 아니다. 즉 다른 자료에서 같은 해시값이 **발생(충돌: Collision)**할 수 있다. 이에 대한 처리 방법은 뒤에서 논의하겠다.

이렇게 해시값이 인덱스가 되도록 원래의 키값을 저장한 배열을 **해시 테이블(hash table)**이라 하고, 해시 테이블의 요소를 **버킷(bucket)**이라고 한다.

해시 검색 알고리즘의 장단점과 시간 복잡도를 정리하면 다음과 같다.

구분	설 명 [해시:DAVINCI]
장점	- 데이터 저장/검색 속도가 빠르다. - 해쉬는 키에 대한 데이터가 있는지(중복) 확인이 쉽다. - 정렬되지 않은 자료의 해시값으로 데이터를 검색할 때 사용한다. - 데이터 검색, 추가, 삭제할 때 자료를 따로 재배열하지 않아 효율성이 좋다.
단점	- 일반적으로 저장공간이 다른 검색보다 더 많이 필요하다. - 해시값이 동일할 경우 충돌을 해결하기 위한 별도 자료구조가 필요하다. (충돌 해결 알고리즘)
시간 복잡도	- 일반적인 경우(충돌이 없는 경우): $O(1)$ - 최악의 경우(모든 경우에 충돌이 발생하는 경우): $O(n)$

사용자에게 빠른 검색 결과를 제공하기 위해 서버는 캐시[40](Cache)와 쿠키[41](Cookie)를 사용한다.

해시 테이블은 다음과 같은 경우에 활용이 많이 된다.

- 검색이 많이 필요한 경우.
- 저장, 삭제, 읽기가 빈번한 경우.
- 캐시(Cache) 구현. 이미 데이터가 캐시에 있는지 없는지 중복확인을 할 때 해시 테이블이 용이하게 적용됨.

예제 8.24

[해시법] 정렬되지 않은 자료 73, 8, 41, 18, 26, 29에 대한 해시법을 알아보자.
해시함수로 자룟값(문자인 경우는 각 알파벳의 아스키 코드의 합 또는 내장 해시 함수로 구한 값 등으로 수치화한 값)을 5로 나눈 나머지로 하면, 주어진 자료에 대한 해시값은 다음 표와 같다.

원소값	73	8	41	18	26	29
해시값(5로 나눔)	3	3	1	3	1	4

해시값을 배열의 인덱스로 생각하고 다시 만들어 보면

인덱스	0	1	2	3	4
원소	None	41	None	73	29
		26		8	
				18	

이 되어 다른 자료에 대해 같은 해시값이 존재(충돌)한다. 1번 인덱스를 보면 원소값이 41, 26으로 2개가 있다. 이렇게 한 인덱스에 같은 값이 중복되는 현상을 **충돌**이라 하고 해결방법으로 체인법과 오픈 주소법, 공간을 확장하는 방법 등이 있다.

충돌을 피하려면 해시 함수가 중요하다. 가능하면 해시 함수가 중복(충돌)된 해시값을 최대

40) **캐시(Cache)**: 웹 페이지 요소(오디오, 비디오, 그림, 문서 파일 등)를 사용자 컴퓨터 또는 서버의 저장공간에 저장하기 위한 임시 저장소로 페이지가 빠르게 화면 처리할 수 있도록 도와준다. 사용자가 직접 수동으로 삭제해주어야 한다.

41) **쿠키(Cookie)**: 컴퓨터 이용 정보(사용자 개인 정보, 알림창, 인터넷 검색기록, 파일명 키워드 등)를 사용자 컴퓨터에 저장하기 위해 사용된다. 기본적으로 웹서버에서 PC로 보내는 작은 파일들을 저장한다. 보통 쿠키는 누군가 특정한 웹 사이트를 접속할 때 발생한다. 만료 기간이 있어 시간이 지나면 자동삭제 된다.

한 만들지 않도록, 고르게 분포된 해시값을 만들어야 한다. 즉, 해시 테이블을 크게 만들면 충돌을 최소화할 수 있다.

충돌이 발생하지 않는다는 것은 인덱스(해시값)과 키값이 1:1 대응이다. 이때 시간복잡도는 $O(1)$이다. 너무 좋지 않은가! 하지만 해시테이블을 크게 하면 메모리를 쓸데없이 많이 차지할 수 있다. 아쉽게도 시공간의 트레이드오프[42](tradeoff)가 존재한다.

충돌을 대처하는 방법으로 크게 다음 두 가지가 있다.

- **체인법(열린 해시법)**(chaining, open hasing)
- **오픈 주소법(닫힌 해시법)**(open addressing)

먼저 체인법에 대해 알아보자.

체인법(chaining): 해시값이 같은 데이터를 체인 모양의 연결리스트로 연결하는 방법을 말하며 **열린 해시법**(open hasing)이라고도 한다.

체인법은 해시 테이블에서 동일한 해시값에 대해 충돌이 일어날 때, 그 위치에 있던 버킷에 다음 키값을 연결하는 방법이다.

즉, 체인법은 연결리스트 자료구조를 활용하여 버킷에서 연결될 수 있는 자료수에 제한을 두지 않고 체인 형태로 연결하는 것이다.

예제 8.25

정렬되지 않은 6개의 자료 73, 8, 41, 18, 26, 29가 주어지고 해시 테이블은 5개의 버킷을 가질 때(충돌 발생), 체인법을 이용하여 해시 테이블을 작성해 보자.

버킷이 5개이므로 해시함수는 5로 나눈 나머지로 하여 각 자료의 해시값을 구하여 정리하면 다음과 같다.

인덱스	0	1	2	3	4
원소	None	41	None	73	29
		26		8	
				18	

체인법으로 저장 리스트를 만들면 해시값이 0인 자료는 없으므로 0번째 방에 빈 리스트 [ ]로

42) **트레이드오프**: 이율배반 관계로 한쪽을 추구하면 다른 쪽을 포기해야 하는 상태

저장하고, 해시값이 1인 자료는 41, 26이 중복되므로 2개 리스트인 [41, 26]으로 나타난다. 같은 방법으로 정리하면 아래와 같은 해시 테이블이 완성된다.

[[ ], [41, 26], [ ], [73, 8, 18], [29]]

예제 8.26

[체인법 해시] 8개의 데이터 (10, a), (25, b), (21, c), (31, d), (7, e), (20, f), (8, g), (44, h)에 대한 체인법을 이용한 해시 검색 알고리즘을 파이썬 프로그램으로 작성하여 a, b, c, d, e, f, g, h에 대한 5개의 버킷을 가진 해시 테이블을 출력하라. 단, 해시함수는 앞 성분 숫자로 결정한다. 또한, 데이터 입력 함수를 작성하여 위 데이터를 입력하라.

(예제 8.26의 파이썬 프로그램) 파이썬 프로그램(충돌 회피 체인법)1 [해시:citizen]

```
# 해시 검색 알고리즘(체인법)

# 2차원 리스트 생성
hash_table = [[] for _ in range(5)]   # 5개 해시값(인덱스) 확보

# 해시함수 및 해시 값 확인
def hash_func(key):                   # 해시 개수(5개)로 나눈 나머지 해시함수
    return key % len(hash_table)

# extend 방식으로 충돌키 추가 하는 함수(체인법)
def insert_func(hash_table, key, value):
    hash = hash_func(key)
    hash_table[hash].extend(value)  # 충돌키 추가
    print("중간 결과1:자료값=",key,", 해시값=",hash, ", 추가 값=",value)
                                    # 중간 과정 출력하기

print("처음 상태 2차원 해시 테이블",hash_table) # 2차원 해시 테이블

insert_func(hash_table, 10, 'a')    # 8개 자료추가
insert_func(hash_table, 25, 'b')
insert_func(hash_table, 21, 'c')
insert_func(hash_table, 31, 'd')
insert_func(hash_table, 7, 'e')
insert_func(hash_table, 20, 'f')
insert_func(hash_table, 8, 'g')
insert_func(hash_table, 44, 'h')

print("충돌 추가 해시 테이블",hash_table) # 충돌 추가 2차원 해시 테이블
```

(위 (예제 8.26의 파이썬 프로그램)의 해시 검색 알고리즘(체인법)의 실행 결과)1

```
처음 상태 2차원 해시 테이블 [[], [], [], [], []]
중간 결과1:자료값= 10 , 해시값= 0 , 추가 값= a
중간 결과1:자료값= 25 , 해시값= 0 , 추가 값= b
중간 결과1:자료값= 21 , 해시값= 1 , 추가 값= c
중간 결과1:자료값= 31 , 해시값= 1 , 추가 값= d
중간 결과1:자료값= 7 , 해시값= 2 , 추가 값= e
중간 결과1:자료값= 20 , 해시값= 0 , 추가 값= f
중간 결과1:자료값= 8 , 해시값= 3 , 추가 값= g
중간 결과1:자료값= 44 , 해시값= 4 , 추가 값= h
충돌 추가 해시 테이블 [['a', 'b', 'f'], ['c', 'd'], ['e'], ['g'], ['h']]
```

예제 8.27

[체인법 해시] 8개의 데이터 (ab, 10), (bc, 25), (c, 21), (d, 31), (e, 7), (f, 20), (g, 8), (h, 44)에 대한 체인법을 이용한 해시 검색 알고리즘을 파이썬 프로그램으로 작성하여 10, 25, 21, 31, 7, 20, 8, 44에 대한 5개의 버킷을 가진 해시 테이블을 출력하라. 단, 해시함수는 앞 성분 문자의 아스키 코드의 합으로 결정한다. 또한, 데이터 입력 함수를 작성하여 위 데이터를 입력하라.

(예제 8.27의 파이썬 프로그램) 파이썬 프로그램(충돌 회피 체인법)2

```
# 해시 검색 알고리즘(체인법)
# 2차원 리스트 생성
hash_table = [[] for _ in range(5)] # 5개 해시값(인덱스) 확보

# 해시함수 및 해시 값 확인
def hash_func(key): # 해시 개수(5개)로 나눈 나머지 해시함수
        ord_sum = 0
        for letter in key:
                ord_sum += ord(letter) # 아스키 코드 합
        print("중간 결과0:자료값=",key,", 아스키 합=",ord_sum)
        return ord_sum % len(hash_table)

# extend 방식으로 충돌키 추가 하는 함수(체인법)
def insert_func(hash_table, key, value):
    hash = hash_func(key)                       # 아스키코드로 변환후 해시값
    hash_table[hash].append(value)              # 충돌키 숫자 추가
    print("중간 결과1:자료값=",key,", 해시값=",hash, ", 추가 값=",value)
                                                # 중간 과정 출력하기
    print("중간 결과2:해시 테이블=", hash_table) # 중간 과정 출력하기
```

```
print("처음 상태 2차원 해시 테이블", hash_table) # 2차원 해시 테이블

insert_func(hash_table, 'ab', 10) # 8개 자료추가
insert_func(hash_table, 'bc', 25)
insert_func(hash_table, 'c', 21)
insert_func(hash_table, 'd', 31)
insert_func(hash_table, 'e', 7)
insert_func(hash_table, 'f', 20)
insert_func(hash_table, 'g', 8)
insert_func(hash_table, 'h', 44)

print("충돌 추가 해시 테이블", hash_table) # 충돌 추가 2차원 해시 테이블
```

(위 (예제 8.27의 파이썬 프로그램)의 해시 검색 알고리즘(체인법)의 실행 결과)2

```
처음 상태 2차원 해시 테이블 [[], [], [], [], []]
중간 결과0:자료값= ab 아스키 합= 195
중간 결과1:자료값= ab , 해시값= 0 , 추가 값= 10
중간 결과2:해시 테이블= [[10], [], [], [], []]
중간 결과0:자료값= bc 아스키 합= 197
중간 결과1:자료값= bc , 해시값= 2 , 추가 값= 25
중간 결과2:해시 테이블= [[10], [], [25], [], []]
중간 결과0:자료값= c 아스키 합= 99
중간 결과1:자료값= c , 해시값= 4 , 추가 값= 21
중간 결과2:해시 테이블= [[10], [], [25], [], [21]]
중간 결과0:자료값= d 아스키 합= 100
중간 결과1:자료값= d , 해시값= 0 , 추가 값= 31
중간 결과2:해시 테이블= [[10, 31], [], [25], [], [21]]
중간 결과0:자료값= e 아스키 합= 101
중간 결과1:자료값= e , 해시값= 1 , 추가 값= 7
중간 결과2:해시 테이블= [[10, 31], [7], [25], [], [21]]
중간 결과0:자료값= f 아스키 합= 102
중간 결과1:자료값= f , 해시값= 2 , 추가 값= 20
중간 결과2:해시 테이블= [[10, 31], [7], [25, 20], [], [21]]
중간 결과0:자료값= g 아스키 합= 103
중간 결과1:자료값= g , 해시값= 3 , 추가 값= 8
중간 결과2:해시 테이블= [[10, 31], [7], [25, 20], [8], [21]]
중간 결과0:자료값= h 아스키 합= 104
중간 결과1:자료값= h , 해시값= 4 , 추가 값= 44
중간 결과2:해시 테이블= [[10, 31], [7], [25, 20], [8], [21, 44]]
충돌 추가 해시 테이블 [[10, 31], [7], [25, 20], [8], [21, 44]]
```

예제 8.28

[체인법 해시] 6개의 데이터 쌍 (tel, 12), (name, kang), (b, 22), (c, 33), (d, 4), (ef, 54)을 입력하여 대한 체인법을 이용한 해시 검색 알고리즘을 파이썬 프로그램으로 작성하여 6개의 데이터 쌍에 대한 5개의 버킷을 가진 해시 테이블을 출력하라. 그리고 데이터 c, d, ef, a, e를 검색하여 대응하는 자료를 출력하라(검색 안 되면 "데이터 없음"을 출력).
단, 해시함수는 앞 성분 문자의 아스키 코드의 합으로 결정한다. 또한, 데이터 입력(저장) 함수를 작성하여 위 데이터를 입력하여 저장하라. 검색 함수도 작성하라.

(예제 8.28의 파이썬 프로그램) 파이썬 프로그램(충돌 회피 체인법)3 [해시:DAVINCI]

```
# 해시 검색 알고리즘(체인법)
# 해시 테이블 생성
class HashTable:                    # 클래스 만들기
    def __init__(self):             # 해시 테이블 생성 함수
        self.hash_table = list([0 for i in range(5)])

    def hash_function(self, key):   # 해시 함수
        return key % len(self.hash_table)

    def insert(self, key, value):   # 삽입 함수
        #gen_key = hash(key)  # 시행마다 바뀜(내장 해시 함수)
        gen_key = 0
        for letter in key:
            gen_key += ord(letter) # 아스키 코드 합

        hash_value = self.hash_function(gen_key)
        print("중간0:이름:",key,",아스키 합=",gen_key,", 해시키=",hash_value)

        if self.hash_table[hash_value] != 0:
            # 해당 hash value index를 이미 사용하고 있는 경우(충돌 시)
            for i in range(len(self.hash_table[hash_value])):
            # 이미 같은 키 값이 존재하는 경우 -> value 교체
            # 이때 0은 key, 1은 value값이 존재하는 인덱스
                    if self.hash_table[hash_value][i][0] == gen_key:
                    self.hash_table[hash_value][i][1]=value
                    return
            # 같은 키값이 없을때 [key, value]를 해당 인덱스에 삽입
            self.hash_table[hash_value].append([key, value])
        else:   # 해당 hash_value를 사용하고 있지 않는 경우
            self.hash_table[hash_value] = [[key, value]]

    def read(self, key): # 자료 찾기 함수
```

```
            gen_key = 0
            for letter in key:
                gen_key += ord(letter) # 아스키 코드 합

            hash_value = self.hash_function(gen_key)
            print("중간1:이름:",key,",아스키 합=",gen_key,", 해시키=",hash_value)
                                    # 중간 과정 출력
            if self.hash_table[hash_value] != 0:
                                    # 해당 해쉬 값 index에 데이터가 존재할 때,
                for i in range(len(self.hash_table[hash_value])):
                                    if self.hash_table[hash_value][i][0] == key:
                                    # 키와 동일할 경우 -> 해당 value return
                                        print("중간2:이름:",key,", 찾는값",\
                    self.hash_table[hash_value][i][1])
                                        return self.hash_table[hash_value][i][1]
                # 동일한 키가 존재하지 않는 경우
                return print("이름:",key,"찾는 이름 없음")
            else:   # 해당 해쉬 값 index에 데이터가 없을 때,
                return print("이름:",key,"데이터 없음")

    def print(self): print(self.hash_table)    # 해시 테이블 인쇄 함수

ht = HashTable()        # 해시 테이블 객체 선언

ht.insert('tel', 12)    # 6개 자료 입력
ht.insert('name', 'kang')
ht.insert('b', 22)
ht.insert('c', 33)
ht.insert('d', 4)
ht.insert('ef', 54)

print("==해시 테이블 출력==")
ht.print()      # 해시 테이블 출력

print("==자료 찾기==")
ht.read('c')    # c와 대응값 찾기
ht.read('d')    # 충돌키 있는 데이터
ht.read('ef')   # ef와 대응값 찾기

ht.read('a')    # 없는 데이터
ht.read('e')    # 없는 데이터
```

(위 (예제 8.28의 파이썬 프로그램)의 해시 검색 알고리즘(체인법)의 실행 결과)3

```
중간0:이름: tel ,아스키 합= 325 , 해시키= 0
중간0:이름: name ,아스키 합= 417 , 해시키= 2
중간0:이름: b ,아스키 합= 98 , 해시키= 3
중간0:이름: c ,아스키 합= 99 , 해시키= 4
중간0:이름: d ,아스키 합= 100 , 해시키= 0
중간0:이름: ef ,아스키 합= 203 , 해시키= 3
==해시 테이블 출력==
[[['tel', 12], ['d', 4]], 0, [['name', 'kang']], [['b', 22], ['ef', 54]], [['c', 33]]]
==자료 찾기==
중간1:이름: c ,아스키 합= 99 , 해시키= 4
중간2:이름: c , 찾는값 33
중간1:이름: d ,아스키 합= 100 , 해시키= 0
중간2:이름: d , 찾는값 4
중간1:이름: ef ,아스키 합= 203 , 해시키= 3
중간2:이름: ef , 찾는값 54
중간1:이름: a ,아스키 합= 97 , 해시키= 2
이름: a 찾는 이름 없음
중간1:이름: e ,아스키 합= 101 , 해시키= 1
이름: e 데이터 없음
```

오픈 주소법 (open addressing, closed hashing, linear probing): 자료수 보다 많은 추가 메모리 공간(최대 충돌 개수 공간 필요)을 사용하지 않고, 해시 테이블의 빈공간을 사용하는 방법이다. 자료가 충돌(해시값이 같음)하면 해당 해시값에 대응하는 곳보다 큰 인덱스 중 가장 먼저 등장하는 빈 버킷 공간에 저장(이유는 검색 시간을 줄임)하는 기법이다. 체인법은 처음 시행할 때, 자료 수만큼의 버킷을 가진 해시 테이블이 필요하다. 그리고 충돌이 발생하면 빈공간이 아니라 충돌 수 만큼 저장 공간을 늘려서 사용하게 된다. 따라서 오픈 주소법이 체인법보다 메모리 활용도가 높아 메모리 사용이 덜하다. 하지만 검색 시간은 체인법이 체인으로 연결된 곳만 검색하면 되므로 좀 더 빠르다.

서로 다른 데이터가 같은 인덱스(해시값)를 가지면 체인 모양으로 연결하는 체인법과는 달리, 오픈 주소법은 해시값 하나에 데이터 하나만 연관된다. 충돌하는 다른 자료는 연관이 없는 다른 빈 버킷에 저장되므로 **닫힌 해시법**(closed hashig) 또는 **선형 탐사법**(linear probing)이라고도 한다.

오픈 검색 알고리즘의 장단점은 다음과 같다.

구분	설 명
장점	- 저장공간 활용도를 높일 수 있음. - 저장 시 별도의 별도의 공간이나 추가 작업이 필요 없음.
단점	- 해시 함수의 퍼포먼스에 따라 해시테이블의 성능이 결정됨. - 빈 공간을 미리 확보하기 위해 해시 테이블 저장공간을 다시 확대하거나 미리 마련이 되어있어야 함.

예제 8.29

[오픈 주소법 해시] 정렬되지 않은 자료 73, 8, 41, 18, 26, 29에 대한 해시법(오픈 주소법)을 알아보자. 단, 해시 함수는 5로 나눈 나머지이다.

먼저 해시값이 1, 3으로 충돌하는 자료 26, 8, 18이 있으므로 버킷 5개와 3개의 충돌자료가 있으므로 저장공간이 8개가 필요할 수 있다. 먼저 자료 순서 73, 8, 41, 18, 26, 29의 해시값(5로 나눈 나머지)을 구하면 3, 3, 1, 3, 1, 4이므로 표로 정리하면 다음과 같다.

인덱스	0	1	2	3	4
원소	None	41	None	73	29
		26		8	
				18	

먼저 오픈 주소법으로 자료를 배치하는 방법을 제시하면 다음과 같다.

- 1번째 자료 73은 해시값 3과 같은 3번 방에 배당한다.
- 2번째 자료 8의 해시값은 3번이므로 3번 방에 배치해야 하나 이미 73이 차지하고 있으므로 3보다 큰 번호 방에서 처음으로 빈방인 4번 방에 배치한다.
- 3번째 자료 41은 해시값이 1이므로 비어 있는 1번 방에 배치한다.
- 4번째 자료 18은 해시값이 3이므로 3번 방이 이미 배치되어 있어 배치하지 못하고, 다음으로 3번 방보다 큰 방중에서 4번 방도 이미 배치되어 있으므로, 그다음 처음 빈방이 5번 방이므로 이곳에 18을 배치한다.
- 5번째 자료 26의 해시값이 1이므로 1번 방이 이미 배치되어 있으므로 1번 방보다 큰 방 중 처음으로 빈방이 2번 방이므로 이곳에 26을 배치한다.
- 6번째 자료 29의 해시값은 4이므로 4번 방에 배치해야 하나 이미 8이 차지하고 있어 4보

다 큰 방중 처음 빈방 6번 방에 배치하면 된다.

이상을 그림으로 정리하면 다음과 같다. 그래서 최소 총 7개 버킷을 가진 해시 테이블이 필요하다. 여기서 유의해야 할 점은 해시값 0인 자료가 없으므로 그대로 비워 놓는다. 처음 7개의 버킷을 가진 해시 테이블을 만들면 아래와 같다.

인덱스	0	1	2	3	4	5	6
원소	None	41	26	73	8	18	29
해시값		1	1	3	3	3	4
배치순서	빈공간	3	5	1	2	4	6

오픈 주소법으로 저장 리스트를 만들어 정리하면 아래와 같은 해시 테이블이 완성된다.

[[ ], [41], [26], [73], [8], [18], [29]]

만약 처음에 8개의 버킷을 가진 해시 테이블을 만들었다면 다음과 같이 마지막은 자리는 빈 버킷인 [ ]가 나타난다.

[[ ], [41], [26], [73], [8], [18], [29], [ ]]

또한, 처음에 6개의 버킷을 가진 해시 테이블을 선언했다면 다음과 같이 마지막 자료 29가 나타나지 않는다.

[[ ], [41], [26], [73], [8], [18]]

예제 8.30

[오픈 주소법 해시] 10개의 데이터 쌍 (a1, 11), (a2, 22), (a3, 33), (a4, 44), (a6, 66), (a7, 77), (a8, 88), (a9, 99), (a10, 10), (a12, 12)에 대한 오픈 주소법을 이용한 해시 검색 알고리즘을 파이썬 프로그램으로 작성하여 10개의 데이터 쌍에 대한 12개의 버킷을 가진 해시 테이블을 출력하라. 그리고 데이터 a1, a10, a5, b2를 검색하여 대응하는 데이터 쌍 자료를 출력하라(검색 안 되면 "찾는 데이터 없음"을 출력).
단, 해시함수는 앞 성분 문자의 아스키 코드의 합을 5로 나눈 나머지로 한다. 또한, 데이터 입력(저장) 함수를 작성하여 위 데이터를 입력하여 저장하라. 검색 함수도 작성하라.

(예제 8.30의 파이썬 프로그램) 파이썬 프로그램(충돌 회피 오픈 주소법)[오픈:Thch]

```
# 해시 검색 알고리즘(충돌 회피 오픈 주소법)
hash_table = list([0 for i in range(12)])
    # 12개의 해시방 확보([자료+충돌 자료]보다 많아야 함)
```

```
def hash_function(name): # 해시 함수: 5로 나눈 나머지
        ord_sum = 0
        for letter in name:
                ord_sum += ord(letter)  # 아스키 코드 합
        print("중간0:이름:",name,", 아스키 합",ord_sum,\
    ",해시값",ord_sum % 5)              # 중간 정보 출력
        return ord_sum % 5

def save_data(name, value):              # 자료 저장
  hash_address = hash_function(name)     # 해시값

  if hash_table[hash_address] != 0:  # 충돌자료 빈방 찾기
                                      # 이미 Hash table의 공간이 차있어 충돌이 발생할 경우
    for index in range(hash_address, len(hash_table)):
      if hash_table[index] == 0:     # 해시값 이후 빈방 찾아 앞에서 채움
        hash_table[index] = [name, value]
        return
      elif hash_table[index][0] == name:
        hash_table[index][1] = value
        return
  else: # 빈방이면 자료 저장
    hash_table[hash_address] = [name, value]

def read_data(name): # 자료 찾기
  hash_address = hash_function(name)

  if hash_table[hash_address] != 0: # 빈방이 아닌 경우
    for index in range(hash_address, len(hash_table)):
      if hash_table[index] != 0 and hash_table[index][0] == name:
                         # 이름 비교
        return print("=>찾는 데이터:",name,",",hash_table[index][1])
      elif hash_table[index] != 0 or hash_table[index] == 0:
                         # 데이터 없음
        xx = "=>찾는 데이터 없음(이미 "+str(hash_address) \
          +"번방 배당 있음): "+ name
    return print(xx)
  else:  # 빈방인 경우
    return print("=>찾는 이름 없음(빈 배당)",name)

# 데이터 저장 # 해시값: 5로 나눈 나머지
save_data('a1', 11)  # 해시값 = 1
save_data('a2', 22)  # 해시값 = 2
save_data('a3', 33)  # 해시값 = 3
save_data('a4', 44)  # 해시값 = 4
#save_data('a5', 55) # 해시값 = 0
```

```
save_data('a6', 66)  # 해시값 = 1
save_data('a7', 77)  # 해시값 = 2
save_data('a8', 88)  # 해시값 = 3
save_data('a9', 99)  # 해시값 = 4
save_data('a10', 10) # 해시값 = 4
save_data('a12', 12) # 해시값 = 1

print("==저장된 해시 테이블==")
print(hash_table)

print("==데이터 찾기==")  # 자료 저장후 실행
read_data('a1')
read_data('a10')

read_data('a5')           # 데이터 존재하지 않음(빈 배당:해시값 0)
read_data("b2")           # 데이터 존재하지 않음(이미 배당(a3,a8) 있음:해시값 3)
```

(위 (예제 8.30의 파이썬 프로그램)의 해시 검색 알고리즘(오픈 주소법)의 실행 결과)

```
중간0:이름: a1 , 아스키 합 146 ,해시값 1
중간0:이름: a2 , 아스키 합 147 ,해시값 2
중간0:이름: a3 , 아스키 합 148 ,해시값 3
중간0:이름: a4 , 아스키 합 149 ,해시값 4
중간0:이름: a6 , 아스키 합 151 ,해시값 1
중간0:이름: a7 , 아스키 합 152 ,해시값 2
중간0:이름: a8 , 아스키 합 153 ,해시값 3
중간0:이름: a9 , 아스키 합 154 ,해시값 4
중간0:이름: a10 , 아스키 합 194 ,해시값 4
중간0:이름: a12 , 아스키 합 196 ,해시값 1
==저장된 해시 테이블==
[0, ['a1', 11], ['a2', 22], ['a3', 33], ['a4', 44], ['a6', 66], ['a7', 77], ['a8', 88], ['a9', 99], ['a10', 10], ['a12', 12], 0]
==데이터 찾기==
중간0:이름: a1 , 아스키 합 146 ,해시값 1
=>찾는 데이터: a1 , 11
중간0:이름: a10 , 아스키 합 194 ,해시값 4
=>찾는 데이터: a10 , 10
중간0:이름: a5 , 아스키 합 150 ,해시값 0
=>찾는 이름 없음(빈 배당) a5
중간0:이름: b2 , 아스키 합 148 ,해시값 3
=>찾는 데이터 없음(이미 3번방 배당 있음): b2
```

- **검색 알고리즘의 선택하는 방법**
  - 단순히 검색만 한다면 계산시간이 짧은 검색 알고리즘을 선택할 수 있다.
  - 하지만 검색뿐 아니라 데이터의 추가·삭제도 수행한다면 검색 이외에 작업에 들어가는 비용을 종합적으로 평가해야 한다.
  - 따라서 선택할 수 있는 다양한 알고리즘이 있다면 용도, 목적, 속도, 자료구조 등 여러 가지 사항을 고려해야 한다.

CHPATER 08 연습문제

(연습문제 8.1) ~ (연습문제 8.11)의 순서도를 완성하고 파이썬 프로그램을 작성하라.

CHAPTER

연습문제 풀이

Chapter 01 연습문제

1.1 - 빵을 토스터에 넣어 굽는일
- 포크와 나이프를 준비하는 일
- 우유나 음료수를 컵에 담는 일
- 달걀 프라이 하는 일
- 약간의 샐러드를 준비하는 일
- 커피를 내려 잔에 담는 일 등

1.2 다방면에 걸쳐 배가 아픈 이유를 폭넓게 살펴보는 것이 필요하다. 이학생의 경우에는 배가 아픈 의료적인 문제보다는 현대의 상황을 회피하려는 징후일 가능성이 크다. 아마도 이 학생이 학교생활에 염증을 느꼈거나, 친구와의 다툼이나 집단 따돌림을 당하고 있을 가능성에 맞추어 문제를 파악하는 것이 좋을 것이다.

1.3 이 문제는 여러 개의 해답을 가지고 있다. 즉, $3\times9=27, 7\times1=7,\ 9\times3=27$과 같은 3가지가 있다. 이와 같이 여러 개의 해답이 있을 수 있는 경우에는 문제분석 단계에서 모든 경우의 수를 고려해야 한다.

1.4 사람에 따라 다양한 생각들이 나올 수 있을 것이며, 정해진 정답이 따로 없는 것도 열린 사고의 특징이다. 예를 들면 다음과 간다.
모든 사전에서 '컴퓨터'나 'Computer' 등의 단어가 사라질 것이다.
각 대학에서 컴퓨터 관련 학과와 IT 기업들이 없어질 것이다.
워드프로세서가 없어서 문서작성에 어려움이 많을 것이다.
엄청난 계산을 필요로 하는 유전자 분석 등이 불가능해질 것이다.
항공기나 기차 등의 실시간 운행 현황의 파악과 처리가 불가능해질 것이다.
음식점의 주문이나 계산을 수기로 해야할 것이다.

1.5 일상생활에서 행하는 일 중의 하나는 이를 닦는 일인데, 효율적인 칫솔질을 위해서는 다음과 같이 세부적으로 분해하여 판단할 필요가 있다.
어떤 칫솔을 쓸 것인가?
얼마 동안 칫솔질을 할 것인가?
어떤 치약을 사용할 것인가?
얼마나 세게 이를 닦을 것인가?
어떤 치약을 사용할 것인가?

1.6 먼저 A지점에서 갈 수 있는 지점을 정하여 1을 적는다. 외길인 경우에는 그 숫자를 그대로 유지하고, B지점 방향으로 통합되는 교차로에서는 양쪽 방향의 숫자를 목적지인 B지점에 도달할 때까지

단계적으로 더해간다. 따라서 이 경우에는 6가지이다.

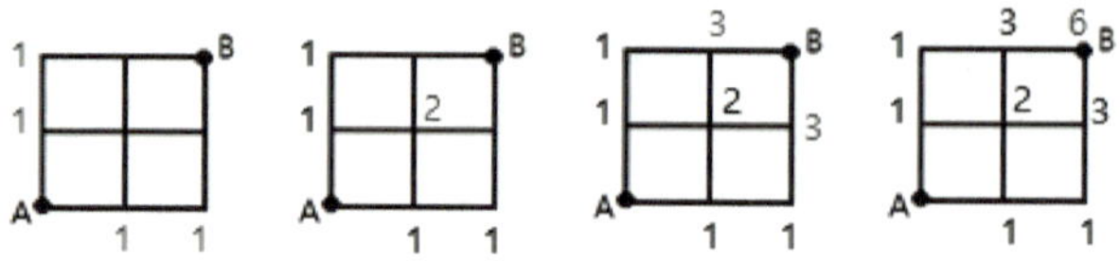

(별해) 최단 거리는 4가 되므로 가로 2개 세로 2개 선택하면 된다. 따라서 가로를 a라 하고 세로를 b라 하면, 4개의 문자 a, a, b, b를 중복 순열로 늘어놓는 방법과 같다. 따라서 $\frac{4!}{2!2!} = \frac{24}{4} = 6$이다. 여기서 4개를 일렬로 늘어놓는 방법의 수는 4계승(factorial) 으로 $4! = 4 \cdot 3 \cdot 2 \cdot 1 = 24$를 의미한다.

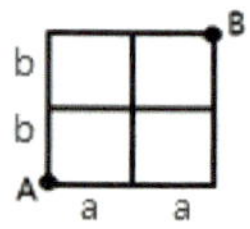

1.7 우리는 변화를 관찰하고 일정한 패턴을 인식한다. 수가 1, 2, 3, … 증가할 때 사각형의 수는 해당수의 제곱만큼 만들어 진다. 따라서 5번째에는 $5^2 = 25$개의 사각형이 된다.

1.8 도형의 좌우 쌍을 보았을 때 안과 밖이 바뀌는 패턴에 주목하면 안은 채워진 네모이고 밖은 빈 원으로 둘러싼 모양이다.

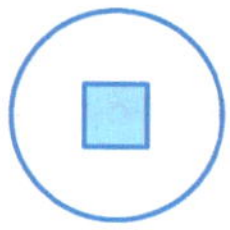

1.9 색칠한 칸은 오른쪽 대각선의 방향으로 이동하고, 나사못은 왼쪽 대각선 방향으로 90도씩 시계반대 방향으로 회전한다. 따라서 아래와 같다.

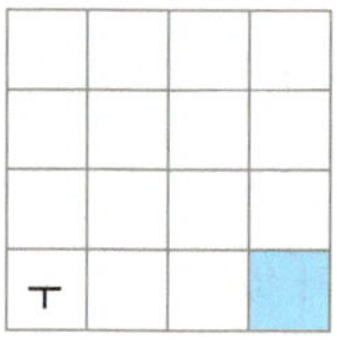

1.10 (해1) 포도를 제외한 나머지는 독립된 개체로 되어 있다. 포도
(해2) 겉면에 줄무늬가 있는 것은 수박이고 나머지 과일은 무늬가 없다. 수박
(해3) 겉면에 여러 줄 파인 골이 있는 것은 참외이고 나머지는 줄이 1개이하이다. 참외

1.11 우선 각 도형이 직선으로만 이루어져 있는지 또는 곡선도 포함하고 있는지의 여부로 판정할 수 있다. 이 경우 직선으로만 이루어진 도형은 (3)번이고 나머지는 곡선이 섞여 있다. 한편 (1), (2), (3)번의 경우에는 각 정점에서 다른 모든 점들로 직접 연결되어 있으나 (4)번은 그렇지 않다. 따라서 이 문제

의 해답은 (3)번 또는 (4)번이 될 수 있다.
이문제로부터 비교적 짧은 시간 내에 2가지의 특징추출을 해낼 수 있다면 특징추출을 통한 추상화에 상당한 재능이 있음을 짐작할 수 있다.

1.12 3가지 경우로부터 다음과 같은 추론 규칙을 찾아낼 수 있다. 즉 위의 두 수를 곱한 값의 각 자리 수를 더한 값을 아래에 적는 규칙임을 알 수 있다.

$4 \times 3 = 12 \Rightarrow 1 + 2 = 3$
$4 \times 4 = 16 \Rightarrow 1 + 6 = 7$
$7 \times 2 = 14 \Rightarrow 1 + 4 = 5$

$3 \times 7 = 21 \Rightarrow ? = 2 + 1 = 3$

(별해) $4 \times 3 = 12 \Rightarrow 2$(끝자리)$+1 = 3$
$4 \times 4 = 16 \Rightarrow 6$(끝자리)$+1 = 7$
$7 \times 2 = 14 \Rightarrow 4$(끝자리)$+1 = 5$

$3 \times 7 = 21 \Rightarrow ? = 1$(끝자리)$+1 = 2$

Chapter 02 연습문제

2.1~2.5 파이썬 프로그램의 기본 예제는
저자 홈페이지(http://www.cnu.ac.kr/~scchung/) 또는
교우사 홈페이지(https://www.kyowoo.co.kr/mastart/mastart.php)에 파일 탑재

Chapter 03 연습문제

3.1~3.4 파이썬 프로그램의 기본 예제는
저자 홈페이지(http://www.cnu.ac.kr/~scchung/) 또는
교우사 홈페이지(https://www.kyowoo.co.kr/mastart/mastart.php)에 파일 탑재

Chapter 04 연습문제

4.1~4.17 파이썬 프로그램의 기본 예제는
저자 홈페이지(http://www.cnu.ac.kr/~scchung/) 또는
교우사 홈페이지(https://www.kyowoo.co.kr/mastart/mastart.php)에 파일 탑재

4.1 ① 1 ② 〉 ③ 〈= ④ A(I) mod 3 ⑤ Sum + A(I)
4.2 ① 〉= ② 〈 ③ I+1 ④ A(I) mod 5 ⑤ 0
4.3 ① Yes ② No ③ Int(A/4) ④ A-(M×4)
4.4 ① No ② Yes ③ (Tot/3+0.5)
4.5 순서도1 ① 0 ② I=I+1 ③ 〈, 순서도2 ① 1 ② 〈= ③ 〉, 순서도3 ① 1, 5 ② S=S+I
4.6 순서도1 ① 〉 ② 〈= ③ S=S+I, 순서도2 ① 1, 99, 2 ② S=S+I
4.7 ① P ② 78-P ③ M ④ H ⑤ P〈77
4.8 ① B ② A, B ③ B, A ④ N ⑤ 1
4.9 ① 0 ② 1 ③ {I/(I+1)}
4.10 ① True ② False ③ 0 ④ {I/(I+1)} ⑤ 1

4.11 ① N+1 ② SUM-N ③ 99 ④ N ⑤ SUM+N
4.12 ① I+1 ② (I-1)/I ③ Sum-(I-1)/I ④ 〈 ⑤ 〉=
4.13 ① 1 ② I+2
4.14 ① -1 ② I+1 ③ I×S ④ 〈 ⑤ 〉=
4.15 ① 0 ② 5 ③ (S/I)
4.16 ① 0 ② I+1 ③ S+F
4.17 ① J=0 ② J+1 ③ A(J) ④ 9 ⑤ A(I) ⑥ 9

Chapter 05 연습문제

5.1~5.11 파이썬 프로그램의 기본 예제는
저자 홈페이지(http://www.cnu.ac.kr/~scchung/) 또는
교우사 홈페이지(https://www.kyowoo.co.kr/mastart/mastart.php)에 파일 탑재

5.1 ① 0 ② Q ③ Q〈P ④ 5
5.2 ① 1 ② Q ③ Q
5.3 ① 5 ② 〈 ③ 〉= ④ R-1 ⑤ R+1
5.4 ① 3 ② L, R, 1 ③ L-1 ④ L+1 ⑤ R+1 ⑥ R-1
5.5 ① Q=Q+S ② K=K-1 ③ No ④ Yes ⑤ P=P+S ⑥ S×(-1)
5.6 ① 5 ② N-1 ③ A+4 ④ S+A
5.7 ① 3 ② 2 ③ 10
5.8 ① 2 ② A+B ③ 34
5.9 ① 2 ② N ③ T+C ④ A ⑤ B
5.10 ① 1 ② 10 ③ A+I
5.11 ① 0 ② A+I ③ 10 ④ I/A ⑤ 1

Chapter 06 연습문제

6.1~6.8 파이썬 프로그램의 기본 예제는
저자 홈페이지(http://www.cnu.ac.kr/~scchung/) 또는
교우사 홈페이지(https://www.kyowoo.co.kr/mastart/mastart.php)에 파일 탑재

6.1 ① 1 ② 〉 ③ 〈= ④ N-(MOK×L) ⑤ L+1
6.2 ① 1 ② N-1 ③ A(I) ④ N ⑤ -1
6.3 ① I〈=100 ② mod(I, 3) ③ H+I ④ N4=0
6.4 ① 0 ② 1, 100 ③ T ④ F
6.5 ① CNT=0 ② S=0 ③ 1,K,1 ④ S=S+J ⑤ CNT=CNT+1

6.6 ① A ② B ③ mod(LG,SM) ④ B ⑤ N ⑥ (A×B)/SM

6.7 ① L+1 ② K+1 ③ S+L ④ N

6.8 ① 0 ② K ③ N/K ④ 1 ⑤ C

Chapter 07 | 연습문제

7.1~7.6 파이썬 프로그램의 기본 예제는
저자 홈페이지(http://www.cnu.ac.kr/~scchung/) 또는
교우사 홈페이지(https://www.kyowoo.co.kr/mastart/mastart.php)에 파일 탑재

7.1 ① I-1 ② I ③ A(L)

7.2 ① N/8 ② MOK ③ 10

7.3 ① 0 ② N ③ N-MOK×16 ④ NMG+1 ⑤ I-1 ⑥ 10

7.4 ① 1 ② 6 ③ 8**P

7.5 ① I=I-1 ② H=0 or H=1 ③ S(I)=H ④ S(I)=H mod 2

7.6 ① 1 ② 1-A(P) ③ 6-P ④ 2 ⑤ C

Chapter 08 | 연습문제

8.1~8.11 파이썬 프로그램의 기본 예제는
저자 홈페이지(http://www.cnu.ac.kr/~scchung/) 또는
교우사 홈페이지(https://www.kyowoo.co.kr/mastart/mastart.php)에 파일 탑재

8.1 ① N ② 5 ③ MIN 〉 N ④ I+1

8.2 ① I=I+1 ② 8 ③ A(I) ④ MIN=A(I) ⑤ S+A(I) ⑥ I+1

8.3 ① C=T(N)-10 ② C=10-T(N) ③ S=10-M ④ S=10+M

8.4 ① S(I) ② 0 ③ 1 ④ S(J)〈S(K) ⑤ K ⑥ J

8.5 ① T(P) ② 1 ③ P-1 ④ T(Q)

8.6 ① 1,N ② I+1, N ③ A(I)〈A(J) ④ A(I) ⑤ A(J)

8.7 ① N,1,-1 ② 1, I ③ A(J)〈A(J+1) ④ A(J) ⑤ A(J+1)

8.8 ① N,1,-1 ② 1, I ③ A(J)〈A(J+1) ④ A(J) ⑤ A(J+1) ⑥ F=0

8.9 ① B(J) ② A(I) ③ C(K) ④ K+1 ⑤ J+1 ⑥ I+1

8.10 저자, 교우사 홈페이지 탑재

8.11 ① 1 ② Kor(M) ③ 〈 ④ 〉 ⑤ M+1

References

참고문헌

[API] https://docs.python.org/ko/3/c-api/index.html#c-api-index

[class: wiki] https://wikidocs.net/28

[class: Nirsa] https://nirsa.tistory.com/110

[Ext] https://docs.python.org/ko/3/extending/index.html#extending-index

[import: 왕초보] https://wikidocs.net/77

[Lib] https://docs.python.org/ko/3/library/index.html#library-index

[PyC] https://www.jetbrains.com/pycharm/download/#section=windows

[Python] https://www.python.org/

[Ref] https://docs.python.org/ko/3/reference/index.html#reference-index

[VSC] https://code.visualstudio.com/

[강정] 강대일, 정창규(2018), 과정중심평가란 무엇인가?

[건시스템] 건시스템정보처리학원/정보처리기능사 실기 알고리즘 동영상 강좌 교재(2008), 2019년 12월 23일 접속, http://cafe.daum.net/gunsystem/QQl/6310

[건시스템] https://gunsys.com/tn/board.php?board=lectureboard&config=2&page=1&category=16&sort=hit&command=body&no=281

[검색: 위키백과] https://ko.wikipedia.org/wiki/검색_알고리즘

[김대수] 김대수, 소프트웨어와 컴퓨팅 사고 6장, ㈜생능출판사, 2018.

[남윤경 외 3인] 남윤경 외 3인, SEM-CT: 과학(S), 공학(E), 수학(M)적 문제해결과정과 컴퓨팅 사고(CT), 한국컴퓨터교육학회 논문지 제22권 제3호(2019.5)

[네이버 지식백과] 컴퓨팅 사고 [Computational Thinking, -思考] (IT용어사전, 한국정보통신기술협회)

[두부] 콩에서 두부가 되기까지, 2019년 12월 24일 접속, https://terms.naver.com/entry.nhn?docId=1987375&cid=48179&categoryId=48245

[메타코딩] 메타코딩수학, 2019년 12월 19일 접속, https://www.wadiz.kr/web/campaign/detail/20867

[보수: 개발자] https://ndb796.tistory.com/4

[보수: GitHUb] https://st-lab.tistory.com/189

[버블: DaleSeo] https://www.daleseo.com/sort-bubble/

[버블개선: moonz] https://star-crab.tistory.com/22

[버블: DeV] https://mong9data.tistory.com/41

[병합: DaleSeo] https://www.daleseo.com/sort-merge/

[병합: 슈퍼짱짱] https://leedakyeong.tistory.com/entry/알고리즘-파이썬으로-병합-정렬-구현하기-merge-sort-in-python-bottom-up-방식
[병합: 안경] https://blog.naver.com/ndb796/221227934987
[보수: Ho_use] https://xn—vj5b11biyw.kr/66
[복잡도: MadPlay] https://madplay.github.io/post/time-complexity-space-complexity
[산업: 위키] https://ko.wikipedia.org/wiki/산업
[삽입: Kwon] https://gmlwjd9405.github.io/2018/05/06/algorithm-insertion-sort.html
[삽입: HAN] https://han-py.tistory.com/39
[선택: 네이버 지식백과] https://terms.naver.com/entry.naver?docId=2270435&cid=51173&categoryId=51173
[선택: CODEHELPER] https://m.blog.naver.com/PostView.naver?isHttpsRedirect=true&blogId=jsky10503&logNo=221249976761
[선택: 이야기] https://passing-story.tistory.com/222
[선택: TheBook] https://thebook.io/006935/partxt/xa/08/
[순차: Flatinum] https://beny-pitapat.tistory.com/22
[순차: 언제나 휴일] https://ehclub.co.kr/2836
[순차: Book] https://thebook.io/006935/partxt/xa/08/
[순서도] draw.io, 2019년 12월 25일 접속, https://www.draw.io/
[순서도: 네이버] 순서도 예시, 2019년 12월 21일 접속, https://terms.naver.com/entry.nhn?docId=4369069&cid=59931&categoryId=59931#TABLE_OF_CONTENT1
[알고리즘: 네이버] 알고리즘, 2019년 12월 21일 접속, https://terms.naver.com/entry.nhn?docId=4369070&ref=y&cid=59931&categoryId=59931
[유] 유영식(2017), 교육과정-수업-평가를 일체화하는 과정중심평가
[오픈: Thch] https://lucaseo.github.io/posts/2021-02-19-python-datastructure-hash-table/#42-open-addressing-방식
[2중 선택구조] 2019년 12월 21일 접속, http://contents2.kocw.or.kr/KOCW/document/2017/handong/leechulhyun/10.pdf
[정렬: 위키나무] https://namu.wiki/w/정렬%20알고리즘
[정렬: 위키백과] https://ko.wikipedia.org/wiki/정렬_알고리즘
[정렬: Evans] https://evan-moon.github.io/2018/10/13/sort-algorithm/
[정렬: Harry] https://haesoo9410.tistory.com/44
[지넷 윙] Wing M. Jeannette. 이지연 번역, COMMUNICATIONS OF THE ACM March 2006/Vol. 49, No. 3, 33-35
[진법: 낭람] https://security-nanglam.tistory.com/508
[컴퓨팅 사고: 위키] 2019년 12월 22일 접속, https://ko.wikipedia.org/wiki/컴퓨팅사고
[퀵: DaleSeo] https://www.daleseo.com/sort-quick/

[팀: questionet] https://questionet.tistory.com/61

[팀: 수학과] https://ssungkang.tistory.com/entry/python-파이썬의-정렬-Tim-Sort

[팀: program] https://seokdev.site/208

[프로그램: 나무위키] 2019년 12월 21일 접속, https://namu.wiki/w/프로그램

[프로그래밍: 나무위키] https://namu.wiki/w/프로그래밍

[정보통신] 한국정보통신기술협회 http://terms.tta.or.kr/main.do

[파이썬기초] 파이썬 기초 간단 정리, 2019년 12월 21일 접속, https://github.com/ksu3101/TIL/blob/master/PythonDjango/170225.md

[파이썬기초문법] 파이썬 기초문법 간략정리, 2019년 12월 21일 접속, https://skmagic.tistory.com/366 https://skmagic.tistory.com/category/프로그래밍/파이썬

[파이썬자습서] 파이썬 자습서, 2019년 12월 21일 접속, https://docs.python.org/ko/3/tutorial/index.html

[한국석유] 한국석유공사, 2019년 12월 19일 접속, http://blog.naver.com/PostView.nhn?blogId=knoc3&logNo=221496776484

[해시: DAVINCI] https://davinci-ai.tistory.com/19

[해시: citizen] https://velog.io/@citizenyves/Hash-table2-hash-colision-해시충돌

INDEX

찾아보기

정상조

목원대학교 수학교육과 교수

코딩 수학 알고리즘(순서도)과 파이썬

초판발행 2022년 8월 30일

지은이 정상조
펴낸이 오판근
펴낸곳 (주) 교우
주 소 서울시 동대문구 약령시로 8 교우빌딩 2층 (주)교우
전 화 02-925-2861 / **팩 스** 02-925-2860, **편집부** 02-925-2825
홈페이지&북스토어 www.kyowoo.co.kr / **이메일** kyowoo@kyowoo.co.kr

등 록 1994년 3월 24일 제1994-000013호
ISBN 979-11-251-0356-1 (93410)

Published by Kyowoo Co., Ltd. Printed in Korea

(주) 교우는 보다 혁신적이고 참신한 도서를 다양하게 기획하고 있습니다.
책으로 펴내고자 하는 아이디어나 원고는 메일로 보내주세요.
(주) 교우는 전과정을 책임지고 최선을 다하겠습니다.

값 24,000원

교우미디어는 (주) 교우의 Imprint 사입니다.
수학정원·과학정원은 (주) 교우의 새로운 브랜드명입니다.

잘못된 책은 구입하신 서점에서 교환해 드립니다.